Karl August Chassé

Unterschichten in Deutschland

Karl August Chassé

Unterschichten in Deutschland

Materialien zu einer kritischen Debatte

VS VERLAG FÜR SOZIALWISSENSCHAFTEN

Bibliografische Information der Deutschen Nationalbibliothek
Die Deutsche Nationalbibliothek verzeichnet diese Publikation in der
Deutschen Nationalbibliografie; detaillierte bibliografische Daten sind im Internet über
http://dnb.d-nb.de abrufbar.

1. Auflage 2010

Alle Rechte vorbehalten
© VS Verlag für Sozialwissenschaften | GWV Fachverlage GmbH, Wiesbaden 2010

Lektorat: Stefanie Laux

VS Verlag für Sozialwissenschaften ist Teil der Fachverlagsgruppe
Springer Science+Business Media.
www.vs-verlag.de

Das Werk einschließlich aller seiner Teile ist urheberrechtlich geschützt. Jede Verwertung außerhalb der engen Grenzen des Urheberrechtsgesetzes ist ohne Zustimmung des Verlags unzulässig und strafbar. Das gilt insbesondere für Vervielfältigungen, Übersetzungen, Mikroverfilmungen und die Einspeicherung und Verarbeitung in elektronischen Systemen.

Die Wiedergabe von Gebrauchsnamen, Handelsnamen, Warenbezeichnungen usw. in diesem Werk berechtigt auch ohne besondere Kennzeichnung nicht zu der Annahme, dass solche Namen im Sinne der Warenzeichen- und Markenschutz-Gesetzgebung als frei zu betrachten wären und daher von jedermann benutzt werden dürften.

Umschlaggestaltung: KünkelLopka Medienentwicklung, Heidelberg
Druck und buchbinderische Verarbeitung: Ten Brink, Meppel
Gedruckt auf säurefreiem und chlorfrei gebleichtem Papier
Printed in the Netherlands

ISBN 978-3-531-16183-9

Inhalt

Vorwort 7

Einführung 10

I **Die Moralisierung sozialer Ungleichheit –
Konstruktionen der Unterschicht** 18
1 „Berichte" zur Unterschicht – Materialien und Kommentare 18
2 Paul Noltes Erziehung der „neuen Unterschicht" 39
3 Die Untersuchung „Gesellschaft im Reformprozess" 50
4 Die Entwicklung von Deklassierung, Exklusion und Prekarität
in (Ost)Deutschland 55

II **Zur Theorie und Empirie der Unterschichten in Deutschland** .. 62
1 Wandel der Arbeitsgesellschaft 62
2 Kinderarmut 82
3 Zum Moralisierungsdiskurs über soziale Ungleichheit und
Unterschichten 96
4 Theoretischer Rahmen 106
5 Die Feldtheorie von Pierre Bourdieu 112
6 Milieutheorie(n) 119
7 Michael Vesters relationale Milieutheorie 129
8 Die underclass Debatte und die aktuellen Verschiebungen
der Diskussion um Ungleichheit und Unterschicht 161

III **Neue Regulationen?
Die Unterschichtendebatte im aktuellen Blick** 173

Wichtigste Literatur 199

Literatur 200

Vorwort

Seit einiger Zeit ist in Deutschland wieder von Unterschichten die Rede. Dies gilt nicht nur für die Soziologie, für die Öffentlichkeit – die Medien – und die Politik, auch in der Bevölkerung scheint das Bedürfnis einer neuen Abgrenzung nach unten zu wachsen. Im Zuge der gestiegenen Wahrnehmung einer zunehmenden sozialen Ungleichheit wird zudem auch die Frage gestellt, ob sich die neu Benachteiligten nicht nur sozioökonomisch, sondern auch kulturell von den besser Gestellten unterscheiden.

In diesem Zusammenhang erleben Begriffe wie Klasse und Schicht in den letzten Jahren eine Renaissance, nicht nur in den Sozialwissenschaften, sondern auch in den Medien, vor allem den Wochenzeitschriften und in Fernsehsendungen. Neu ist hier, dass nicht nur von einem Klassenbewusstsein in der deutschen Gesellschaft gesprochen wird, das anwachse, sondern in erster Linie ist von einer unteren Klasse die Rede.

Von neuen Unterschichten sprechen Historiker (Nolte 2004) und andere Beobachter und die Medien greifen begierig diesen neuen Topos auf.

Auch in der Wahrnehmung und im Selbstverständnis der Menschen scheinen sich die Dinge zu verändern.

Das vorliegende Buch will einen genaueren Blick auf die mit diesen neuen Semantiken verbundenen Entwicklungen werfen. Gibt es überhaupt so genannte „neue Unterschichten"? Welche gesellschaftlichen Gruppen sind damit angesprochen? Trifft das Bild zu, welches die Medien und auch die Politik von benachteiligten Bevölkerungsgruppen und Hartz IV-Empfängern zeichnen? Werden hier nicht völlig heterogene Gruppen in einen Topf geworfen? Lässt sich die vordergründige Plausibilität, die die Konstruktion der so genannten neuen Unterschichten in Anspruch nimmt und die vor allem auf ihre Eigenschaften, ihre Kultur, ihre Einstellungen und ihrer Mentalität abzielt, tatsächlich empirisch belegen? Oder könnte es sein, dass die Existenz der neuen Unterschichten lediglich das Ergebnis von teils wissenschaftlichen, teils medialen Konstruktionen darstellt, die Vorurteile und Abgrenzungsschemata, die sich bis im 19. Jahrhundert zurückverfolgen lassen, zeitgemäß aufbereitet und lediglich durch beständige Wiederholung und gelegentliche Erzeugung moralischer Paniken anschaulich machen kann?

Aber der historische Hinweis lässt zugleich den Zeitbezug der Gegenwart deutlich werden. Der moralische Blick auf die Underdogs des 19. Jahrhunderts rechtfertigte nicht nur die Ablehnung der Armengesetzgebung. Er trug auch zur Sozialdisziplinierung der sich formierenden Lohnarbeit bei, indem die Verinnerlichung und Durchsetzung der protestantischen Ethik von Arbeitsmoral und Arbeitstugenden eine Abgrenzungsfolie erhielt, die sich vor allem auf das moralische Fehlverhalten – die Disziplinlosigkeit und die sexuelle Freizügigkeit – bezog. Die Klage über den gesamtgesellschaftlichen Verfall christlicher (so schon der Gründer des Rauhen Hauses, Wichern 1833, der daraus die Notwendigkeit einer „inneren Mission" begründete) bzw. bürgerlicher Werte begleitet nicht nur die Entstehungsgeschichte der modernen Gesellschaft, sondern auch ihre gegenwärtigen Veränderungen. Freilich werden in der gegenwärtigen Diskussion über die Unterschichten diese alten Topoi durch neue Vokabeln und Thematisierungsweisen ersetzt. Die Parallele zur damaligen Unterscheidung von würdigen und unwürdigen Armen durch die Sozialpolitik beziehungsweise die Vorläufer der sozialen Arbeit ist jedoch deutlich. Einerseits wird die Rede von der Unterschicht mit der Umstellung sozialstaatlicher Leistungen von finanzieller Unterstützung auf pädagogische Interventionen verbunden und es werden finanzielle Leistungen mit Verhaltensanforderungen und Pflichten gekoppelt. Der Unterschichtdiskurs begründet also Aktivierungspolitiken. Zum anderen richten sich diese Diskurse an die Mehrheit der Gesellschaft, der die Existenz sozialer Ausschließung als legitim verdeutlicht werden soll. Benachteiligung wird als selbst gewählt konstruiert. Da die Mehrheit der Gesellschaft aber selbst über die Gefährdungen ihres Status und die Sicherheit und Berechenbarkeit ihrer Lebensperspektiven besorgt ist, gibt ihr der Unterschichtdiskurs in seiner derzeitigen Form nicht nur eine Abgrenzungsfolie. Er stellt auch eine bedrohliche Perspektive vor, über den Verlust des Arbeitsplatzes recht schnell ins gesellschaftliche Unten und Abseits zu geraten. So gesehen, handeln die Diskurse um die neuen Unterschichten nicht wirklich von den Underdogs, sondern richten sich an die Mitte der Gesellschaft, deren Sorgen vor Statusverlust und sozialer Deklassierung wohl begründet sind. Sie sollen sich nicht nur verstärkt abgrenzen können, sie sollen auch selbst die Anforderungen der Flexibilität und Selbstverantwortung für das eigene Leben übernehmen und – die bisherige wohlfahrtsstaatliche Solidarität mit benachteiligten Gruppen soll beendet werden.

Dieses Buch ist so aufgebaut, dass es eine schrittweise Annäherung an die und allmähliche Vertiefung der Diskurse über die Unterschicht ermöglicht. Im ersten Teil werden exemplarisch einige der medialen und politischen Konstruktionen vorgestellt und kommentiert. Der zweite Teil erarbeitet verschiedene Theorieteile, mit denen theoretisch und empirisch ein Kontext zum Verständnis der Unterschichten und der Unterschichtendiskussion entwickelt werden kann. Der dritte Teil versucht dann eine abschließende Rekonstruktion und zusammenfassende Deutung der gesamten Debatte.

Dieses Buch geht auf eine Anregung von Stefanie Laux vom VS Verlag zurück. Sie hat mich angesprochen und über lange Zeit ermutigt, über die Schwierigkeiten einer durch die neuen Studiengänge besonders belasteten Tätigkeit als Hochschullehrer hinaus immer wieder an diesem Buch zu arbeiten. Ihr sei dafür ebenso gedankt wie Helga und Chiara, die die Zeitknappheit, die das Schreiben eines Buches mit sich bringt, verständnisvoll und geduldig ertrugen. Da ich mich seit zwei Jahren mit dem Thema „neue Unterschichten" befasse, sind einige der hier vorgetragenen Argumente nicht neu, ich habe mich aber bemüht, textliche Doppelungen zu andernorts veröffentlichten Einschätzungen zu vermeiden.

Karl August Chassé
Frankfurt, Juli 2009

Einführung

Das soziale Klima in Deutschland verändert sich. Über viele Jahre war aus der öffentlichen Debatte, aber auch aus der wissenschaftlichen Diskussion das Wort *Unterschicht* verschwunden. Noch in den 1980er und 1990er Jahren war die soziologische Zeitdiagnose von Ulrich Beck allgemein akzeptiert, dass die gesellschaftliche Entwicklung der Modernisierung ab den 1960er Jahren zu einer Auflösung traditioneller Sozial- und Herkunftsmilieus geführt habe, und dass die zunehmende Individualisierung tendenziell in eine Gesellschaft „Jenseits von Klasse und Stand" (Beck 1983) gemündet sei. Aber in den letzten Jahren scheint ein neues Bewusstsein einer „gespaltenen Gesellschaft" (Lessenich/Nullmeier 2006) zu entstehen.

Auch in der Sozialen Arbeit wurde seit dem Siegeszug des Lebensweltkonzepts davon ausgegangen, dass Soziale Arbeit nun nicht mehr erstrangig mit randständigen und stark benachteiligten Gruppen als Adressaten zu tun habe, sondern sich aufgrund der ubiquitären Krisen und Brüche in den Lebensläufen als Folge der Individualisierung und Enttraditionalisierung in der Gesellschaft tendenziell an alle richtet (8. Jugendbericht, Rauschenbach 1999). Gerade diese große gesellschaftliche Veränderung – die Modernisierung bringt tendenziell Risikosituationen im Lebenslauf für alle hervor – wurde im Selbstverständnis der Sozialen Arbeit als Basis für das sozialpädagogische Jahrhundert – den beispiellosen Aufstieg der Profession und Disziplin der sozialen Arbeit in der Nachkriegszeit – gesehen und mit der Ausweitung der Arbeitsfelder, der Aufgaben, der Funktionsbereiche und der Methoden der Sozialen Arbeit verbunden (vgl. Chassé/Wensierski 2008: 8ff.).

In der soziologischen Diskussion um die Sozialstruktur der Bundesrepublik bestand über Jahrzehnte Einigkeit darüber, dass das gesellschaftliche „unten" abgenommen habe, auch bei jenen Autoren, die Helmut Schelskys Deutung der nivellierten Mittelstandsgesellschaft nicht geteilt haben. Ralf Dahrendorf nennt in seiner Darstellung der westdeutschen Sozialstruktur von 1965 in Form eines Hauses lediglich 5% der Bevölkerung als Mitglieder einer Unterschicht und auch im prominenten Zwiebelmodell von Martin Bolte sind die deutschen Randschichten entsprechend klein. Auch Rainer Geißler bezeichnete bis heute nur deutsche Randschichten als Unterschicht, und er erweiterte das Dahrendorfsche Haus-Modell um einen Anbau, in dem die ausländische Bevölkerung in einer parallelen benachteiligten sozialen Situation platziert ist (Geißler 2006: 100).

Seit den 1990er Jahren verändert sich allerdings die Diskussion der Sozialstrukturanalyse. Soziale Ungleichheiten nehmen zu und in Verbindung damit werden auch klassentheoretische Erklärungen wieder aufgegriffen. Dass im unteren Bereich der Gesellschaft sehr viel in Bewegung ist und dass diese Bewegung durch die Veränderungen der Sozialpolitik noch forciert wird – vor allem durch die Ersetzung der lohnbezogenen Arbeitslosenhilfe durch eine Grundsicherung, die so genannte Hartz IV-Reform, begleitet von einem politischen Umstieg auf Aktivierungspolitik: "fördern und fordern" – beginnt zunehmend Gegenstand sozialwissenschaftlicher Thematisierung zu werden. Dabei richtet sich ein Teil der Aufmerksamkeit auf die Veränderungen im gesellschaftlichen „Unten". Geißler z. B. registriert sehr wohl, dass vor allem in Ostdeutschland Abstiegsprozesse aus der Mittelschicht zur Unterschicht in größerem Maße stattfinden, hält dies aber für eine vorübergehende Erscheinung. Andere Sozialwissenschaftler, vor allem die Hannoveraner Arbeitsgruppe um Michael Vester, registrieren große Veränderungen innerhalb der Unterschicht, die ihre bislang halbwegs integrierte und sichere Position zu verlieren droht. Sie sehen darüber hinaus vor allem verschärfte Abgrenzungsbemühungen in der Mittelschicht, die von den gleichen gesellschaftlichen Entwicklungen ebenfalls verunsichert ist. Andere Kommentatoren konstatieren bereits, dass das Bedürfnis einer viel schärferen Abgrenzung nach unten längst in den Alltag breiter Bevölkerungsgruppen eingezogen sei (Lessenich/Nullmeier 2006: 23).

Sie beziehen sich damit bereits auf eine deutsche Debatte, die seit 2004 verstärkt die Herausbildung und Verfestigung einer neuen deutschen Unterschicht behauptet und damit nicht nur eine Gesellschaftsdiagnose verbindet, sondern auch eine gesellschaftliche Vision verkündet, nach der der Einzelne sich freudig auf das Marktgeschehen einzulassen und sich darin zu behaupten habe. Dass damit auch vor allem die Reformen der Agenda 2010 und die damit verbundenen Zumutungen für die betroffenen Gruppen gerechtfertigt werden sollen, dürfte ein weiteres Motiv – und ein weiterer Aspekt – dieser Debatte sein.

Der Beginn dieser deutsche Debatte über die „neue Unterschicht" lässt sich mit der Veröffentlichung der programmatischen Erweckungsschrift „Generation Reform" von Paul Nolte (2004) zeitlich terminieren. Dieses Buch ist recht bald in die Schriftenreihe der Bundeszentrale für politische Bildung aufgenommen worden, wird bis heute dort für zwei Euro vertrieben – einen Bruchteil des Ladenpreises – und hat für eine erhebliche Verbreitung dieser Position gesorgt. Parallel beginnen wichtige Medien diese Konstruktionen aufzugreifen und ein bestimmtes Bild der neuen Unterschicht zu zeichnen. Der Artikel von Walter Wüllenweber im *Stern* 52/2004 mit dem Titel „Das wahre Elend" stellt einen ersten Höhepunkt dieser Debatte dar. Die Bundesgemeinschaft der freien Wohlfahrtspflege hat ihm für diesen Artikel den deutschen Sozialpreis 2005 verliehen. Ähnliche Artikel im *Stern*, im *Spiegel*, und vor allem in den privaten TV-Sendern folgen. Der Talkmaster Harald Schmidt spricht über Monate vom

„Unterschichtenfernsehen", das zur Verdummung, ja vielleicht zur Herausbildung einer Unterschicht beiträgt.

Am deutlichsten wird die neue Sicht auf Benachteiligung und Unterschicht bei Paul Nolte, einem Berliner Historiker. Es seien die Einstellungen und Mentalitäten, ja die gesamte Lebensweise der Unterschicht, die eine Kultur der Armut, eine neue Unterschicht hervorgebracht haben. Dequalifiziert, verarmt, isoliert, demotiviert und konsumabhängig vegetieren diese Gesellschaftsmitglieder vor sich hin. Bei Paul Nolte erreicht die Deutung einer neuen Unterschicht einen neuen Höhepunkt: zum einen wird die Tatsache sozialer Ungleichheit zum unweigerlichen Faktum einer freiheitlichen Gesellschaft erklärt. Sie ist gleichsam naturgegeben und unabänderbar. Zum zweiten werden die Probleme der Unterschicht umgedeutet oder jedenfalls interpretiert als Probleme der Lebensführung, einer neuen Unterschichtkultur, einer Mitnahmementalität. Der Sozialstaat habe diese Kultur mit hervorgebracht, mit einer Politik der fürsorglichen Vernachlässigung. Damit meint Nolte, dass Transferzahlungen geleistet wurden und nicht eine gezielte und notwendige Beeinflussung der Lebensführungsweise dieser Gesellschaftsmitglieder stattgefunden habe. Seine Konsequenz ist, kurz gesprochen die Erziehung der Armen oder der Unterschicht, durch fördern und fordern, und generell müsse jeder in der gesamten Gesellschaft Verantwortung für sich und sein Leben übernehmen. Wir werden das noch genauer betrachten.

Es handelt sich offensichtlich um eine neoliberale, kulturalistische Deutung des Unterschichtenproblems. Nun ist der Neoliberalismus eine starke Strömung in der jetzigen Politik und Gesellschaft, und die Anforderungen der Selbstverantwortung richten sich prinzipiell an jeden, gleich ob er dazu in der Lage ist oder nicht. Vor allem die Mittelschichten in Deutschland sind, wie nähere Analysen zeigen, von der gegenwärtigen ökonomischen und gesellschaftlichen Entwicklung zu einem erheblichen Teil überfordert und entwickeln Sorgen, abgehängt zu werden. Dies gilt natürlich vor allem für Ostdeutschland, das eine Zweidrittelgesellschaft besonderer Art ist.

Die Studie „Deutschland im Reformprozess" der Friedrich-Ebert-Stiftung (FES) zeigte deutlich, dass sich die Dinge in der Wahrnehmung und im Selbstverständnis der Menschen verändern.

Im Spätsommer 2006 sorgten die noch vorläufigen Ergebnisse dieser Studie der Friedrich-Ebert-Stiftung „Deutschland im Reformprozess" für großes öffentliches, mediales und politisches Aufsehen. Damit beginnt die zweite Phase der deutschen Debatte um Unterschicht. Bei der von der Friedrich-Ebert-Stiftung (FES) beim Meinungsforschungsinstitut TMS Infratest in Auftrag gegebenen Studie stand in der öffentlichen Debatte schnell im Mittelpunkt, dass in den Ergebnissen der Umfragen von einem „abgehängten Prekariat" gesprochen wurde, das 8% der deutschen Bevölkerung ausmachte, in Ostdeutschland ein Viertel.

Diese Bevölkerungsgruppe stellt den unteren Bereich in der Gesellschaft dar, die sich deutlich als Verlierer der Entwicklungen der letzten Jahre sah – während etwa zwei Fünftel in Westdeutschland und in Ostdeutschland die Mehrzahl der mittleren Gruppen sich als bedroht wahrnahm und sorgte, auch auf die Verliererstraße zu geraten. Nur ein gutes Drittel der Bevölkerung rechnete sich zu den Gewinnern der Entwicklungen der letzten Jahre. Das „abgehängte Prekariat" nahm sich selbst als Verlierer der aktuellen Entwicklungen wahr. Es ist geprägt von der Erfahrung des Abstiegs und des sozialen Ausschlusses und gilt in der öffentlichen Diskussion als sozial und politisch abgekoppelt.

Den bisherigen Höhepunkt erreicht die mediale Debatte im Herbst und Winter 2006. Als die FES-Studie im Oktober 2006 vorgestellt wird, greift sie der damalige Vorsitzende der SPD, Kurt Beck, in einem Interview mit der Frankfurter Allgemeinen Sonntagszeitung (8. Oktober 2006) auf und erklärt, dass es in Deutschland zunehmend ein Unterschichtenproblem gebe. In Becks Sicht war der zentrale Punkt, dass das Streben nach sozialem Aufstieg in breiten Teilen der Bevölkerung nachlasse, so dass viele die Hoffnung auf den Aufstieg verloren haben und sich mit ihrer Situation materiell und kulturell abfinden. Beck sagte: „Früher gab es in armen Familien, auch in meiner eigenen, das Streben der Eltern: Meine Kinder sollen es einmal besser haben. (...) es besteht die Gefahr, dass dieses Streben in Teilen der Gesellschaft verloren geht. Das ist Besorgnis erregend" (FAS 8. Okt. 2006). Er fügt hinzu, dass der versorgende Sozialstaat in Zukunft stärker darauf ausgerichtet werden müsse, dass dieses Streben nicht verloren gehe.

Ein weiteres Mal greift Kurt Beck in die Unterschichtendebatte ein, als er, im Dezember 2006, einem seit längerem arbeitslosen Mann bei einem Besuch auf dem Mainzer Weihnachtsmarkt auf dessen Kritik an den Hartz IV-Gesetzen zuruft: „Wenn Sie sich waschen und rasieren, dann haben Sie in drei Wochen einen Job!" Dieser Angriff von Kurt Beck hat die Debatte in den Medien nochmals intensiviert. Die Mitglieder der Unterschicht sind nun identifizierbar geworden: Sie sind nicht nur langzeitarbeitslos, sie haben auch ein Verhalten, ein ungepflegtes Äußeres und, so kann man vermuten, ein fehlendes Bemühen, das ihre Lage auch erklärbar macht.

Die FES-Studie bringt freilich noch andere Aspekte ein, die in der Diskussion um die Unterschicht allerdings keine Berücksichtigung gefunden haben. Es handelt sich hier nicht um eine Sozialstruktur-Studie, sondern eher um eine Korrespondenzanalyse, die Menschen auf der Grundlage von Ähnlichkeiten in der Selbstbeschreibung der Lebensführung, der Lebensauffassungen und Lebensweise nach Gruppen ordnet. Ein wichtiges Ergebnis dieser Studie ist die Diagnose einer „dominanten gesellschaftlichen Grundstimmung" von Verunsicherung (FES 2006: 4). Diese Verunsicherung ist von anderen Autoren als Angst vor Deklassierung und Angst vor Prekarisierung bezeichnet worden. Die dauerhaft gewordene Unsicherheit hat nach Pierre Bourdieu das Ziel, „die Arbeitnehmenden zur Unterwerfung, zur Hinnahme" der Veränderungen ihrer Arbeitssituation und der Intensivierung von Arbeit zu bringen (Bourdieu 1998: 100). Jedenfalls empfinden nicht nur die Angehörigen des abgehängten Prekariats ihr Leben als ständigen Kampf und Sorge, ihren Lebensstandard in der Zukunft nicht mehr halten zu können, fühlen sich erhebliche Teile vom Staat allein gelassen und wünschen sich einen regulierenden Sozialstaat, sondern auch einige andere Gruppen, die eher in der Mitte der Gesellschaft angesiedelt sind. Zusammengenommen stellen diese um ihre soziale Position besorgten Gruppen in Gesamtdeutschland zwei Fünftel und in Ostdeutschland mehr als die Hälfte der untersuchten Bevölkerung dar (die Studie bezieht sich nur auf wahlberechtigte, also volljährige Deutsche; Ausländer sind nicht berücksichtigt).

Es stellt sich also die Frage, ob sich in Deutschland wieder eine Unterschicht herausbildet. Die Studie der Friedrich-Ebert-Stiftung und auch die politischen und medialen Kommentare zu dieser Entwicklung machen dreierlei deutlich:
1. Ungleichheit scheint sich in Deutschland zu verstärken und ein Ausmaß anzunehmen, das es rechtfertigt, wieder von einer geschichteten oder in Klassen geteilten Gesellschaft zu sprechen.
2. Es gibt anscheinend seit einiger Zeit Gruppen in der Gesellschaft, die sich als abgehängt, als Verlierer wahrnehmen, und die die Hoffnung auf Verbesserung ihrer Situation anscheinend nahezu oder bereits ganz aufgegeben haben.
3. Gleichzeitig wird in der öffentlichen und politischen Diskussion, vor allem in den Medien, ein Bild der Unterschicht gezeichnet, in dem diese Gruppen als resigniert, hoffnungslos, verbittert, vor allem aber die Segnungen des Wohlfahrtsstaates ausnutzend und sich in Apathie suhlend, dargestellt werden. Diese Unterschicht habe sich mit der eigenen Situation arrangiert.

Es fragt sich freilich, woher dieses ‚sich-einrichten' in der Situation kommt? Was sind die Ursachen des Unterschichtenproblems? Es ist wichtig, bei den folgenden Darlegungen zwischen der Entwicklung der Lebenslagen bei benachteiligten Gruppen in der Gesellschaft und dem Diskurs über sie, also über „Unterschichten", und dem Bild, das manche dieser Diskursteilnehmer von den Unterschichten zeichnen, zu unterscheiden.

Wenn man die Debatte um die neue Unterschicht auf einer Meta-Ebene betrachtet, dann ist das gesteigerte Abgrenzungsbedürfnis der (bislang) wohlsituierten Mittelschichten erklärungsbedürftig. Das könnte seinen Grund darin haben, dass auch deren bislang sichere Position einer ökonomischen und gesellschaftlichen Verunsicherung unterliegt. Eine weitere Frage wäre die nach den

Veränderungen des gesellschaftlichen „Unten": Gibt es dort tatsächlich neue Entwicklungen und wie sind sie zu bewerten? Sehr deutlich zeigt sich eine weitere Ebene: Die Unterschichtdebatte dient als Beweger und Beschleuniger für politische und gesellschaftliche Positionen, die sich vom Modell der Wohlfahrtstaatlichkeit verabschieden wollen, das wird bei Paul Nolte am eindeutigsten. Es dürfte kein Zufall sein, dass die Debatte um die „neue Unterschicht" in die Zeit der Vorbereitung und Umsetzung der so genannten Hartz Reformen fällt. An diesen Positionen wird deutlich, dass die bisherige Solidarität mit den Benachteiligten aufgekündigt werden soll, soziale Gerechtigkeit neu definiert wird und soziale Probleme weitgehend in die Verantwortung der Einzelnen übergeben werden sollen. Wenn der Wohlfahrtsstaat in einen aktivierenden und regulierenden Staat überführt werden soll, soll sich diese Modernisierung auf die Diagnose der Überforderung des Einzelnen stützen, um die Notwendigkeit einer neuen Politik der Lebensführung zu legitimieren.

Die Themen für dieses Buch sind, vor dem skizzierten Hintergrund, einmal den gesellschaftlichen, sozialen Sinn dieser moralisierenden Debatte über Unterschicht und der Kulturalisierung von sozialer Ungleichheit zu betrachten. Zweitens soll es darum gehen, die tatsächliche Entwicklung der Lebenslagen und Lebensperspektiven der Menschen in Deutschland und besonders der benachteiligten Gruppen unter ihnen genauer anzusehen. Um das richtig tun zu können, sind relativ aufwändige theoretische Konzepte zu Schichten, Klassen, Milieus, Lebenswelt, Bewältigungsmustern und Bewältigungschancen notwendig. Kurz gesagt, hier ist viel Arbeit erforderlich.

Das Buch betrachtet daher die Unterschichtendebatte und auch die Entwicklung der Unterschichten und anderer gesellschaftlicher Gruppen und versucht dabei möglichst vielfältige Perspektiven einzunehmen, die zum Weiterdenken anregen.

Im ersten Teil werden Auszüge aus den medialen Darstellungen der Unterschicht vorgestellt, die als Berichte daherkommen, sich aber schnell als Konstruktionen und leichtfertige Verallgemeinerungen erweisen. Sie werden immer wieder mit Kommentaren sozialwissenschaftlicher Diagnostiker konfrontiert. Die genaue Lektüre zeigt recht schnell, dass sehr unterschiedliche einzelne Phänomene im gesellschaftlichen „unten" ohne weitere gedankliche Skrupel einer identifizierbaren Gruppe zugeschrieben werden, nämlich der Unterschicht. Dabei wird die Unterschicht sehr wohl als Gegenbild des klassischen Arbeiters der Arbeiterbewegung gezeichnet und natürlich ist sie auch das absolute Gegenbild des bewussten, um sein Leben bemühten heutigen Bürgers, von den Essgewohnheiten, der Einstellung zur Arbeit, den Erziehungsstilen bis hin zur Sexualpraxis. Die Beschreibungen der Wochenmagazine konvergieren mit der theoretischen Deutung von Paul Nolte und Heinz Bude, dass „mit den hergebrachten Mitteln der Sozialarbeit und Sozialhilfe gegen dieses Entgleiten aus der Gesellschaft offenbar nichts auszurichten" (Bude 2004: 5) sei. Vor allem bei Paul Nolte wird deutlich, dass der Sozialstaat gerade selber durch seine „fürsorgliche Vernachlässigung" (Nolte 2004: 57) das Problem hervorgebracht habe: die eigene Verursachung oder wenigstens die Mitschuld der Betroffenen an ihrer Lage wird vom Sozialstaat ignoriert, ihre fehlende Motivation zur Arbeit, zum Aufstieg, die mangelnde Leistungsbereitschaft, die individuelle und soziale Lethargie wird subventioniert. So hatte übrigens schon in den 1980er Jahren der Politikberater Charles Murray (1982) argumentiert und damit die us-amerikanische underclass-Debatte angestoßen. Das neoliberale Credo hat er so ausgedrückt: „Money isn't the key. Authentic self government is it" (Murray 1990: 52). Bei Nolte und Bude, die diesen Ursprung nicht erwähnen, wird vom alten sozialstaatlichen Leitbild der Anspruchsberechtigung, der infrastrukturellen Ressourcen und der Selbstverwirklichung abgerückt und ein Leitbild der selbstverantwortlichen Investition in eigene Ressourcen dagegengesetzt. Der (neue) Bürger muss Verantwortung übernehmen für die eigene Lebensführung, der Sozialstaat muss diese „Souveränität des Bürgers über seine eigene Ökonomie" (Nolte) stärken und unterstützen, aber auch voraussetzen und fordern.

Die Untersuchung der Friedrich-Ebert-Stiftung zeigt demgegenüber eine ganz andere Selbsteinschätzung der unteren Schichten: Sie sehen sich nämlich sowohl ökonomisch als auch sozialpolitisch abgehängt und fürchten um die Erhaltung ihres Lebensstandards – eine Sorge, die in Gesamtdeutschland von etwa zwei Fünfteln, in Ostdeutschland von mehr als der Hälfte der Bevölkerung in ähnlicher Form geteilt wird.

Im zweiten Kapitel wird das Problem der Unterschichten aus verschiedenen Perspektiven beleuchtet. Eine epochenstrukturelle Betrachtung zeigt, dass das sogenannte „Goldene Zeitalter" der Nachkriegszeit eine weitgehende Integration nicht nur der Arbeiter, sondern auch der unteren Schichten in Arbeit, (relativen) Wohlstand und Konsum gebracht hatte und Anzeichen dafür sprechen, dass sich diese Entwicklung umkehrt. Zugleich nimmt Armut deutlich zu, vor allem seit dem Ende der 1990er Jahre. Kinderarmut gehört in diesen globalen Kontext der Verschärfung von Ungleichheit, zu der auch die deutliche Zunahme von Reichtum und sehr hohen Einkommen gehört. Abgrenzungen zwischen gesellschaftlichen Gruppen können auf verschiedene Weise konstruiert werden, dies lässt sich genauer betrachten. Im folgenden werden dann Schichten-, Klassen- und milieutheoretische Ansätze daraufhin angesehen, wie weit sie zur Erklärung der gegenwärtigen Lebenslage der Unterschicht und der Unterschichtendebatte beitragen können. Vor allem das Milieumodell von Michael Vester und seiner Arbeitsgruppe hat sich mit den Veränderungen der Bewältigungsformen der sozialen Milieus seit den 1990er Jahren bis heute beschäftigt und kann hier wichtige Analysen beisteuern.

Im abschließenden und resümierenden dritten Teil werden ein regulationstheoretischer und ein gouvernementalitätstheoretischer Blick auf die gegenwärtige Entwicklung geworfen und die aktuellen Probleme der Sozialen Arbeit vor diesem Hintergrund umrissen. Deutlich wird hier, dass sich die Lebenssituation der so genannten Unterschicht tatsächlich verändert und dass sich Sozialarbeit keinesfalls an dem Spiel der Unterschichtendebatte „Blaming the victims" beteiligen darf.

Fragen zur Vertiefung
- Welche Erklärungen stellt die Sozialwissenschaft zum Verständnis wachsender Ungleichheiten und zur Vertiefung sozialer Diskrepanzen aktuell bereit?
- Hängen die Veränderungen dessen, was „unten" ist, mit der Veränderung der Lage der mittleren, bisher gut gesichert scheinender Gruppen zusammen?
- Warum stoßen die medialen Darstellungen der „Unterschicht" auf ein so großes Interesse?
- Was ist an der Unterschicht so faszinierend?

Literatur zur Vertiefung
- Lessenich/Nullmeier 2006: Deutschland – eine gespaltene Gesellschaft. Campus, Frankfurt und Bundeszentrale für politische Bildung: bpb vertrieb, Bonn.
- Neckel, Sighard/Sutterlüty, Ferdinand 2005: Negative Klassifikationen – Konflikte um die symbolische Ordnung sozialer Ungleichheit. In: Heitmeyer, Wilhelm/Imbusch, Peter (Hrsg.): Integrationspotentiale einer modernen Gesellschaft. Wiesbaden. S. 409-428.

I   Die Moralisierung sozialer Ungleichheit – Konstruktionen der Unterschicht

1   „Berichte" zur Unterschicht – Materialien und Kommentare

Zur politischen Inszenierung der Unterschichtendebatte haben vor allem der Report zum Arbeitsmarkt des Bundesministerium für Wirtschaft und Arbeit im August 2005 (BMWA 2005) und die Unterschicht-Schelte durch den damaligen SPD-Parteivorsitzenden Kurt Beck im Herbst 2006 beigetragen, die freilich eine lange Vorgeschichte vom „Freizeitpark Deutschland" des Bundeskanzlers Helmut Kohl (1994) bis zur „Hängematte" des Kanzlers Gerhard Schröder (1998) haben.

Vor allem die illustrierten Wochenzeitschriften *Stern* und *Spiegel* haben seit 2002 immer wieder Berichte aus dem sogenannten Unterschichtalltag mit wechselnden Schwerpunktsetzungen veröffentlicht – einige exemplarische Titel: „Wer hier lebt, hat verloren" (*Stern* 46/2002), „Das wahre Elend", „Das süße Leben der Armen" (*Stern* 52/2004), „Voll Porno" (*Stern* 7/2007), „Die neue Klassengesellschaft" (*Stern* 35/2007) und ähnliche.

Geo-Wissen identifizierte im Thementeil des Heftes 35 zu „Sünde und Moral" soziale Verwahrlosung als charakteristische Eigenschaft der neuen Unterschicht. Zugleich gab es zahlreiche Fernsehsendungen zum Alltag der Unterschicht, vor allem in den privaten Sendern. Der Talkmaster Harald Schmidt hat über Monate (zwischen Herbst 2005 und Ende 2005) das Unterschichtenfernsehen als konstitutiven Faktor einer Unterschichtkultur thematisiert.

Solche Beschreibungen des Alltags „neuer Proleten" zeigen einen immensen Fernsehkonsum, ungesunde und zu viel Ernährung, gesundheitsschädliche Gewohnheiten („Laster") wie Rauchen und Trinken, wenig Bildung, instabile Familienverhältnisse und diese Lebensweise wird als „geistige Verwahrlosung" diagnostiziert (*Spiegel* 42/2006). Sexuelle Verwahrlosung kommt hinzu (*Stern* 6/2007).

Der konservative Historiker Paul Nolte hatte zuvor eine neue Unterschicht konstruiert, deren kulturelle Verelendung sozialstaatlich begründet sei (Nolte 2004). Die modernen Familienstrukturen müssten dort zwangsläufig in Erziehungskatastrophen führen, weil elementare Kompetenzen der Lebensführung nicht existent und der Wille zur Veränderung nicht vorhanden seien. Der Staat sei deswegen als Erzieher angerufen. Diese Konstruktionen bestimmen inzwischen die öffentliche Wahrnehmung und Diskussion.

Die Logik dieser „Berichte" – die meist eher Konstruktionen, d.h. absichtsvolle bzw. von bestimmten Interpretationsmustern geleitete Verallgemeinerungen einzelner Phänomene sind – ist schnell zu durchschauen: Verschiedene Gruppen von Menschen in benachteiligten Lebenssituationen werden zusammengenommen. Eine heterogene Gruppe von Menschen wird als eindeutig erkennbare Gruppe konstruiert, auch, damit ein Objekt vor die Öffentlichkeit gestellt werden kann, an das sich Gouvernementalität richten *sollte*, v.a. das sozialpolitische pädagogische Programm, persönliche Apathie in Aktivität zu verwandeln, individuelle Defizite auszugleichen. Die Konsequenzen einer solchen kulturellen Konstruktion von Prekarität sind deutlich: Eine Verbesserung der materiellen Lebenslagen könne nichts bewirken, sondern es ist eine Veränderung der Werte, Qualifikationen, Kompetenzen, Lebensbewältigungsmuster erforderlich. Diese Deutung gibt eine klare, also *die* Lösung vor. Diese Konstruktion der Unterschicht verweist auf ein Terrain, um dessen öffentliche, politische, zivilgesellschaftliche und sozialwissenschaftliche Bedeutung gerungen wird.

> Originaltext aus: *Lessenich, Stephan/Nullmeier, Frank (Hrsg.): Deutschland – eine gespaltene Gesellschaft? Frankfurt/N.Y. und Bonn 2006*
> „Die kulturelle Minderwertigkeit der Unterschichten und ihrer Medien, die fehlende Bürgerlichkeit und moralische Selbstdisziplin, die Unfähigkeit oder Unwilligkeit zu Eigenverantwortung, zu eigener Anstrengung, Mühe und Langfristorientierung, die Mentalität der Ausnutzung sozialstaatlicher Sicherungssysteme wurden nun nicht mehr allein von wirtschaftsliberalen Kommentatoren in die Debatte eingeführt, sondern sind Gegenstand alltäglicher Selbstverständigung und wechselseitiger (An-) Erkennung unter jenen, die sich selbst zur Mittelschicht und zum Bürgertum zählen und zählen lassen wollen" (Lessenich/Nullmeier 2006: 23).

Die Autoren verweisen darauf, dass das Problem der Abgrenzung nach unten bereits im Alltag angekommen ist, die Menschen bewegt und dass es dabei um Fragen der eigenen Anerkennung geht – und zwar im Verhältnis zur Wertigkeit der Anerkennung anderer Gruppen. Dabei scheint vor allem die Abgrenzung nach unten ein Problem darzustellen.

Lessenich/Nullmeier deuten an, dass der verborgene Sinn der aktuellen Unterschichtendebatte in der Konstruktion kultureller und moralischer Minderwertigkeit zu sehen sei. Auch die Mentalität der Ausnutzung des Sozialstaats gehöre dazu. Man kann vermuten, dass die Funktion nicht nur in der Legitimation eines pädagogischen Eingriffs des aktivierenden Staates mit dem Ziel der Veränderung von Mentalität und Verhaltensweisen besteht. Er ist nur sinnvoll, wenn zugleich, zumindest auf diese Zielgruppen bezogen, die Bürgerrechte eingeschränkt werden und der Bezug staatlicher Leistungen an Bedingungen gebunden wird. Auch machen sie darauf aufmerksam, dass diese Konstruktionen den Übergang von den Medien in den Alltag der Menschen gefunden hätten. In der stärker gewordenen Notwendigkeit der Abgrenzung nach unten vor allem durch die mittleren Schichten wird eine wichtige Funktion der Debatte gesehen: Letztlich, weil sich die bisher verlässlich gezogene Grenze zwischen sicheren und unsicheren Positionen im sozialen Feld aufzulösen scheint und Prekarität zu einem inzwischen recht breit verteilten gesellschaftlichen Phänomen geworden ist.

Die im Folgenden exemplarisch zitierten Artikel wichtiger Wochenzeitschriften haben dazu beigetragen, die Solidarität mit den unteren Gruppen der Gesellschaft, den Unterschichten, aufzukündigen (die meisten dieser Quellen sind unter dem Titel der Berichte auch im Internet aufzurufen).

Wir gliedern die folgenden Beispiele nach den medialen, den politischen und den wissenschaftlichen Bereichen. Sie unterscheiden sich deutlich im Abstraktionsgrad und in der Form der Moralisierung.

1.1 Berichte zur „neuen Unterschicht" in den Medien

Die neue Unterschicht erscheint in den Medien als kriminell, dreckig, gefährlich, asozial, verwahrlost und chaotisch. Boulevardmagazine wie der *Stern* beschrieben die neue Unterschicht in Einzelschicksalen medienwirksam als verwahrlost, gewalttätig und kinderreich – ohne soziologische Analysen oder Statistiken – beispielsweise so:

Originaltext aus: *Stern* 42/2006
„Rita, 31, ist arbeitslos und hat vier Söhne von drei Vätern. Sie sagt: „Die Natur hat die Männer so wenig fürsorglich gemacht. Die können das nicht."
Es folgen Schlussfolgerungen wie: „Am unzuverlässigsten hier im Harthof sind die Männer." Oder, anders gesagt: „In ihrer Unzuverlässigkeit sind sie extrem zuverlässig. Sie kümmern sich nicht um Verhütung und verlassen die Szene, sobald die Frau schwanger wird. Unterhalt müssen die wenigsten zahlen, sie bekommen ja fast alle Hartz IV."(*Stern* 42/2006: 54)

Einer der ersten Artikel mit dieser Zielrichtung erschien im *Stern* 46 vom 7.11. 2002:

Originaltext aus: *Stern* 46/2002
„Wer hier lebt, hat verloren. Arbeitslosigkeit, Armut, Alkoholismus – so beginnt der Niedergang eines Viertels. Irgendwann gilt das Gesetz des Stärkeren. Slums wie in den USA haben wir zwar noch nicht. Doch die dramatische FINANZKRISE DER STÄDTE lässt auch in Deutschland immer mehr Quartiere verfallen." (*Stern* 46/2002: 27)

„Der Abstieg eines Stadtviertels beginnt schleichend, heimtückisch unauffällig; mit Arbeitslosigkeit, Armut, Alkoholismus. Irgendwann sprechen Soziologen von einer Kultur des Ausschlusses." (*Stern* 46/2002: 32)

Die folgende Äußerung des Leiters der wissenschaftlichen Begleitung des Bund-Länder-Programms „Soziale Stadt", das gegenwärtig (2009) in über 500 Standorten („Stadtteile mit besonderem Entwicklungsbedarf") arbeitet, kommt den Medien sehr gelegen. Die Medien brauchen Worte wie das auf den wissenschaftlichen Leiter des Instituts für Urbanistik, Rolf-Peter Löhr, zurückgehende Wort vom „Sozialhilfeadel". Löhr definierte:

Originaltext aus: *Stern* 42/2002
„In den Problemgebieten spürt man, welche Kultur der Abhängigkeit der Sozialstaat geschaffen hat. Dort leben manche Leute schon in der dritten Generation von Sozialhilfe – dort herrscht Sozialhilfeadel – die wissen gar nicht mehr wie das ist: morgens aufstehen, sich rasieren, vernünftig anziehen und zur Arbeit fahren. Die kassieren ihr Geld vom Staat, machen nebenbei noch ein bisschen Schwarzarbeit, wenn sie nicht sogar kriminell werden. Wenn wir etwas bewegen wollen, müssen wir diese Leute aus ihrer Lethargie wecken, ihnen klar machen, dass sie für sich, ihre Stadt und ihr Viertel selbst verantwortlich sind." (*Stern* 46/2002: 36f.)

Auch die *Zeit*, *Geo* und der *Spiegel* schildern die neue Unterschicht in ähnlicher Art und Weise. Fabian Kessl sieht die „neue Unterschicht" als ein Konstrukt der Massenmedien an (Kessl 2005: 37).

Unterschichten in Deutschland

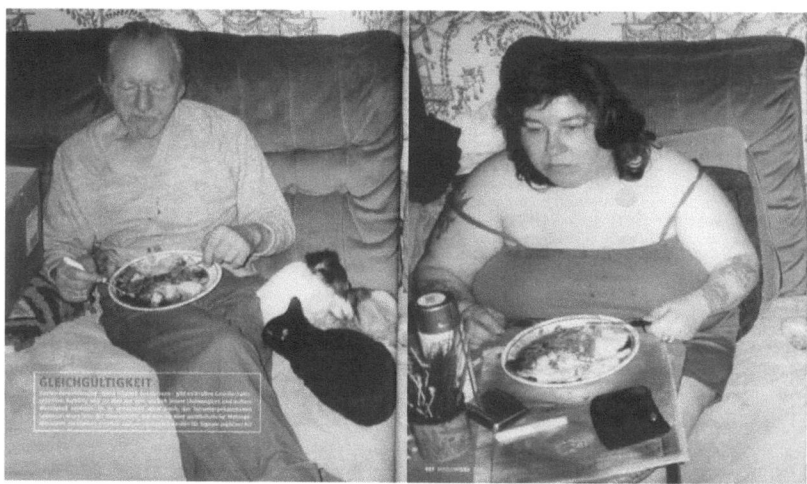

Großformatige Doppelseite aus „Sonderheft GEO Wissen Nr. 35 „Sünde und Moral"
S. 134/35

Der im verkleinerten Bild nicht lesbare Text lautet:

> Originaltext aus: *Geo Wissen 35 „Sünde und Moral"*
> „Gleichgültigkeit
> Soziale Verwahrlosung – diese Trägheit des Herzens – gibt es in allen Gesellschaftsschichten. Auffällig wird sie aber nur dort, wo sich innere Lieblosigkeit und äußere Wurstigkeit vereinen. Im sogenannten *white trash*, der heruntergekommenen Lebensart eines Teils der Unterschicht, ergeben sie eine unansehnliche Melange. Menschen, die seelisch erkalten und unempfänglich werden für Signale jeglicher Art." (Geo Wissen, S. 134)

Dieses Bild hat eine ganz besondere Bedeutung. Im Sonderheft von *GEO Wissen* wird die vierte der modernen Todsünden, die „Gleichgültigkeit", mit dem obenstehenden Foto deutlich gemacht. Auf einem alten Sofa ist ein Paar in ungepflegten Kleidern, nebeneinandersitzend, zu sehen, dass sich teilnahmslos einem recht unansehnlichen Essen widmet, jeder für sich. Nun könnte solch ein Bild für vieles stehen, etwa für Fernsehkonsum, für schlechte Essensgewohnheiten, für die fehlende Distanz zu den Katzen, für ein sich auseinander gelebt haben, für ungesundes Essen oder für vieles andere. Dass *Geo Wissen* das Bild für „soziale Verwahrlosung" sprechen lässt, erscheint beliebig.

Sieht man im Bildnachweis nach, stellt sich heraus, dass das Foto aus einem Bildband des britischen Künstlers Billingham (1996) entnommen ist, der auf die sozialen Zusammenhänge zwischen der kollektiven Erwerbslosigkeit eines Viertels in Birmingham und den sehr unterschiedlichen Verarbeitungs- und Bewältigungsweisen der Bewohner abstellt. Das Bild wurde also aus seinem Entstehungskontext herausgenommen und seine Aussage gleichsam umgedreht. Während der Künstler das Elend moderner Zivilisation und die sehr unterschiedliche Reaktion auf Arbeitslosigkeit darstellt, wird von *GEO Wissen* auf die Skandalisierung von Verhaltensweisen als „Todsünden" abgestellt, die der Unterschicht kollektiv zugeschrieben werden.

Originaltext aus: *Michael Galuske 2008: Fürsorgliche Aktivierung – Anmerkungen zu Gegenwart und Zukunft sozialer Arbeit im aktivierenden Sozialstaat. In: Birgit Bütow/Karl August Chassé/Rainer Hirt (Hrsg.): Soziale Arbeit nach dem sozialpädagogischen Jahrhundert. Opladen.*

„Ein aktuelles und prägnantes Beispiel für diese Sozialpädagogisierung der öffentlichen Diskussion ist die „neue Unterschichtendebatte", die von den Befunden einer Studie der Friedrich-Ebert-Stiftung ausgelöst wurde, nach der rund 4% der Menschen im Westen und rund 20% im Osten einem abgehängten Prekariat zuzurechnen sind, die jede Hoffnung auf gesellschaftliche Teilhabe aufgegeben haben. Auffällig ist, dass diese Befunde keine Debatte über soziale Ungleichheit, Armut und Unterversorgung ausgelöst haben. Ins Visier der öffentlichen Entrüstung gerieten nicht Firmen wie der Allianz-Konzern oder die Deutsche Bank, die im gleichen Atemzug Rekordgewinne und Massenentlassungen verkünden (vgl. Dörre 2006) oder der Daimler-Chrysler-Konzern, der zwischen 1993 und 2003 keinerlei Gewerbesteuer zahlte (vgl. Weiss/ Schmiederer 2005), sondern vielmehr die Betroffenen selbst, ihre Lebensmuster und Verhaltensweisen. Der Historiker und konservative Vordenker Paul Nolte (2004) hatte schon vor einigen Jahren auf eine neue Unterschicht hingewiesen, deren Verelendung weniger eine materielle, als eine kulturelle sei, und die mit Geld nicht zu beseitigen ist. ... Die alte Mär vom moralisch verwahrlosten Lumpenproletariat feiert fröhliche Wiederkehr – sie durchzieht die gesamte Geschichte des konservativen Denkens, wie Christian Rickens eindrücklich beschreibt (Rickens 2005: 27). Die Konsequenzen einer solchen Sicht von Armut und Ausgrenzung sind offensichtlich: Es bedarf keiner Verbesserung der materiellen Lebenslagen (pointiert gesprochen: dann würden sie noch mehr Pornos, Hamburger, Zigaretten usw. kaufen), sondern einer Veränderung von Haltungen, Werten, Kompetenzen und Qualifikationen – und das ist allemal ein (sozial-) pädagogisches Projekt, das spätestens mit der frühkindlichen Bildung in Kindertageseinrichtungen einsetzen muss, besser früher." (Galuske 2008: 10f.)

Der zweite große Bericht im *Stern* (nach dem eben erwähnten vom November 2002 über den Verfall der Städte) hat nun ausdrücklich die Unterschicht zum Thema. Das unten dargestellte erste Bild dieses Berichts unterstreicht die klare Botschaft der Reportage: (materielle) Not herrscht hier nicht, dieses Elend ist „keine Armut im Portmonnaie, sondern Armut im Geiste."

Originaltext aus: *Stern* 52/2004 vom 14.12.2004
„Unterschicht. Das wahre Elend"
„In Deutschland hat sich eine neue Unterschicht gebildet, die ohne Zukunft ist. Jahrzehntelang wurde versucht, ihre Armut mit Geld zu bekämpfen. Doch was die Benachteiligten wirklich brauchen, wird ihnen verwehrt. Reportage aus der bildungsfreien Zone." (...)
„Das süße Leben der Armen: Schokolade, Bonbons, Zigaretten und Geld vernichtende Handys. Die tätowierten Arme gehören Udo Hupa, 44, aus Essen-Katernberg, der trotz Zuckerkrankheit und Übergewicht fleißig nascht." (*Stern* 52/2004: 152/153)

Analog argumentiert der Artikel in Bezug auf Kinder. Hier geht es nicht um die kleine Sydney, die für überforderte alleinerziehende Mütter stehen könnte, sondern es geht gleich um die „Unterschichtkinder", denen die Sendung mit der Maus vorenthalten wird.

Originaltext aus: *Stern* 52/2004
„Sydney, zweieinhalb, guckt vormittags um elf schon fern. Unterschichtskinder sehen meistens Zeichentrickfilme oder Werbung – und selten die „Sendung mit der Maus".

Unterschichtskinder, das haben Medienwissenschaftler herausgefunden, schauen nicht nur erheblich mehr fern als Gleichaltrige aus der Mittel- und Oberschicht. Sie bevorzugen billige Comics und Werbung. Die „Sendung mit der Maus" überfordert sie oft. Noch nicht in der Schule und schon abgehängt, selbst beim Glotzen." (*Stern* 52/2004: 154/155)

> Originaltext aus: *Stern* 52/2004
> „Die Unterschicht ist von allen chronischen Krankheiten überdurchschnittlich stark betroffen", sagt Andreas Mielck vom Forschungszentrum für Umwelt und Gesundheit in München. Das Krankheitsrisiko ist etwa doppelt so hoch, auch bei der angeblichen Managerkrankheit Herzinfarkt. Sind Angehörige der Unterschicht einmal erkrankt, verläuft ihr Heilungsprozess erheblich schlechter. Früher waren mangelnde ärztliche Versorgung und krankmachende Arbeitsbedingungen die Gründe dafür. Heute nicht mehr. Es gibt nur einen Grund: falsches Verhalten." (*Stern* 52/2004: 156)

Unterschlagen wird von den *Stern*-Reportern, dass der renommierte Soziologe Mielck eine Theorie der Benachteiligung unterer Bevölkerungsgruppen entwickelt hat, die seine Befunde deutlich anders erklärbar machen. Die gesundheitliche Ungleichheit wird von Mielck mit dem Zusammenwirken benachteiligender Arbeits- und Lebensverhältnisse und damit zusammenhängendem Verhalten erklärt (vgl. Mielck 2000, 2005). Mit einer „Eindeutigkeit, die in den Sozialwissenschaften selten ist, lässt sich ein soziales Dilemma ... erkennen. Es besagt, dass dieselben Gruppen und Schichten der Bevölkerung, die das größte Risiko tragen zu erkranken, behindert zu sein oder vorzeitig zu sterben, zugleich über die geringsten Möglichkeiten der Kontrolle ihrer Lebensumstände und der Selbsthilfe im wirtschaftlichen, sozialen und kulturellen Sinne verfügen" (Kühn 1998: 267). Solche wissenschaftlichen Befunde interessieren aber hier nicht. Es wird kurz geschlossen:

> Originaltext aus: *Stern* 52/2004
> „Armut macht also nicht krank. Der schlechte Gesundheitszustand der Unterschicht ist keine Folge des Geldmangels, sondern des Mangels an Disziplin. Disziplinlosigkeit ist eines der Merkmale der neuen Unterschichtskultur." (*Stern* 52/2004: 158)
>
> „Die Unterschicht verliert die Kontrolle, beim Geld, beim Essen, beim Rauchen, in den Partnerschaften, bei der Erziehung, in der gesamten Lebensführung." (*Stern* 52/2004: 160)

Was hier als „Bericht" daherkommt, erweist sich sehr schnell als eine dramatisierende Konstruktion. Udo Hupa gilt hier nicht als jemand, der es vor dem Hintergrund seiner Lebenschancen und Lebensperspektiven aufgegeben hat, sich angepasst und zielstrebig zu verhalten (was zumindest eine Variante wäre, dieses Verhalten zu erklären). Die vielen Möglichkeiten, das widersprüchliche Verhalten zu erklären oder zu verstehen, spielen hier gar keine Rolle. Udo Hupa wird mit vielen anderen in einen Topf geworfen, die vielleicht nur bei der Kinderbetreuung oder in der Erziehung Schwierigkeiten haben. Um Hintergründe geht es hier nicht. Entscheidend ist die zentrale Botschaft der Sternreporter: Die neue Unterschicht verliere die Kontrolle, „beim Geld, beim Essen, beim Rauchen, in den Partnerschaften, bei der Erziehung, in der gesamten Lebensführung". Die beliebig zusammengetragenen Beispiele fügen sich zu einer Gesamtschau, zu einer Interpretation der selbst gewählten Exklusion: In den letzten Jahrzehnten habe die Unterschicht eigene Lebensformen entwickelt, die sich durch eigene Werte, eigene Verhaltensweisen und eigene Vorbilder unterscheiden. Sie hat sich selbst außerhalb der Gesellschaft gestellt, nämlich durch ihre Einstellungen und ihr Verhalten.

Statt eines Kommentars zwei „Zwischenrufe" aus dem Internet:

---

http://www.nachdenkseiten.de/?p=3503:
„Krieg dem Pöbel". Die neuen Unterschichten in der Soziologie deutscher Professoren
Die Entdeckung der „neuen Unterschicht(en)" zu Beginn des neuen Jahrtausends ist kein soziologisches, kein wissenschaftliches Datum, sondern das Produkt einer der politischen Propaganda dienenden „öffentlichen Soziologie", in der einige Wissenschaftler – vor allem Paul Nolte und Heinz Bude – als professorale Autoritäten, aber auch als aktiver Teil einer publizistischen Welle fungieren. Diese hat in Deutschland nicht zufällig im Jahr 2004 einen Höhepunkt erreicht: Sie begleitete und legitimierte die Einführung von „Hartz IV": die Abkehr vom bis dahin dominierenden sozialstaatliche Ziel der Statussicherung hin zum Ziel der Existenzsicherung. (Kritik von Hans Otto Rößer, Lehrer in einer Abendhauptschule)

---

www.bmg.ipn.de/mieterecho/295/03012007.htm:
Vom unrasierten „Sozialhilfeadel" im „Sozialen Brennpunkt"
„'Soziale Brennpunkte' – ein ehrlicher Begriff für die bürgerliche Hilflosigkeit", überschrieb der seinerzeit in Hamburg wirkende, nun in Wien tätige Stadtsoziologe Jens Dangschat 1995 einen Beitrag für die Zeitschrift Widersprüche. Ihm ging es um den direkten Zusammenhang von zwei städtischen Entwicklungen: die Umstrukturierung und Aufwertung von Teilen der städtischen Ökonomie auf der einen Seite und das Entstehen „sozialer Brennpunkte" auf der anderen. Dieser direkte Zusammenhang, so Dangschat, werde „verdrängt, nicht gesehen, heftig bestritten."

Soziale Brennpunkte seien angesichts kontinuierlich bestehender oder gar zunehmender Armutsbevölkerung jedoch direkte „Folgen von Verdrängungsmechanismen, selektiven Fortzügen und Belegungspolitiken, die bei immer geringeren Spielräumen im preisgünstigen Wohnungsbestand immer wirkungsloser werden müssen. ‚Soziale Brennpunkte' entstehen als Folge absichtsvollen Handelns bzw. Nichthandelns, des Verdrängens von grundsätzlichen Zusammenhängen und des billigenden In-Kauf-Nehmens von ‚Nebeneffekten'". Dangschat schlug vor, „Toleranz, Solidarität und eine deutlich zurückgenommene Konkurrenz um wirtschaftliches Wachstum" wirken zu lassen, denn die Bewohner dieser Quartiere für ihre Lage verantwortlich zu machen, sei zwar naheliegend, aber „falsch und ungerecht". (...)

Rolf-Peter Löhr, verantwortlich für die Begleitung des Bund-Länder-Programms „Soziale Stadt" beim Deutschen Institut für Urbanistik hat nun in einem Beitrag für das Hamburger Magazin *Stern* allerdings unter solche Vorstellungen einen deutlichen Schlussstrich gezogen, denn aus seiner Sicht spürt man in den „Problemgebieten (...), welche Kultur der Abhängigkeit der Sozialstaat geschaffen hat. Dort leben manche Leute schon in der dritten Generation von Sozialhilfe – da herrscht Sozialhilfeadel – die wissen gar nicht mehr, wie das ist, morgens aufstehen, sich rasieren, vernünftig anziehen und zur Arbeit fahren. Die kassieren ihr Geld vom Staat, machen nebenbei noch ein bisschen Schwarzarbeit, wenn sie nicht sogar kriminell werden. Wenn wir etwas bewegen wollen, müssen wir diese Leute aus ihrer Lethargie wecken, ihnen klar machen, dass sie für sich, ihre Stadt und ihr Viertel selbst verantwortlich sind."

„Verdiente" Armut und Empowerment im „benachteiligten Stadtquartier"
Ganz, ganz höflich formuliert stellt eine solche Haltung eine reichlich große Herausforderung (...) dar (...).
Allemal aber müsste in den Blick geraten, dass die so genannte Schwarzarbeit und auch Kleinkriminalität angesichts von Armut und Arbeitslosigkeit auch als Reaktionen auf eine unerträgliche Lage der betroffenen Menschen interpretiert werden müssen.
Etwas weniger höflich formuliert, und das scheint in diesem Falle angezeigt, legt das Statement von Löhr jedoch nahe, der Sozialwissenschaftler wolle, unbeeindruckt von fehlender Evaluation und jeglicher kritisch-sozialwissenschaftlicher Distanz abhold, schon einmal die Bevölkerung aufteilen in das, was in den USA im neoliberalen Duktus seit den 1980er-Jahren als deserving und undeserving poor bezeichnet wird. Das ist die Haltung, die der Auffassung ist, es gebe Teile der Bevölkerung, die ihre Lebenslage auch „verdient" hätten und entsprechend zu behandeln seien. Diese Sortierung unternimmt quasi präventiv schon einmal Löhr.

> Insofern ist es Löhr zu danken, dass er – gut rasiert und vernünftig angezogen – Klartext geredet hat.
> Der unhöfliche Teil: Solcherart Klartext sprach auch Bertolt Brecht mit seiner Formulierung, es herrsche immer Krieg in den Städten. Nicht nur für die Bewohner „benachteiligter" Quartiere oder die Betreiber des Quartiersmanagements, sondern für jeden Stadtbewohner ist es daher gut zu wissen, wer in diesem Sinne die Kriegstreiber sind. Ein Teil des Wissenschaftsadels im Deutschen Institut für Urbanistik hat sich offenbar entschieden."

Dieser Kommentar geht mit Hans-Peter Löhr hart ins Gericht. Nicht zu Unrecht, denn hier wurde eine Grenze überschritten: Die Wissenschaft schmäht ihre Forschungssubjekte und sie positioniert sich auf der Seite der Politik des Förderns und Forderns. Die bisherigen sozialwissenschaftlichen Erklärungen und Erläuterungen werden unterschlagen und es wird eine klare Schuldzuweisung vorgenommen.

Im folgenden Text von Gabor Steingart *(Der Spiegel)* wird deutlich, dass sehr wohl eine theoretische Interpretation der gegenwärtigen sozialen und ökonomischen Entwicklung vorliegt, die mit dem angeblichen Mangel an Kompetenzen und der Apathie der Unterschicht verknüpft wird. Die heutige Unterschicht sei ein Zerfallsprodukt der alten Arbeiterbewegung, der man noch mit einem gewissen Respekt gegenüber treten konnte. Die Symptome der „geistigen Verwahrlosung" scheinen Gabor Steingart unübersehbar. Der klassische Arbeiter arbeitete an seiner Bildung, weil er wusste: Wissen ist Macht in der Gesellschaft. Der heutige Prolet besitze keine Bildung und er tue auch nichts, um seinen Kindern diese Tür zu öffnen (nebenbei bemerkt ist dies komplett falsch, wenn man entsprechende Studien heranzieht; vgl. z.B. Heite u.a. 2007: 59ff.).

> Originaltext aus: *Der Spiegel 42/2006*
> *Gabor Steingart 2006: Weltkrieg um Wohlstand: Wie Macht und Reichtum neu verteilt werden, München.* SPIEGEL ONLINE veröffentlichte in einer Serie Ausschnitte aus dem Buch (http://www.spiegel.de/wirtschaft/0,1518,436351,00.html.)
> „Die neuen Proleten
> Von Gabor Steingart
> Die fortschreitende Deindustrialisierung hat im Westen eine neue Unterschicht der Unproduktiven und geistig Verwahrlosten geschaffen. Diese Fremdlinge im eigenen Land werden zur ernsten Gefahr für die Demokratie.
> Der heutige Prolet ist ärmer dran als sein Vorgänger zu Beginn des Industriezeitalters, obwohl es ihm besser geht. Er hungert nicht, er haust im Trockenen, er wird von keiner Seuche dahingerafft, er besitzt sogar deutlich mehr Geld.

> Er ist in jedem Staat Westeuropas nicht nur Bürger, sondern zugleich Kunde des Wohlfahrtsstaats, auch wenn dessen Leistungen nirgendwo mehr üppig ausfallen. (...)
> Der Prolet von heute besitzt mehr Geld als die Arbeiter vergangener Generationen und wenn er im Anzapfen des Sozialstaats eine gewisse Fertigkeit entwickelt hat, verfügt er über ein Haushaltseinkommen, das mit dem von Streifenpolizisten, Lagerarbeitern und Taxifahrern allemal mithalten kann. Es ist nicht die materielle Armut, die ihn von anderen unterscheidet.
> Auffällig hingegen sind die Symptome der geistigen Verwahrlosung ...
> Er besitzt keine Bildung, und er strebt auch nicht danach.
> Der neue Arme ist kein Wiedergänger des alten. Vor allem an seinem mangelnden Bildungsinteresse erkennen wir den Unterschied. Er besitzt keine Bildung, aber er strebt ihr auch nicht entgegen. Anders als der Prolet des beginnenden Industriezeitalters, der sich in Arbeitervereinen organisierte, die zugleich oft Arbeiterbildungsvereine waren, scheint es, als habe das neuzeitliche Mitglied der Unterschicht sich selbst abgeschrieben.
> Selbst für seine Kinder unternimmt er keine allzu großen Anstrengungen, die Tür in Richtung Zukunft aufzustoßen. Ihre Spracherziehung ist so schlecht wie ihre Fähigkeit, sich zu konzentrieren. Der Analphabetismus wächst im gleichen Maß, wie die Chancen auf Integration der Deklassierten schrumpfen. Die Amerikaner sprechen in der ihnen eigenen Direktheit von „white trash", weißem Müll.
> Das neue Proletariat als homogene Klasse ist erst in den vergangenen zehn Jahren entstanden. Überall in jenen Industrienationen, die sich die führenden nennen, bildet es sich heraus. Die moderne Volkswirtschaft hat offenbar nichts zu bieten für Leute, die wenig wissen und dann auch noch das Falsche."

Der folgende Artikel, wieder aus dem *Stern*, thematisiert die sexuelle Verwahrlosung der Unterschicht. Er beginnt mit Berichten von Sozialarbeitern aus verschiedenen Vierteln in Berlin und Essen, die vom gemeinsamen Pornokonsum von Kindern und Jugendlichen mit ihren Müttern berichten. Die Sexualität dieser Kinder ist von den Bildern des Hard-Core-Pornos geprägt. Der Artikel beginnt wie folgt:

> Originaltext aus: *Stern* 6/2007
> Voll Porno!
> Von Walter Wüllenweber
> **„Wenn Kinder nicht mehr lernen, was Liebe ist. Eltern schauen mit ihren Kindern Hardcore-Filme. 14-Jährige treffen sich zum Gruppensex. Ihre Idole singen von Vergewaltigung. Ein Teil der Gesellschaft driftet ab in die sexuelle Verwahrlosung.**
> Etwas fehlt. Man bemerkt es nicht sofort. (...) Thomas Rüth ist Sozialpädagoge. Er leitet das Jugendhilfe-Netzwerk der Arbeiterwohlfahrt in Essen-Katernberg, einem Bezirk mit besonders großen sozialen Problemen. Regelmäßig besuchen er und seine Kollegen Familien, die ohne Hilfe nicht mehr klarkommen. Wenn die Sozialarbeiter zu Besuch sind, flimmert in den Wohnstuben fast immer die Glotze. Doch nicht jedes Mal läuft dort der Nachmittagsmüll von RTL 2. Immer öfter kommt das Programm aus dem DVD-Spieler: Pornos. Und die Kinder sitzen mit auf dem Sofa.
> Jugendliche küssen sich nicht. Kinder gucken Pornos. Beides hat was miteinander zu tun. Im Porno küsst man sich nicht. „Viele dieser Kinder wachsen im emotionalen Notstandsgebiet auf. Die wissen alles, wirklich alles über sexuelle Praktiken. Aber wenn wir denen etwas über Liebe erzählen, über Zärtlichkeit, dann verstehen die überhaupt nicht, wovon wir reden", sagt Thomas Rüth. Genau das ist es, was fehlt. (...)
> Die Beziehungen verändern sich rasant, insbesondere in der Unterschicht. (…) Ohne gute Schulbildung, ohne Berufsausbildung haben Frauen heute keine realistische Chance auf einen guten Job. Für Frauen aus der Unterschicht ist es daher häufig schwierig, Anerkennung zu erfahren, gelobt zu werden, erfolgreich zu sein. Doch in der Sexualität, da können sie „erfolgreich" sein. Die Sexualität wird umgedeutet. Sie bekommt eine neue Rolle, eine neue Funktion im Leben. Sex wird das, was für andere der Beruf ist, das Studium, der Sport oder das Spielen eines Instruments – die Möglichkeit, den eigenen Ehrgeiz auszuleben und zu befriedigen." (*Stern* 6/2007: 65)

Der Artikel fährt damit fort, die große Faszination der Porno-Rapper für die Kinder und Jugendlichen sowie ihre Eltern zu beschreiben. Die brutalen Vergewaltigungsfantasien sollen – so die *Stern*-Reporter – Bestseller unter den Kindern und Jugendlichen der Unterschicht sein. Die sexuelle Vernachlässigung liegt selbstverständlich auf seiten der Eltern, vor allem der Mütter, die, getrieben vom Bedürfnis nach Anerkennung, sich um die Erziehung ihrer Kinder nicht mehr sorgen. Auch hier wird mit der Interpretation einer moralisch verwerflichen Sexualität der Unterschicht, von dem sich die integre Mehrheit abgrenzen kann, ein Bedrohungsszenario entworfen, das nach dem gleichen Muster konstruiert ist wie die bisherigen Artikel aus dem *Stern*. Der Artikel hat übrigens in den folgenden Monaten in allen Medien, Tageszeitungen, Zeitschriften oder Sendern ähnliche Berichte und Diagnosen über die Sexualität der neuen Unterschicht hervorgerufen.

> Originaltext aus: *Helga Cremer-Schäfer 2005: Lehren aus der (Nicht-)Nutzung wohlfahrtsstaatlicher Dienste. In: Gertrud Oelerich/Andreas Schaarschuch (Hrsg.): Soziale Dienstleistungen aus Nutzersicht. Zum Gebrauchswert sozialer Arbeit, München, Basel*
> „Teenager, die schwanger werden, gehören zur ‚underclass', Familien, denen eine junge Frau vorsteht, Schulversager, Leute, die Fürsorgeleistungen einkalkulieren, solche, die eine extreme Gegenwartsorientierung zeigen, jedoch keine Bereitschaft, Pflichten zu übernehmen, Bildungsaspirationen nachzugehen und zu arbeiten. Die Zurechnung zur ‚underclass' erfolgt nach etwas, das man ein ‚soziales Profil' nennen könnte." (Cremer-Schäfer 2006: 55)

Die „Kunst der Sozialklempner" ist ein Artikel im *Spiegel* 35/2005 überschrieben, der einen anderen Fokus im Diskurs um die neue Unterschicht setzt.

Der Ausgangspunkt des *Spiegel*-Autors ist die These: Wenn der Sozialstaat abgebaut wird, dann müssen Menschen die entstandene Lücke füllen, „die mehr tun als ihre Arbeit". Der Artikel stellt in verschiedenen Porträts Menschen vor, die das tun: einen Allgemeinmediziner im ländlichen Mecklenburg, einen Sozialarbeiter, der Gewaltopfer betreut, andere Sozialarbeiter, die die Kinder desolater Familien von der Straße holen. Sie sind „die Klempner in einem lecken sozialen System". Diese Helfer sind das letzte verbleibende Verbindungsglied zwischen der Unterschicht und der Gesellschaft, der Staat hat aufgegeben.

Interessant an diesem Artikel ist, dass hier das Engagement weniger Bürger in den Vordergrund gestellt wird. Für den *Spiegel*-Autor scheint das Problem darin zu liegen, dass nur wenige Menschen (Helden!) Kontakt zu der neuen Unterschicht halten können, nämlich diejenigen, die dies freiwillig und nicht oder kaum bezahlt tun. Der Artikel endet deswegen mit dem folgenden Seufzer: „so sorgt der Sozialstaat selbst in seiner Schwäche für sie. Er gibt ihnen, was die Menschen, um die sie sich kümmern, nicht mehr haben. Das Gefühl, gebraucht zu werden." (*Spiegel* 35/2005: 102).

Die Lebenssituationen der Klienten, um die sich die Helfer kümmern, werden nicht genauer dargestellt, auch nicht, warum der Sozialstaat seiner Fürsorgepflicht nicht nachkommt.

Schon gar nicht, ob es legitim und begründet ist, die ganz verschiedenen genannten sozialen Problemlagen als Probleme *einer* Unterschicht zusammenzufassen.

> Originaltext aus: *„Die neue Klassengesellschaft"*. Stern Nr. 35 vom 23.08. 2007:
> „Nichts wie weg. Die Mittelschicht flieht aus den Problemvierteln. Schuld ist nicht die Armut. Die intakten Familien halten Drogen, Dreck, Gewalt – und vor allem die schlechten Schulen nicht mehr aus. Eine Reportage aus der gespaltenen Stadt Berlin. (S. 86)
> Neukölln ist ein extremer Bezirk. Doch seine Probleme sind nicht untypisch für Deutschland. Hier geschieht alles nur etwas früher. Oft ist der Blick nach Neukölln der Blick in die Zukunft. Schon beobachten Sozialforscher mit Sorge in ganz Deutschland eine immer stärkere „Segregation" oder „Entmischung" der Gesellschaft. Die unterschiedlichen sozialen Schichten grenzen sich stärker voneinander ab." (*Stern* 35/2007: 90)
> „Die Mitte grenzt sich massiv nach unten ab. Da gibt es inzwischen fast eine Kontaktsperre", sagt Carsten Wippermann vom Heidelberger Sozialforschungsinstitut Sinus. Der Soziologieprofessor Hartmut Häußermann von der Berliner Humboldt-Universität spricht von „Statuspanik in der Mittelschicht". Die Stadtentwicklungsforscher registrieren in allen Ballungszentren eine Massenflucht aus den Problemvierteln." (*Stern* 35/2007: 90)
> Der wichtigste Grund für den Auszug der Mittelschicht – nach der Sorge um die Kinder – ist das, was Sozialforscher die „Kultur im öffentlichen Raum" nennen. Wie sieht es auf der Straße aus, auf den Plätzen? Muss ich aus Furcht immer mal die Straßenseite wechseln? Wenn die Klingelschilder regelmäßig vollgeschmiert werden, wenn der Müll stinkt, wenn der Supermarkt um die Ecke zwei Regale Tiernahrung und zwei Regale Alkoholika anbietet, die Frischeabteilung aber aus einem Eimer fauligem Wasser besteht, in dem ein paar glitschige Bunde Petersilie dümpeln, dann nur noch eins: den Möbelwagen. Die Sorgen um die Schulbildung der Kinder und die Kultur der Nachbarschaft führen also zu einer wachsenden Spaltung der Gesellschaft." (*Stern* 35/2007: 91)

Der Artikel im *Stern* spricht hier ein wichtiges gesellschaftliches Problem an: den sozial geteilten Raum (vgl. Kessl u.a. 2006: Sozialraum). Gesellschaftliche Verarmungs- und Zuwanderungsprozesse führen häufig zu einer markanten sozialräumlichen Segregation. Es entwickeln sich Stadtviertel oder ländliche Regionen, in denen sich Menschen ohne jegliche Aussicht auf einen Arbeitsplatz konzentrieren, in denen Migranten vorwiegend unter sich leben und es gibt zahlreiche Sozialräume im Übergang. In Bezug auf wichtige Sozialindikatoren (Wohnqualität, Bildung, soziale Infrastruktur) gelingt es Quartieren unterschiedlich gut, Teilhabechancen zu eröffnen und die Gruppen zu integrieren. Im Negativimage mancher Stadtteile und der schwachen Vertretung im Verteilungskampf zwischen Stadtquartieren treten die Ursachen oft zurück: die monofunktionalen Wohnsiedlungen, die kleinen Wohnungen, wenige Bildungsangebote, Kinderbetreuungs-, Freizeitgestaltungs-, Einkaufsmöglichkeiten. Die lebensweltlichen Verhältnisse, in denen die Menschen wohnen, die Verelendung von Stadtteilen und – vor allem in Ostdeutschland – auch ganzer Landstriche ist sicherlich Konsequenz einer entsprechenden Wohnungsbau-, Arbeitsmarkt- und Sozialpolitik und somit ein wichtiger Grund für Mittelschichtfamilien, dort weg- oder auch hinzuziehen. Der wichtigste Grund für den Wegzug von Mittelschichtfamilien ist deren Wahrnehmung und Bewertung der lokalen Kultur des öffentlichen Raums – der Plätze, Freizeiteinrichtungen, Grünanlagen, usw. Die Sorge um die Schulbildung der Kinder und die Kultur des öffentlichen Raums seien die beiden wichtigsten Wirkkräfte einer sozialräumlichen Spaltung (Häusermann/Kronauer/Siebel 2004)

Freilich wird in dem Artikel des *Stern* von diesen gesellschaftlichen Trends wiederum nur die Oberfläche beschrieben und wieder wird der Unterschicht die Schuld zugewiesen. In dem Artikel „Die neue Klassengesellschaft" vor allem auf zwei Ebenen:

Einmal greift der Artikel im *Stern* den Topos der verloren gegangenen Disziplin auf. Er sieht die neue Klassengesellschaft darin begründet, dass die heutige Unterschicht – im Gegensatz zu den Arbeitern der alten Arbeiterbewegung – nicht mehr aufsteigen möchte. Der Artikel macht zu Beginn deutlich, dass die Kinder der Unterschichten nicht nur keinen Sport mehr treiben – mit Sport befassen sie sich heutzutage nur im Fernsehen – sondern dass ihnen auch die zentralen Voraussetzungen dafür fehlen. Zitiert wird der Vorsitzende eines Berliner Rudervereins, der äußert: „Ich komme immer mehr zu der Überzeugung: Die heutige Unterschicht kann nicht mehr rudern". Der Artikel begründet dies wie folgt:

> Originaltext *Stern* 35/2007
> „Die neue Klassengesellschaft
> (...)
> Die überraschende Diagnose des Vereinsvorsitzenden erklärt mehr über die Spaltung der Gesellschaft als so manche soziologische Studie: Beim Rudern darf niemand aus der Reihe tanzen. Wenn nur einer im Achter den Rhythmus der Gemeinschaft stört, fallen alle acht ins Wasser. Und wenn einer nicht zum Training erscheint, kann keiner rudern. Beim Rudern müssen sich alle unterordnen, zu hundert Prozent. Wer das nicht kann, dem nützen Kraft und Geschicklichkeit wenig. Der kann nicht rudern. Disziplin, Zuverlässigkeit, Beständigkeit, Pflichtbewusstsein – die viel geschmähten Sekundärtugenden entscheiden jedoch nicht nur, ob jemand ein guter Sportler ist. Sie bestimmen den Lebensweg eines Menschen maßgeblich mit. Oft teilen sie ein, wer auf welcher Seite des großen Grabens lebt, wer oben und wer unten ist. Wer rudern kann, gehört nicht zur Unterschicht." (*Stern* 35/2007: 93)
> „Die Unterschicht treibt keinen Sport. Zu Zeiten des Turnvaters waren die Arbeiter stolz. Sie blickten runter auf das „Lumpenproletariat", auf Bettler, Gauner, Lumpensammler, auf Menschen, die sich gehen ließen, denen das Zeug zum richtigen Arbeiter fehlte. Die Arbeiterklasse war nicht nur eine Produktionsgemeinschaft, sondern auch eine Wertegemeinschaft, orientiert an Tugenden wie Fleiß, Verlässlichkeit und Gemeinschaftssinn. Vor allem aber wollten die Arbeiter aufsteigen. Vermutlich hatte die Arbeiterklasse von damals viel mehr mit der heutigen Mittelschicht gemein als mit der heutigen Unterschicht." (*Stern* 35/2007: 93f.)

Das zweite Argument bezieht sich auf das Engagement der Eltern. Angesprochen wird der Trend nach Privatschulen, vor dem Hintergrund sozial immer heterogener werdender Regelschulen. Zitiert wird eine Vertreterin der Schulstiftung, die die Kinder nicht nach dem Einkommen, sondern nach dem Engagement der Eltern auswählen will:

> Originaltext aus: *Stern* 35/2007 *Die neue Klassengesellschaft*
> „Die stellvertretende Vorsitzende der Schul-Stiftung der evangelischen Kirche Berlin-Brandenburg, Anne Rose Steinke sagt: „Uns ist das Einkommen der Eltern egal. Wir wollen vor allem Eltern, die sich für die Schule engagieren." (*Stern* 35/2007: 94)

Der Kommentar des Journalisten Walter Wüllenweber ist bemerkenswert:

> Originaltext aus: *Stern* 35/2007
> „Engagierte Eltern. Genau das ist die Bruchkante der Gesellschaft. Auf der einen Seite sind es die aktiven Eltern, die sich kümmern, ihre Kinder bewusst erziehen und nach Kräften fördern. Ihnen gegenüber sind die passiven, überforderten Eltern, die ihre Kinder einfach groß Füttern, ihre Entwicklung laufen lassen und zufrieden sind, wenn die Kinder nicht kriminell oder schwanger werden. Engagement, das hört sich freundlich an. In Wahrheit ist das Engagement das zuverlässige Ausschlusskriterium, der sichere Schutzwall der Mittelschicht. Damit bleibt die Unterschicht draußen". (Stern 35/2007: 94)

Die Bruchkante der Gesellschaft ist hier sicherlich bezeichnet – aber sie wird in der abwertenden Beschreibung der Unterschichteltern in bürgerlicher Arroganz zugleich befestigt. Der Artikel verstärkt diese Arroganz und die Abgrenzung nach unten. Er argumentiert im folgenden damit, dass die von ihm selbst betriebene schärfere Abgrenzung zwischen den Klassen eine Rückkehr zur europäischen Normalität sei. Dass Wüllenweber selbst – ähnlich wie Nolte und Bude – bestimmte Konstruktionen der Unterschicht betreibt, die an der Grenze zur Diffamierung sind, wird dabei natürlich übergangen.
Walter Wüllenweber beschreibt das neue Klassendenken in Deutschland als Rückkehr zur europäischen Normalität:

> Originaltext aus: *Stern* 35/2007
> „In Frankreich, England oder in den USA ist das Bewusstsein für Klassenunterschiede ein alltäglicher Begleiter der Menschen. Bei uns nicht. Warum? Bis zum Faschismus war Deutschland eine Klassengesellschaft wie die anderen in Europa. Dann brachten die Nazis einen Teil der Eliten um oder vertrieben sie. Außerdem etablierten sie durch die Partei völlig neue Aufstiegsmechanismen. Nach dem Faschismus waren die übrig gebliebenen Eliten diskreditiert. Die DDR versuchte sich an der klassenlosen Gesellschaft. Im Westen entwickelte sich das, was der Soziologe Helmut Schelsky die »nivellierte Mittelstandsgesellschaft« nannte. In der Utopie der DDR waren alle Arbeiter und Bauern. Die Utopie der Bundesrepublik kannte nur die Mittelschicht. Die meisten Deutschen sind also mit nur einem geringen Bewusstsein für Standesunterschiede aufgewachsen. Seit einigen Jahren ändert sich das. Die Unterschiede werden stärker wahrgenommen. Womöglich ist Deutschland auf dem Weg zurück zur europäischen Klassengesellschaft." (*Stern* 35/2007: 91f.)

Wenn Deutschland auf dem Weg zurück zur Klassengesellschaft ist, scheint der Sinn der Unterschichtendebatte klarer: es geht um die Selbstverständigung der

Mehrheit und damit verbunden eine Abgrenzung von denen, die angeblich draußen sind: außerhalb des Wertekanons der Mitte. Paradox gesprochen, handelt die Unterschichtendebatte nur vordergründig vom kulturellen und moralischen Elend der Überflüssigen. Sie handelt in Wirklichkeit zugleich von den Mittelschichten und deren (berechtigten) Ängsten vor Statusverlust und sozialem Abstieg. Verhandelt wird dabei über die Interpretation der Gegenwart und die angemessene Bewältigungsstrategie.

> Originaltext aus: *Michael Hartmann 2006: Elite – Masse. In: Stephan Lessenich/Frank Nullmeier (Hrsg.): Deutschland. Eine gespaltene Gesellschaft. Frankfurt am Main/N.Y.*
>
> Die Diskussion um die Unterschichten verbinde sich mit der klassischen „Vorstellung von den kulturlosen, der Vernunft abgeneigten und den eigenen Gefühlen ausgelieferten Massen" (Le Bon 1982) und bedeute „kulturell stets eine Stufe der Auflösung, weil Kultur Eigenschaften wie Vernunft, Triebkontrolle und ganz allgemein ein hohes Bildungsniveau voraussetze, die den sich selbst überlassenen Massen völlig unzugänglich seien" (Hartmann 2006: 196).
>
> „In den Feuilletons der bürgerlichen Medien wird der die dümmlichen Talkshows der Privatsender sehende, Bildzeitung lesende, *fast food* verschlingende und Bier trinkende Sozialhilfeempfänger zum Synonym für eine Unterschicht, der es nicht an Geld, sondern an Bildung mangelt. Nicht der Ausschluss vom Arbeitsmarkt, die frühe Selektion im Schulsystem, die wohnliche Gettoisierung oder die hohe Verschuldung seien das entscheidende Problem, so die Diagnose, sondern die Unfähigkeit oder gar Unwilligkeit der Unterschichten, sich vernünftig zu ernähren, sich niveauvolle Sendungen anzusehen oder sich ganz allgemein eine disziplinierte Lebensführung anzugewöhnen. Hier werden, in direkter Anknüpfung an die klassische Position der kulturlosen Masse, Ursache und Wirkung verkehrt. Dem einzelnen wird die Verantwortung für etwas angelastet, was im Kern gesamtgesellschaftlichen Strukturen zuzuschreiben ist. Dabei wäre es relativ leicht, die Wirklichkeit angemessener zu erfassen, denn es gibt mittlerweile eine große Anzahl von differenzierten Analysen über die Entstehungs- und Funktionsbedingungen der „underclass", und zwar nicht nur angelsächsischer, sondern zunehmend auch deutscher Provenienz." (a.a.O.). (Vgl. dazu Widersprüche H. 98, 2005; Kessl/Reutlinger/Ziegler 2007).

Hartmann argumentiert, dass die von Le Bon 1895 und den klassischen Elitetheorien überlieferte Vorstellung von den kulturlosen, der Vernunft abgeneigten und den eigenen Gefühlen ausgelieferten Massen in der Unterschichtendebatte wieder auflebt.

Der Hinweis auf die wissenschaftliche Analyse und die Empirie ist wichtig, übergeht jedoch den sozialen und politischen Kontext der Debatte. Man kann annehmen, dass der tiefere Sinn der aktuellen Unterschichtendebatte nicht nur in der Legitimation eines (pädagogischen) Eingriffs des aktivierenden Staates mit dem Ziel der Veränderung von Mentalität und Verhaltensweisen – die zugleich, zumindest auf diese Zielgruppen bezogen, die Bürgerrechte einschränkt zu Gunsten staatlicher Interventionsrechte – zu sehen ist. Er ist auch ein Angebot an jenen (von Gefährdungen ihres Status bedrohten) Teil der mittleren Schichten, der sich vor einer stärker gewordenen Notwendigkeit der Abgrenzung nach unten sieht. Es geht zugleich um einen Bruch der bisherigen Solidarität mit den unteren, benachteiligten Gruppen. Parallel zu diesem hegemonialen Diskurs um die symbolische Ab- und Ausgrenzung wird mit der Politik des aktivierenden Staates eine sekundäre Integration arbeitsmarktlich ausgegrenzter Gruppen (der „Unterschicht") angestrebt, die auf eine Wiedereingliederung in Prekarität, Armut und mit verminderten sozialen Rechten abzielt (vgl. ausf. Chassé 2008). Der Wechsel der Semantik von der Sozialreform zur Re-Moralisierung von Ungleichheit begleitet diesen gesellschaftlichen Prozess.

Mit der Konstruktion des „unten" greift die Unterschichtendebatte auf einen alten Topos der Distinktion von innen und außen zurück. Die Klage über den Verfall bürgerlicher Werte, der sich mit der Konstruktion der Masse als kulturlos, ungebildet und ihren Gefühlen ausgeliefert verbindet, bezeichnete bereits in den Umbrüchen des 19. Jahrhunderts eine Grenzlinie der Nichtzugehörigkeit zu einer nach ehrbarer und konventioneller Lebensführung geordneten Welt. Diese Konstruktion begleitet die Geschichte der unteren Schichten. Die damaligen unterständischen Schichten haben über die gesamte Epoche der Auflösung der feudalen Gesellschaft und des Aufkommens der neuen bürgerlichen Gesellschaft Stigmatisierung auf sich gezogen, wie z.B. die angeblich mangelnde Arbeitsmoral und fehlende Disziplin der ökonomischen Haushaltsführung, die ungezügelte Vermehrung usw. – das ist das Thema der neuzeitlichen Armenfürsorge und Sozialdisziplinierung (vgl. Sachße/Tennstedt 1980).

Fragen zur Vertiefung

- Welche Erklärungen stellt die Sozialwissenschaft zum Verständnis wachsender Ungleichheiten und zur Vertiefung sozialer Diskrepanzen aktuell bereit?
- Hängen die Veränderungen dessen, was „unten" ist, mit der Veränderung der Lage der mittleren, bisher gut gesichert scheinender Gruppen zusammen?
- Warum stoßen die medialen Darstellungen der „Unterschicht" auf ein so großes Interesse?
- Was ist an der Unterschicht so faszinierend?

Literatur zur Vertiefung

- Stephan Lessenich/Frank Nullmeier 2006: Deutschland – eine gespaltene Gesellschaft. Frankfurt-Campus und Bundeszentrale für politische Bildung, bpb vertrieb, Bonn.
- Fabian Kessl 2005: Das wahre Elend. Zur Rede von der „neuen Unterschicht". In: Widersprüche 25. Jg., H. 95, S. 29-44.
- Alexandra Klein 2009: Die Wiederentdeckung der Moralpanik. „Sexuelle Verwahrlosung" und die „neue Unterschicht". In: Soziale Passagen 1 (2009), H. 1, S. 23-34.

1.2 Die Politik und die politische Debatte

> Originaltext aus: *„Bericht vom Arbeitsmarkt" des Bundesministeriums für Wirtschaft und Arbeit mit dem Titel: „Vorrang für die Anständigen – gegen Missbrauch, Abzocke und Selbstbedienung im Sozialstaat". Berlin August 2005.*
>
> „Die Arbeitsmarktreform ist alles andere als sozialer Kahlschlag oder Armut per Gesetz. Im Gegenteil: das Arbeitslosengeld II und das neue Sozialgeld bieten den Betroffenen eine faire materielle Grundsicherung." (BMAS 2005: 2)

Freilich gehen die Verfasser im Ministerium von einer „Mitnahmequalität" gewisser Bevölkerungsgruppen aus, denen mit den neuen Arbeitsmarktgesetzen Unterstützungsleistungen gewährt werden. Zudem seien die Kosten für Miete und Heizung daneben „die zweite Säule des Haushaltseinkommens". Jedoch verleitete diese „hübsche Summe" von mehreren 100 Euro im Monat „vermeintlich findige Zeitgenossen immer wieder dazu, die Sozialkassen anzuzapfen" (8).

> Originaltext aus: *„Bericht vom Arbeitsmarkt" des Bundesministeriums für Wirtschaft und Arbeit mit dem Titel: „Vorrang für die Anständigen – gegen Missbrauch, Abzocke und Selbstbedienung im Sozialstaat". Berlin August 2005.*
> „Biologen verwenden für „Organismen, die zeitweise oder dauerhaft zur Befriedigung ihrer Nahrungsbedingungen auf Kosten anderer Lebewesen – ihren Wirten – leben", übereinstimmend die Bezeichnung „Parasiten". Natürlich ist es völlig unstatthaft, Begriffe aus dem Tierreich auf Menschen zu übertragen. Schließlich ist Sozialbetrug nicht durch die Natur bestimmt, sondern vom Willen des Einzelnen gesteuert. Wer den Grundstock seines Haushaltseinkommens bei der Arbeitsagentur oder der für das Arbeitslosengeld II zuständigen Behörde kassiert und im Hauptberuf oder nebenher schwarzarbeitet, handelt deshalb besonders verwerflich. Schwarzarbeiter nehmen den Staat auf doppelte Weise aus: Erstens verdienen sie Lohn, für den sie weder Steuern noch Sozialabgaben entrichten. Dabei benutzen sie dieselben Straßen, schicken ihre Kinder in dieselben Schulen und rufen in Not dieselben Polizisten zu Hilfe wie die ehrlichen Steuerzahler.
> Aber schwarzarbeitende Arbeitslose verweigern nicht nur ihren Anteil an der „Gemeinschaftskasse"; zusätzlich bedienen sie sich aus den Töpfen, die von der Mehrheit der Ehrlichen im Land gefüllt werden." (BMAS 2005: 10)

Die Sprache des Ministeriums steht jener der Boulevardblätter eigentlich nicht nach. Ganz selbstverständlich wird von einer Mitnahmementalität dieser Bevölkerungsgruppe ausgegangen. Für eine deutsche regierungsamtliche Veröffentlichung ist zudem der Gebrauch von Termini wie „Parasiten" wirklich bemerkenswert, weil sie eigentlich durch den Faschismus auf immer für die politische Öffentlichkeit diskreditiert sein sollten. Am Ende wird übrigens darauf hingewiesen, dass die Missbrauchsquote sehr gering ist. Man kann also vermuten, dass mit dieser Publikation andere Absichten verfolgt werden.

2 Paul Noltes Erziehung der „neuen Unterschicht"

Die Rede von einer „neuen Unterschicht" erfuhr in den letzten Jahren in der Bundesrepublik eine beachtliche gesellschaftliche, politische und mediale Aufmerksamkeit. Einen wichtigen Anstoß für diese Debatte gab die 2004 veröffentlichte Schrift „Generation Reform. Jenseits der blockierten Republik" des Berliner Sozialhistorikers Nolte. Es handelt sich um ein in vieler Hinsicht bemerkenswertes

Buch, das wohl auch nicht zufällig bald für zwei Euro von der „Bundeszentrale für politische Bildung" in Bonn vertrieben wird. Diese Publikation steht für ein neues, liberales Denken in ungleichheitstheoretischen Kampfbegriffen. Es bedeutet eine neue Stufe im Kampf um die Interpretations- und Deutungshoheit sozialer Ungleichheit. Ungleichheit wird nicht nur in klassentheoretischen Begriffen beschrieben, sie wird auf die Lebensweise und die Mentalitäten der betroffenen Gruppen zurückgeführt und insofern kulturalistisch bestimmt. Eine gesellschaftliche Abkoppelung bestimmter gesellschaftlicher Gruppen habe sich zentral aus dem Lebensstil der Unterschichten heraus entwickelt, aber dieser Lebensstil sei aus der sozialpolitischen Unterstützung erwachsen, dem Anspruch der Absicherung und der Mentalität der Bestandswahrung. Dies habe – vor allem im Laufe des letzten Jahrzehnts – zu Kulturen der Abhängigkeit, der Unselbständigkeit und Verweigerung gegenüber Veränderungen geführt.

In einem kurzen Aufsatz verweist er auf die Vorläufer der deutschen „neuen Unterschicht-Debatte" in den USA. Dort habe man keine Scheu, von „Klassengesellschaften" zu sprechen – was er selbst für Deutschland tut.

Originaltext: *Paul Nolte: Soziale Gerechtigkeit in neuen Spannungslinien. In: Aus Politik und Zeitgeschichte. Beilage zur Wochenzeitung „Das Parlament", 28-29/2005.*

„Neue Klassengesellschaft

Wer seit den achtziger Jahren die angelsächsischen Gesellschaften, vor allem die USA, beobachtet hat, der konnte kaum von den Debatten über eine „neue Klassengesellschaft" überrascht werden, die seit einigen Jahren nach Deutschland geschwappt sind. In England hatte man sich ohnehin nie der Illusion hingegeben, eine stratifizierte Gesellschaft werde in langfristigem und unaufhaltsamem Trend durch eine relativ homogene Mittelklassengesellschaft abgelöst – die working class war nicht mehr die klassische Arbeiterklasse der hochindustriellen Phase, aber sie bewahrte ihre Eigenständigkeit bis in Lebensstil, Habitus und Sprache hinein. Die Vereinigten Staaten dagegen sind, Deutschland gar nicht so unähnlich, gemäß ihrem Selbstentwurf als Pionier- und Aufsteigergesellschaft ein Land der universalisierten Mittelklasse gewesen. Ein ganzes Stück weit waren sie dies auch in der sozialen Realität nach dem Zweiten Weltkrieg, als die (weiße) Arbeiterschaft auf dem Wege von Massenkonsum und Mobilität den Anschluss an die Mittelklassengesellschaft fand. Aber seit den späten siebziger Jahren kehrte sich dieser Angleichungstrend in vielerlei Hinsicht wieder um. Seitdem wuchsen die Abstände zwischen Oben und Unten in Einkommen und Vermögen; die Selbständigen und die gebildeten professional classes erzielten Gewinne, mit denen sie sich von dem stagnierenden Status der normalen abhängig Beschäftigten abkoppelten.

> Außerdem bildete sich in den großen Städten, die immer schärfer rassisch und sozial getrennt waren, eine neue Armutsschicht außerhalb der Erwerbsarbeit heraus, eine urban underclass, in der soziale Probleme sich kumulierten: Arbeitslosigkeit und Gewalt, materielle Armut und Mangel an Bildung, Migration und die Erosion von Familienstrukturen. Diese Realität fand spätestens in den neunziger Jahren ihren Weg auch auf die politische Agenda – vor allem während der Präsidentschaft Bill Clintons –, doch nicht primär, wie im deutschen Fall, als ein Diskurs über Gerechtigkeit.
> Etwas später als in England und Amerika, und fraglos schwächer als dort, wurde auch die Bundesrepublik Deutschland von diesem Trend zu einer neuen Polarisierung der Gesellschaft erfasst. Die Phänomene sind jedoch bis heute diffuser, nicht zuletzt deshalb, weil sozialstaatliche Kompensationsleistungen bis in das vergangene Jahrzehnt hinein ausgebaut wurden. Das gilt für den Westteil des Landes, in besonderer Weise aber auch für die ehemalige DDR nach der Wiedervereinigung: Große Teile der Bevölkerung – am erfolgreichsten wohl die Rentnerinnen und Rentner – wurden binnen kurzer Zeit durch massive Transferleistungen auf das Konsum- und Lebensniveau der westlichen unteren Mittelschicht gehoben. Andererseits waren jedoch die Zeichen der neuen Trennlinien kaum mehr übersehbar. Die Schere zwischen Einkommen aus selbständiger und aus abhängiger Arbeit vergrößerte sich. Dauerhafte Erwerbslosigkeit und verfestigte Sozialhilfebedürftigkeit begründeten Zonen der neuen Armut, nachdem die „alte Armut" (vor allem Armut im Alter, Armut auf dem Land, proletarische Armut) besiegt war. Die Vision von der „nivellierten Mittelstandsgesellschaft" und ihren relativ homogenen sozialen Verhältnissen erodierte schnell. Soziale Unterschiede manifestierten sich aber nicht nur in materiellen Verhältnissen, sondern zunehmend auch in Lebensstil und Konsum. Das Ideal einer auch räumlich integrierten Gesellschaft rückte in weite Ferne, die soziale Segregation des Wohnens nahm seit den achtziger Jahren zu, auch wenn sie nicht die Dimension der „Ghettobildung" anderer Länder annahm. Der Konsum spaltete sich in „Discount"- und „Premium"-Segmente. Und auch die Mediennutzung entwickelte sich sozial höchst unterschiedlich, seit sich nicht mehr ein einheitliches Volk vor den Programmen von ARD und ZDF versammelte. Daraus entstand eine lebhafte Debatte über eine neue Klassengesellschaft und „neue Unterschichten". (Nolte 2005: 17-18)

Nolte konstatiert insgesamt, auf so gut wie alle Gruppen der Gesellschaft und auch auf die politischen Repräsentanten (Eliten wie Parteien) bezogen eine politische, vor allem aber mentale Erstarrung der bundesrepublikanischen Gesellschaft und Politik und spricht sich für einen Neuanfang, für einen radikalen Umbau aus. Den Kern des Problems der deutschen Gesellschaft sieht er in einer kollektiven, „klassenübergreifenden", Verweigerung des Wandels von Gesellschaft und Politik, selbst die wirtschaftliche Krise sei Ausdruck von gesellschaftlichen und kulturellen Selbstblockaden, die ohne einen tiefgreifenden Bewusstseinswandel nicht aufgehoben werden können (2004: 129). Wenn das Problem aber in einer (falschen, unangemessenen oder nun historisch überholten) Denkungsart, Sichtweise, Mentalität liegt, kommt es vor allem auf deren Veränderung an. Konsequent ist sein Buch eine Streitschrift für „eine neue bürgerliche Gesellschaft", die überzeugen, besser gesagt, Anhänger gewinnen will. Es gehe um den Umbau von „Denkweisen und Sozialmentalitäten" (126). Seinen Gegenentwurf, sein Reformprojekt beschreibt er mit dem „Prinzip der Verantwortung". Verantwortung bezieht sich auf die eigene Lebensführung, auf das (erfolgreiche) Bestehen im Arbeitsmarkt, und schließt auch die Anerkennung von Differenz ein (gemeint ist soziale Ungleichheit ebenso wie die regionalen Ungleichheiten der Lebensverhältnisse, etwa in Ostdeutschland, 2004: 135). Verantwortung bezieht sich ferner auf Dritte (Familie, verantwortliche Kindererziehung). „Die gestärkte Verantwortung für die eigene Lebensführung ist ein Anker der bürgerlichen Gesellschaft ebenso wie die Verantwortung für Andere" (2004: 128). Er selbst sieht diesen Entwurf als Plädoyer für einen konservativ fundierten, dennoch radikalen Wandel an (126), weil es sowohl um den Umbau von „vertrauten Institutionen z.B. in der Arbeitsgesellschaft und im Sozialstaat, aber auch den ‚Umbau' von Denkweisen und Sozialmentalitäten" gehe, die sich damit verbinden. Wir werden später sehen, dass es sich um eine Synthese von Katholizismus und Neoliberalismus handelt. Die Reformvision lässt sich beschreiben als „Reformprojekt einer neuen bürgerlichen Gesellschaft", einen Neuanfang, in der die bürgerliche Mitte wieder eine Zielvision geworden ist. Es bedarf eines „tiefgreifenden Bewusstseinswandels" (129). Das Desinteresse an den allgemeinen Angelegenheiten, der Egoismus, der Rückzug ins Private müsse durch ein neues Interesse an den öffentlichen Dingen aufgehoben werden.

Wie in vielen hochentwickelten Gesellschaften haben sich in Deutschland seit den 1980er-Jahren „Unterschiede zwischen Arm und Reich nicht mehr abgeschliffen, sondern tendenziell vergrößert". Trotz der „unbestrittenen Sogkraft einer verallgemeinerten Populärkultur" hätten sich die Lebensweisen und Lebenswirklichkeiten des Bürgertums und der Mittelschichten einerseits, der sozialen Unterschichten andererseits stark auseinander entwickelt (130), jedoch habe die Gesellschaft diesen Aspekt des gesellschaftlichen Wandels der letzten Jahrzehnte noch nicht zur Kenntnis genommen. Am deutlichsten werde dies in den nicht nur symbolischen Grenzen zwischen besseren und schlechteren Stadtvierteln (hier wird auch auf die PISA-Studien verwiesen), der „gescheiterten Integration von Millionen von Einwanderern" und der veränderten „Struktur unserer Arbeitsgesellschaft" (131). Diese Entwicklungen haben die Probleme und die Struktur der sogenannten „Sozial Schwachen" verändert. Und heute habe soziale Marginalität nicht mehr nur mit dem Ausschluss aus der Erwerbsgesellschaft zu tun, es seien andere Ursachen hinzugekommen – die partielle Auflösung der klassischen Familie, die Ethnisierung der Unterschichten durch Migration, die fehlende Bildungs-Integration, periphere Formen der weiblichen Erwerbstätigkeit sowie „Bildungsdefizite, die der klassischen Berufsausbildung meist schon vorgelagert" seien. Deswegen sei eine neue „Politik der Unterschichten" nötig, deren Ziel wieder sein müsse, „Kulturen der Abhängigkeit und der Armut, des Bildungsmangels und der Unselbständigkeit nicht sich selber zu überlassen, sondern in sie zu intervenieren, sie herauszufordern und aufzubrechen. (...) Es geht erstens um Integration in die Mehrheitsgesellschaft, zweitens aber auch – für viele ein heikleres Thema – um die Vermittlung kultureller Standards und Leitbilder." (69). Hinsichtlich der sozialen Ungleichheit stellt sich für Nolte „zunehmend die Frage, ob es richtig ist, den ,sozial Schwachen' auch in Zukunft vor allem im Modus der Fürsorge und Betreuung, der Abnahme von Verantwortung, zu begegnen. Die bisherigen Regelungen haben es zugelassen, dass in den Unterschichten Kulturen der Unselbstständigkeit und Unmündigkeit entstanden sind, die wir den Betroffenen nicht länger zumuten sollten" (175). Die neoliberalen Leitbilder der Selbstverantwortung und des Wettbewerbs werden von Nolte unter dem Label einer neuen herzustellenden „bürgerlichen Mündigkeit und Verantwortung" propagiert, die Gerechtigkeit und Solidarität ergänzen soll (176). Die auf diese Weise im Gewand auch christlich fundierter konservativer Erneuerung vorgestellte stark neoliberale Position soll politisch und gesellschaftlich zu einer „reflektierten Modernisierung" (243ff.) beitragen und sie gestalten, sie soll eine aktive Steuerung der Gesellschaft ermöglichen (245). Das Infame an Paul Nolte ist, dass er durchaus linke, alternative bzw. kritische Begriffe (Klassen, Schichten, das neue Modell Deutschland, Bürgergesellschaft, soziale Gerechtigkeit) aufgreift, sie aber mit einem konservativen Inhalt füllt und zu einer neuen, neoliberal-konservativen Klassentheorie umbaut. Die Moralisierung sozialer Spannungslinien und Ungleichheiten wird von ihm mit dem Muster der Kulturalisierung sozialer Probleme und der Zurechnung mentaler Erstarrung betrieben. Die Betroffenen haben sich selbst außerhalb des Konsenses der Gesellschaft gestellt, sie werden daher nicht als Akteure, sondern als Objekte von Politik und – damit verbunden – von Pädagogik konstruiert.

> Originaltext aus: *Paul Nolte: Soziale Gerechtigkeit in neuen Spannungslinien, 2005. In: Aus Politik und Zeitgeschichte – Beilage zur Wochenzeitung „Das Parlament" 28-29/2005*
>
> „Gerade im Hinblick auf die Frage nach der Gerechtigkeit muss man an dieser Stelle zwei Dimensionen unterscheiden: Die erste ist die reale Entwicklung von sozialen Strukturen, seien es Vermögensverhältnisse oder Bildungschancen, Siedlungsstrukturen oder kulturelle Stilisierungen. Diese Entwicklung vollzog sich ein bis zwei Jahrzehnte lang, ohne dass sie zum Anlass für Gerechtigkeitsdebatten geworden wäre; vielfach blieb sie überhaupt (jedenfalls für eine breitere Öffentlichkeit) unbemerkt und wurde noch nicht zu einem politisch-moralischen Problem. In dieser Dimension kann man z.B. nach den Strukturbedingungen für die Entstehung und Verfestigung der neuen Unterschichten fragen und dann Faktoren diskutieren wie Wandel der Erwerbsgesellschaft und Deindustrialisierung, Auflösung klassischer Familien (Stichwort: alleinerziehende Mütter), Zuwanderung und Integration, Bildung, Konsum und Mediennutzung.
>
> Die zweite Dimension besteht in der Wahrnehmung, Analyse und Politisierung dieser Prozesse. Veränderungen müssen buchstäblich „zur Sprache" und „auf den Begriff" gebracht werden. Von einer Klassengesellschaft, von Ober-, Mittel- und Unterschichten zu sprechen galt vielen zunächst als unangemessen, ja als obszön. Das änderte sich relativ schnell. Parallel dazu verbreitete sich in den letzten Jahren das Empfinden, dass solche Unterschiede die Grenzen des Akzeptablen oder Gebotenen überschreiten – dass es, mit anderen Worten, in unserer Gesellschaft nicht gerecht zugeht. Jedoch ist dieser Schritt der Politisierung und Moralisierung von Ungleichheit nicht zwangsläufig, sondern in großem Umfang historisch und kulturell bedingt. In Deutschland liegt die Schwelle dafür, Ungleichheit – zumal materielle Ungleichheit – auch als ungerecht zu empfinden, niedriger als in vielen anderen Ländern. Auch ist die Neigung größer, die Milderung von Ungerechtigkeit als eine kollektive Maßnahme von der Politik, von staatlichen Institutionen zu erwarten. Insofern das eine strukturelle Überforderung des Staates unter den Bedingungen einer freien Gesellschaft und einer Marktökonomie darstellt, führen enttäuschte Erwartungen wiederum zu politischer Frustration und Demokratieverdrossenheit. Das kennzeichnet die Situation Deutschlands im Jahre 2005." (Nolte 2005: 18)

Nolte diagnostiziert zunächst das Anwachsen von neuen sozialen Ungleichheiten, die sich u.a. in den neuen Strukturbedingungen einer Entstehung und Verfestigung der neuen Unterschichten zeigen. Angesprochen werden hier vor allem Bildung und die Bildungschancen, Prozesse sozialräumlicher Segmentierung (Konzentration benachteiligter Gruppen in benachteiligten Stadtteilen) und kulturelle Stilisierungen. Er spricht sich zweitens für die Politisierung und Moralisierung von Ungleichheit aus und merkte dabei an, dass die Milderung von Ungerechtigkeit eine Überforderung des Staates darstelle. Die ursächlichen Faktoren werden im folgenden Buch von 2006 dann näher diskutiert.

In dem Buch „Riskante Moderne" (Nolte 2006) ist der Ausgangspunkt der Argumentation erneut die Diagnose der Modernisierungsvermeidung durch überkommene Einstellungen und Ängste vor Veränderung. Wiederum zeigen sich die Deutschen – „wenigstens darin international noch Spitze – der Strategie der Risikovermeidung auf beispiellose Weise hingegeben. Ein klassisches Sicherheitsdenken hat den Sieg davongetragen, wir sind ein risikofeindliches Land geworden. Die Risikogesellschaft hat sich in eine Risikovermeidungsgesellschaft verwandelt. (...) In der persönlichen Lebensführung (habe) die Aufschubmentalität einen besonders sinnfälligen Ausdruck gefunden" (2006: 15). Die Entstehung dieser Mentalitäten sowohl in den Mittelschichten wie in den Unterschichten wird in der „beispiellosen ökonomischen Prosperität jener goldenen Jahre des 20. Jahrhunderts" (2006: 91) gesehen, die großen Teilen der Arbeiterschaft den Ausstieg aus der Proletarität, Massenkonsum, relativen Wohlstand und eine Lebensweise der bisherigen Mittelschichten ermöglichte. Mindestens drei große, von Marginalität bedrohte Gruppen seien binnen zweier Jahrzehnte „in die sichere Mitte der Gesellschaft integriert worden": die landlose Agrarbevölkerung, die Landarbeiterschaft; die städtische Industriearbeiterschaft bis hin zu den Facharbeitern; auch die altersspezifische Armut konnte ganz erheblich zurückgedrängt werden (92). Der Wohlfahrtsstaat begleitete diesen Klassenkompromiss, es gelang, „Konflikte abzubauen, den Klassenkampf zu überwinden und eine Gesellschaft des breiten, mittleren Wohlstands ohne allzu große Ausschläge nach oben wie nach unten zu schaffen" (91). Sozialhistorisch bildete sich ein neues biografisches, mentalitätsprägendes Muster heraus, welches die bisher typische historische Erfahrung ablöst, nämlich dass der Wohlstandszuwachs biografisch nicht mehr in der Lebensmitte abbricht, sondern sich im Alter fortsetzt – oder zumindest doch das Niveau bewahrt wird. In allen westlichen Gesellschaften waren bis in die 1970er Jahre sowohl kollektive Erwartung und kulturelle Selbstbeschreibung auf einen „Zuwachs an Egalität, auf ein Abschleifen der Gegensätze" ausgerichtet, wie sich zugleich auch die „Distanz zwischen Positionen der Oberschicht und der Unterschicht" kulturell und symbolisch, aber auch materiell, verringerte (94). Bei der Analyse der Gegenwart steht im Vordergrund, dass die sozialen und ökonomischen Grundlagen des goldenen Zeitalters problematisch geworden sind, die Expansion des Wohlstands kein Naturgesetz sei, „und Armut und Unterschichten wieder ein großes Thema" geworden sind (92f.). Unbestritten habe sich „ein großer Trend der Ungleichheitsentwicklung umgekehrt." Soziale Ungleichheit formt sich in Noltes Sicht mit deutlich markierten Grenzlinien aus, die schwer zu überschreiten sind; man könne von einer neuen Klassengesellschaft sprechen. Die Grenzen zwischen verschiedenen Klassenlagen seien härter geworden – „und das heißt: der Aufstieg, die Mobilität nach oben ist schwieriger –, während gleichzeitig die Homogenität innerhalb der Klassen zugenommen" (96) habe. In der heutigen Klassengesellschaft sieht er „neue Formen einer Alltagskultur der Unterschichten", die nicht mehr durchweg der Logik einer „Assimilation an die bürgerlichen Mittelschichten" folge, sondern sich durch „äußere Abgrenzung zu behaupten" suche, „sich damit aber zugleich auch verfestigt und einkapselt" (96). Das gesellschaftliche Problem entwickelter Industriegesellschaften mit hoher Arbeitslosigkeit scheint ihm „in einem verzögerten Übergang in die Dienstleistungs- und Wissensökonomie zu liegen, sowie in der Unfähigkeit, gering qualifizierter und zugewanderter Bevölkerung Einstiegschancen im Arbeitsmarkt zu bieten". Hinter beiden Faktoren sieht er tief sitzende kulturelle Vorbehalte sowie politische Blockaden einer übermäßig regulierten Ökonomie. „Erwerbslosigkeit wird milieukonstituierend", aber ökonomische Prozesse bilden „nur einen Teil jenes komplexen Ursachenbündels, das für die Entstehung der neuen Unterschichten, also neuer Formen der Marginalität verantwortlich ist" (98). Er nennt drei weitere Triebkräfte: Migration, Familienkrise und neue Massenkultur. Aus der Migration resultierte „nicht Multikulturalismus, sondern eher kulturelle Segmentierung und soziale Abschottung." Spezifisch seien „die engen Grenzen des sozialen Aufstiegs, der Partizipation an Bildung, der ökonomischen ebenso wie der kulturellen Integration in die Mehrheitsgesellschaft." Kulturelle Segmentierung und soziale Abschottung, das Scheitern der Akkulturation in der dritten Generation lassen die Schnittmenge zwischen Migration und Unterschichtung in europäischen Gesellschaften erschreckend groß werden. Ein weiterer Faktor neuer Marginalität sei die Erosion der traditionellen Familienordnung im letzten Drittel des 20. Jahrhunderts, die sich vor allem in den Unterschichten dramatisch auswirke. Dass junge Frauen mit Kindern das größte Armutsrisiko tragen, gilt Nolte auch als höchst ambivalente Folge von Liberalisierungsprozessen. Das Fazit ist aber, es seien mehr die Männer gewesen, die den daraus resultierenden Anforderungen (dem Siegeszug der individuellen Selbstverwirklichung), der Verantwortung für das Leben anderer nicht gewachsen waren. Kinder kämen in unserem Land überproportional in solchen sozialen Schichten zur Welt, die ohnehin auf der Risikoschwelle stehen, „da, wo Kompetenzen der selbständigen Lebensführung und nicht zuletzt der verantwortlichen Erziehung verloren gegangen sind." (149). Armut „beginnt mit dem Fehlen materieller und kultureller Ressourcen, übersetzt sich in Frustration und Verlust an Bindungsfähigkeit, etwa in der Form der Verantwortungsverweigerung von Vätern, und damit schließt sich der Teufelskreis der Armut und Chancenlosigkeit für Kinder." (ebd.) Die moderne Patchworkfamilie münde in unteren sozialen Schichten „vermehrt in Erziehungskatastrophen, in Vernachlässigung, Verwahrlosung, im Extremfall in Gewalt" (99), und Marginalität ziehe häufig den Abbruch sozialer Kontakte nach sich, womit ein stützendes Netz für Krisen fehle. Als dritter Faktor der neuen Klassenbildung wird die Massenkultur des 20. Jahrhunderts, vor allem das Fernsehen und seine Kommerzialisierung (Unterschichtenfernsehen) identifiziert. Hier habe sich die ursprünglich demokratisierende, bildende und sozial homogenisierende Wirkung des Mediums umgekehrt, vor allem durch die Kommerzialisierung. Es sei ein Zielgruppenmedium entstanden, „das aber nicht nur die Präferenzen bestimmter sozialer Schichten widerspiegelt, sondern diese Schichten im Medienkonsum teilweise selber erst hervorbringt" (100). Diese Entwicklung sei der Hintergrund für die Debatten über das Unterschichtenfernsehen. Der allgemeine Trend der „Ausdifferenzierung von Konsum- und Kulturstilen gehe aber weit darüber hinaus", heute markiere der Konsum tendenziell „Klassenzugehörigkeiten" (ebd.). Die „kulturelle Eigendynamik der Klassenbildung" sieht Nolte weit fortgeschritten, die „neue Unterschichtung der Gesellschaft" zeigt sich in den „Überlappungszonen aus Arbeitslosigkeit und kultureller Vernachlässigung, aus Sozialhilfebedürftigkeit und Familienzerfall", wovon überwiegend „jüngere Menschen, nicht zuletzt Kinder und Jugendliche" betroffen sind (133). Das Leitbild des bürgerlichen Lebens, die „Leitkultur" der Mittelschichten, habe längst an Prägekraft verloren und strahle nicht mehr auf die Unterschichten aus. Die Pointe dieser Argumentation liegt dann darin, dass „Klassengrenzen sich nicht mehr einfach durch materielle Besserstellung, in der Wohlfahrtökonomie also: durch möglichst hohe Transferzahlungen" (100) überwinden lassen, sondern „in soziale Infrastrukturen investiert" werden müsse, „die kulturelle Grenzen aufweichen, Bildungsschranken durchbrechen, Verhaltensprobleme lösen" könne (also Erziehung), oder durch „fördern und fordern". An vielen Stellen wird dann auf die USA (Reagan) und Großbritannien (Thatcher) verwiesen, die vor allem in der Schaffung eines Niedriglohnbereiches vorbildlich seien. Um die Menschen zu stärken, und um ihnen „möglichst frühzeitig im Leben diejenigen kulturellen Ressourcen mit auf den Weg zu geben, die eine selbstständige und verantwortliche Lebensführung im weiteren Sinne ermöglichen: von der Erwerbsfähigkeit bis zur Kompetenz, Kinder zu erziehen oder sich vernünftig zu ernähren, ja, eine selbst gekochte Mahlzeit auf den Tisch zu bringen", bedarf es „zuvor der Intervention in der Form staatlicher Regulierung, Erziehung und Beaufsichtigung". „Die Heilung der Gesellschaft durch neue Formen der Intervention greift denn auch längst über den engeren Bereich der Unterstützungsabhängigen hinaus – auch die Mehrheitsgesellschaft muss sich diese Formen der Betreuung und Erziehung gefallen lassen" – genannt werden Bildungspolitik, Verbraucherschutz und Gesundheit (Nolte 2006: 137f.). Die „kulturelle Entbürgerlichung der Mittelschichten" durch Individualisierung, die Pluralisierung von Kultur und Lebensstilen, die Selbstverwirklichung habe die integrative Kraft der Mittelschichtkultur ausgehöhlt und scheint nur noch durch staatliche Interventionen zu ersetzen zu sein. Auch den Mittelschichten müssen durch Reformen die Wege in eine neue Selbstständigkeit der eigenen Lebensführung, die sich aus der Vormundschaft des Staates und der öffentlichen Transfersysteme befreit und aus der auch neue soziale und politische Verantwortung wächst, gewiesen werden (141).

Deutlich ist: Bei Nolte wird Soziale Ungleichheit zu einer Frage der Moral, und zwar sowohl der Gesellschaftsmehrheit und ihrer Sicht auf Ungleichheiten wie auch in Bezug auf die betroffenen Gruppen – die Unterschichten – selber, die bei ihm die Verantwortung für ihre Lage tragen. Diese *Moralisierung sozialer Ungleichheit* weist bei Nolte zwei bemerkenswerte neue Züge auf: Zum einen wird soziale Ungleichheit nicht nur konstatiert, sie wird ontologisiert, zur gegebenen sozialen Tatsache erklärt, die nicht hinterfragbar ist. Soziale Ungleichheit gilt als unveränderliches Faktum einer freiheitlichen Gesellschaft. Das ist nur möglich, weil die klassentheoretischen Begriffe ihrer macht- und herrschaftskritischen Gehalte beraubt werden. Der Neoliberalismus hat vielfach Züge einer Erlösungsreligion (bezogen auf den Markt), aber bei Nolte muss man von einer neoliberalen (marktutopischen) Eschatologie sprechen. Das Heilsversprechen bezieht sich jedoch nur auf die auf dem Markt Erfolgreichen; die Verlierer, über die kein Wort verloren wird, büßen ihre eigene Schuld. Aufgrund dieser religiösen Einrahmung bleibt diese konservative Klassentheorie selbstreferentiell und trotz aller Belesenheit im Kern erfahrungs- und empirieresistent. Belege und empirische Befunde für die Diagnosen werden gar nicht erst gesucht. Es wird zum zweiten ein gesellschaftliches Reformprojekt propagiert, dessen Details zwar unklar bleiben, das aber sehr deutlich die Durchsetzung neoliberaler Politikelemente und eine umfassende Politik und Pädagogik der Lebensführung einschließt und das sich mit dem Heilsversprechen verbindet. Es zielt keineswegs nur auf die Unterschichten, sondern auch – und wohl vor allem – auf die großen gesellschaftlichen Milieus der Mittelschichten, denen ein marktutopisches Zukunftsprojekt unterbreitet wird. Folgende Texte möchte ich zur Kritik von Nolte nahe legen: insbesondere Kessl 2005; Bittlingmayer/Bauer/Ziegler 2005 und Klein/Landhäußer/Ziegler 2005).

2.1 Die Untersuchung „Gesellschaft im Reformprozess"

2.1.1 Rutsche in die Armut

Originaltext aus: *DIE ZEIT* vom 16.10.2006
„Acht Prozent der Deutschen gehören laut einer Studie zur neuen Unterschicht. Was tun? Und: Wer hat Schuld? Adrian Pohr kommentiert das aktuelle Meinungsbild.
Die Aufregung ist groß. Nach einer Studie der SPD-nahen Friedrich-Ebert-Stiftung leben acht Prozent der Bevölkerung in Armut, ohne Job oder in unsicheren Arbeitsverhältnissen, bildungs- und kulturfern und in sozialer Lethargie. Im Osten soll es sogar jeder Fünfte sein. Klar, dass diese brisanten Ergebnisse eine heftige politische Debatte auslösten. Und schon geht der Streit los: Darf man, wie SPD-Chef Kurt Beck, die schlechter Gestellten zur „Unterschicht" ausrufen? Wie kann man gegen dieses Problem angehen? Und – diese Frage geht der SPD sehr nahe: Ist die frühere rot-grüne Regierung unter Gerhard Schröder mit ihren Hartz-Reformen womöglich mitverantwortlich für die Situation? Bis auf die unnötige Debatte um Begrifflichkeiten gehen die Zeitungen an diesem Montag breit auf diese Fragen ein.
Die *Süddeutsche Zeitung* wähnt das Projekt sozialer Aufstieg als beendet. Die deutsche Gesellschaft verändere sich wieder hin zu einer Klassengesellschaft. „Es gibt eine Rutsche in die Armut, genannt Hartz IV, und es gibt eine gewaltige Angst davor, dass man sich auf einmal selbst darauf befinden könnte." Selbst in der Mittelschicht seien heutzutage Existenzängste verbreitet.
Am schlimmsten ist die Lage offenbar in Ostdeutschland. Dort sind am meisten Menschen von Arbeitslosigkeit, sozialem Abstieg und fehlenden Perspektiven betroffen. Von „enormem Sprengstoff" dort spricht die *Rhein-Zeitung*. Denn aus Hoffnungslosigkeit erwachse die Gefahr, politischen Verführern auf den Leim zu gehen – die jüngsten Wahlergebnisse der Rechten in Mecklenburg-Vorpommern sprechen für sich.
Eine ganz eigene Lösung leitet die *Frankfurter Rundschau* aus den Problemen des Ostens mit seiner wachsenden Armut und Rechtsradikalismus ab: Wie wäre es mit einem Integrationsgipfel im Kanzleramt, der die Gesellschaft als Ganzes betrachtet (und nicht nur die Ausländer und Immigranten)? Die *Westdeutsche Zeitung* spricht sich für praktisches Handeln aus: „Wer den Trend zur Drei-Klassen-Gesellschaft bremsen will, der muss in Bildung und Qualifizierung investieren." Das Vererben von Sozialhilfekarrieren könne mit kostenlosen Kindergärten, flächendeckenden Ganztagsschulen und einem erhöhten Lehrstellenangebot durchbrochen werden."

Der Kommentar aus der *Zeit* gibt die Beachtung wieder, die die im Folgenden vorgestellte FES-Studie erfahren hat, und auch die öffentliche und politische Aufregung, die sie ausgelöst hat. Bemerkenswert erscheint vor allem die Interpretation von Hartz IV (Reform der Zusammenlegung von Arbeitslosenhilfe und Sozialhilfe verbunden mit der Umstellung auf eine Grundsicherung) als ‚Armutsrutsche', die besondere Lage in Ostdeutschland und die Gefährdung der Demokratie durch ein ‚Protestwahlverhalten'.

3 Die Untersuchung „Gesellschaft im Reformprozess"

Im Herbst 2006 hat die politische und mediale Diskussion um die neue Unterschicht einen starken neuen Impuls bekommen durch die Untersuchung der Friedrich-Ebert-Stiftung, „Gesellschaft im Reformprozess", durchgeführt von TNS Infratest. Die damals nur in einem Zwischenbericht im Internet veröffentlichte Untersuchung gliedert die bundesrepublikanische Gesellschaft in neun sehr unterschiedliche gesellschaftliche Typen oder Milieus, man könnte das, was untersucht wurde, als „gefühlte Schichtzugehörigkeit" bezeichnen. Folgende 9 Typen werden benannt: Leistungsindividualisten 11%; etablierte Leistungsträger 15%; Kritische Bildungseliten 9%; Engagiertes Bürgertum 10%; Zufriedene Aufsteiger 13%; Bedrohte Arbeitnehmermitte 16%; Selbstgenügsame Traditionalisten 11%; Autoritätsorientierte Geringqualifizierte 7%; Abgehängtes Prekariat 8%.

Betrachtet wurden, in einer repräsentativen Untersuchung, die Lebenslagen (Arbeit und Arbeitsbedingungen, Sicherheit und Perspektiven) und vor allem die Selbstzuschreibungen, die eigenen sozialen Verortungen, Relationierungen und Abgrenzungen zu anderen Gruppen und die Selbsteinschätzungen im Gefüge der sozialen Ungleichheit in Deutschland. Vor allem die Diagnose, dass 8% der Bevölkerung Deutschlands als „abgehängtes Prekariat" bezeichnet werden, hat zu einem starken medialen und politischen Echo geführt, und die Debatte um die sogenannte Unterschicht neu angefacht. In der Öffentlichkeit und den Medien hat die Studie binnen kurzer Zeit zu einem heftigen Wiederaufleben des gesellschaftlichen und politischen Diskurses über die „neue Unterschicht" geführt (vgl. oben Beck u.a.).

Die Gruppe des „abgehängten Prekariats" hat in Westdeutschland einen Anteil von 4%, in Ostdeutschland dagegen einen von einem Viertel (25%). Ähnlich wie bei Nolte wird nicht nach den unterschiedlichen Lebenslagen differenziert, immerhin wird – vor allem in Bezug auf Ostdeutschland – von sozialen Abstiegsprozessen gesprochen, die zur Herausbildung dieser Gruppe beigetragen haben.

Die als „abgehängtes Prekariat" bezeichnete Gruppe besteht hauptsächlich aus Angehörigen der gesellschaftlichen Unterschicht und der unteren Mittelschicht, die gesellschaftlichen Abstieg erleben. Ihre Mitglieder sind häufig im berufsaktiven Alter, regional wird die Gruppe als „starker Osttyp" gekennzeichnet (dies wurde in der öffentlichen Diskussion eher übergangen). Viele sind arbeitslos. Sie sind als Arbeiter, als Facharbeiter oder als einfache Angestellte ausgebildet und beschäftigt (oder beschäftigt gewesen). In der aktuellen oder letzten beruflichen Tätigkeit herrschen einfache bis mittlere Tätigkeiten bei eher traditionellen Arbeitsverhältnissen vor. Man fühlt sich in Bezug auf die Arbeit starkem Druck ausgesetzt und ist mit der beruflichen Situation stark unzufrieden. Im Vergleich zu den anderen gesellschaftlichen Gruppen liegt beim ‚Prekariat' die geringste berufliche Sicherheit vor, was natürlich auch für den aktuellen Arbeitsplatz gilt, der als wenig sicher wahrgenommen wird. Die Lebenssituation dieser Gruppe ist durch eine hohe finanzielle Unsicherheit bei niedrigem Haushaltseinkommen, geringen oder keinen Ersparnissen sowie häufig auch Schulden gekennzeichnet. Die Gruppenmitglieder befürchten, auch diesen niedrigen Lebensstandard nicht halten zu können, die Sorgen um die Zukunft sind sehr groß. Die eigene Wahrnehmung dieser Lebenssituation ist durch eine weitreichende Verunsicherung gekennzeichnet, die gesamte Lebenssituation wird als prekär empfunden; man fühlt sich auf der Verliererseite der Gesellschaft, im Abseits, und empfindet eine starke gesellschaftliche Desorientierung. Man nimmt die Gesellschaft als extrem undurchlässig wahr und fühlt sich allein gelassen, auch vom Staat. In der Einstellung zu Gesellschaft und Staat wünscht sich diese Gruppe eine gemeinwohlorientierte Gesellschaft und hofft auf einen regulierenden Sozialstaat, der die Lebensbedingungen in Ost und West angleicht, Chancengleichheit herstellt und die soziale Absicherung der Bürger garantiert. Von den bisherigen Reformen sieht sich diese Gruppe am stärksten benachteiligt, sie reagiert mit Wahlabstinenz. Diese Einstellungen gehen zugleich mit einem starken Ethnozentrismus einher und werden darüber hinaus durch ein ausgeprägtes Protestwahlverhalten begleitet, das linke, vor allem aber auch rechte Randparteien unterstützt.

Die Untersuchung der FES verweist hier auf eine Gruppe, deren Lebenssituation in Ostdeutschland durch die ökonomischen Umbrüche in der Transformation entscheidend verändert sind, denn es sind einerseits Menschen, die den Abstieg aus den mittleren Schichten (Facharbeiter und Angestellte) erlebt haben, oder die, als Angehörige der in der DDR bereits untersten Gruppen (die DDR hatte wegen der geringeren Produktivität einen deutlich höheren Anteil an wenig qualifizierten Tätigkeiten, d. h. un- oder angelernten Tätigkeiten), nun in Folge der ökonomischen Umbrüche tendenziell zu Überflüssigen werden.

Die Untersuchung berücksichtigt nicht die Jugendlichen und jungen Erwachsenen mit schlechten Chancen auf dem Lehrstellen- und Arbeitsmarkt, die häufig in Warteschleifen der beruflichen Ausbildung oder der überbetrieblichen Ausbildung sich auf den Zugang zum Arbeitsmarkt vorbereiten. Würde man diese Gruppen hinzu nehmen, wäre der Anteil sicherlich höher, vor allem in Ostdeutschland wären es deutlich mehr als ein Viertel.

Als unsicher empfundene (nicht unbedingt prekäre) Lebenslagen, verbunden mit der Sorge, den bisherigen Lebensstandard nicht halten zu können, sind allerdings weit häufiger, in den Mittelschichten bis in die noch weiter oben gelagerten Gruppen. Dies zeigt der hohe Anteil (18% in Ostdeutschland, 15% in Deutschland insgesamt) einer als „bedrohte Arbeitnehmermitte" bezeichneten Gruppe. Auch die „autoritätsorientierten Geringqualifizierten" (7%) und die „selbstgenügsamen Traditionalisten" (11%) nehmen sich als gefährdete Gruppen wahr. Es sind diese Gruppen, denen die aktuelle Entwicklung große Zukunftssorgen verursacht. Sie sollen im folgenden genauer dargestellt werden. Armut ist weder für das „abgehängte Prekariat" noch die anderen sich als unsicher wahrnehmenden Gruppen ein Merkmal. Die Zahl der Menschen im Kontext von SGB II (Hartz IV) macht 2009 mit Dunkelziffer etwa 7 Mio. Personen aus, ca. 9% der Bevölkerung.

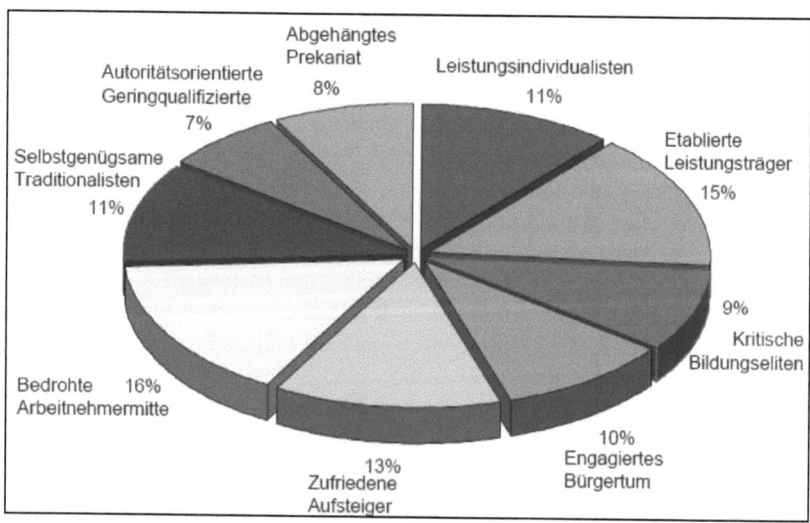

Abb. 1: FES – Politische Typen. Grundgesamtheit: Wahlberechtigte Bevölkerung in Deutschland (Quelle: TNS Infratest Sozialforschung, Juni 2006)

Die Gruppe der sogenannten *„bedrohten Arbeitnehmermitte"* hat mit 18% in Ostdeutschland (Deutschland 16%) einen hohen Anteil, es ist die zweitgrößte Teilgruppe dort. Sie besteht überwiegend aus Menschen mit einem mittleren sozialen Status, d. h. Angehörigen der unteren bis zur oberen Mittelschicht, vor allem Facharbeiter, qualifikationsbezogen reicht diese Gruppe bis in die obere Mittelschicht hinein. Die Mehrzahl der Angehörigen dieser Gruppe hat ein mittleres bis einfaches Tätigkeitsniveau, recht oft in Großbetrieben und teilweise auch in Zukunftsbranchen. Bei eher geringen Gestaltungsspielräumen in der Arbeit überwiegt ein traditionelles Arbeitsverständnis, das sich stärker an Lohnhöhe, an der Sicherheit des Arbeitsplatzes und an geregelten Arbeitszeiten orientiert. Das Haushaltseinkommen ist nur leicht unterdurchschnittlich, man ist zufrieden mit der finanziellen Situation. Gleichwohl besteht perspektivisch eine deutliche Sorge, den Lebensstandard nicht halten zu können. Diese Verunsicherung gilt nicht nur für das eigene Leben, sondern auch für die Zukunft der Kinder. Der empfundenen Bedrohung durch die ökonomischen Modernisierungsprozesse glaubt man seltener die eigene Flexibilität und Lernfähigkeit entgegen setzen zu können. Auch diese Gruppe wünscht sich einen regulierenden Staat, der umfassende soziale Absicherung der Bürger gewährleistet, und sie reagiert ebenfalls mit autoritären Vorstellungen und Ethnozentrismus.

Eine weitere Gruppe, die sogenannten *„Autoritätsorientierten Geringqualifizierten"* (7% bundesweit, Ost 5%) nimmt sich ebenfalls als in ihrer Lebenssituation gefährdet wahr. Die Mitglieder dieser Gruppe haben einen eher niedrigen sozialen Status, sie gehören zur Unterschicht bis zur unteren Mittelschicht, kommen selbst aus einfachen Verhältnissen und haben für sich einen kleinen Aufstieg erreicht. Sie sehen sich in der Arbeit einem ständigen Druck ausgesetzt und sehen ihr Leben zu sehr von Arbeit bestimmt, gleichwohl sind sie mit ihrer beruflichen Situation relativ zufrieden. Trotz einer geringerer erscheinenden beruflichen Orientierung weisen sie eine gewisse berufliche Selbstsicherheit auf. Sie sind häufiger selbst oder in der Familie mit Arbeitslosigkeit konfrontiert, haben ein deutlich unterdurchschnittliches Haushaltseinkommen (auch viele staatliche Transferleistungen). Sie empfinden ihr Leben häufiger als Kampf, finden aber sozialen Rückhalt und Selbstvertrauen in ihren Netzwerken. Auf der gesellschaftlichen Ebene erleben sie eine starke Verunsicherung und Überforderung, auf die sie mit einer besonderen Betonung von Leistung, durch Autoritätsfixierung und Abschottung reagieren. Der erreichte bescheidene Wohlstand erscheint ihnen als gefährdet, die finanzielle Situation ist angespannt, Schulden sind häufig. Sie antworten mit einer sozialen Bescheidenheit hinsichtlich materieller Dinge. Das Desinteresse an Politik und die Distanz zu Politikern und zur Politik sind groß.

Auch die Gruppe der „*selbstgenügsamen Traditionalisten*" (11%, Ost 10%) sieht ihre Lebenssituation und ihren Lebensstandard als bedroht an. Es handelt sich hier ebenfalls um eine Gruppe mit eher niedrigem sozialen Status, mit Mitgliedern aus der Unterschicht und unteren Mittelschicht. Die Unterschiede zur vorigen Gruppe liegen eher in der Mentalität. Beruflich wurden oder werden sehr einfache Tätigkeiten in herkömmlichen Arbeitsverhältnissen – feste Arbeitszeiten, hohe Kontrolle – ausgeübt, mit geringen Ansprüchen an die Arbeit und geringer beruflicher Orientierung. Die „selbstgenügsamen Traditionalisten" sind dabei mit ihrer beruflichen Situation weniger zufrieden, sehen sich zu stark kontrolliert, nicht leistungsgerecht bezahlt und in Bezug auf ihre Perspektiven unsicher. Die Mitglieder dieser Gruppe haben ein unterdurchschnittliches Einkommen (bei den meisten ist es stark bis leicht unterdurchschnittlich), so dass man sich in Vielem einschränken muss. Sie leben eher bescheiden und sind mit wenigem zufrieden. Sie verfügen über eine Qualifikation, die teils objektiv, teils in der subjektiven Wahrnehmung, nicht zukunftssicher ist, so dass sich diese Gruppe in einer angespannten Situation sieht. Sie reagiert mit einem gering ausgeprägten allgemeinen Sicherheitsgefühl, d.h. mit wenig Selbstvertrauen, einer geringen finanziellen und sozialen Sicherheit und leidet stark unter der gesellschaftlichen Komplexität. Generell geben hier – verstärkt im ländlichen Raum – stärker Glauben und eine stark konventionelle Grundorientierung Rückhalt. Auch diese Gruppe nimmt die Gesellschaft als wenig durchlässig wahr und wünscht sich – bei großer Politikferne – einen dem Gemeinwohl verpflichteten regulierenden Staat, auch sind autoritäre und ethnozentrische Überzeugungen häufig.

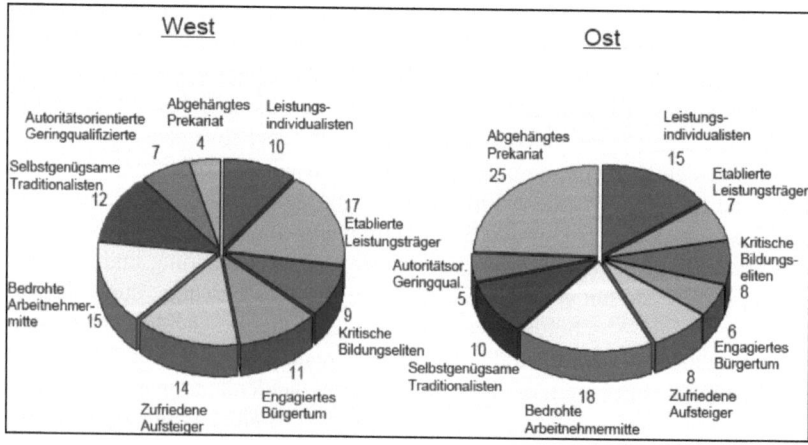

Abb. 2: FES – Politische Typen. Grundgesamtheit: Wahlberechtigte Bevölkerung in Deutschland (Quelle: TNS Infratest Sozialforschung, Juni 2006)

Zusammenfassend lassen sich in Ostdeutschland insgesamt 58% der Bevölkerung (West 38%; Gesamtdeutsch 44%) als von ihrer Selbsteinschätzung her prekär, abgehängt oder bedroht identifizieren (vgl. FES 2006), und es ist die Absicht dieser Untersuchung der Friedrich-Ebert-Stiftung, auf die Gefahren von Prekarität und Ausschluss aufmerksam machen zu wollen.

Da die Untersuchung erst 2007 vollständig überarbeitet veröffentlicht wurde (vgl. Neugebauer 2007), war es schwierig, die sozialwissenschaftliche und methodische Dignität zu beurteilen. Die Untersuchung zielt stärker auf die Selbstwahrnehmung und Selbsteinschätzung im Kontext des sozialen Ungleichheitsgefüges und eines gesellschaftlichen Raumes von Sicherheit/Unsicherheit. Man hat sozusagen eher als die objektive die ‚gefühlte Lebenslage und Lebensperspektive' untersucht und beschrieben. Da die Untersuchung aber Einschätzungen und Einstellungen benennt, die die übergreifende „Unsicherheit" der beruflichen und Lebensperspektiven darstellen und einige spezifische Entwicklungen für die neuen Bundesländer benennt, halte ich sie für berücksichtigenswert.

Im Folgenden sollen noch einige andere Einschätzungen zusammengetragen werden, die Aussagen zu ostdeutschen Lebenslagen und ihrer Entwicklung erlauben.

4 Die Entwicklung von Deklassierung, Exklusion und Prekarität in (Ost)Deutschland

Einige der in der Studie der Friedrich-Ebert-Stiftung angesprochenen Probleme von Ausgrenzung, Unterschicht, Ungleichheit und sozialer Benachteiligung zeigen sich in Ostdeutschland nicht nur in anderer Struktur, sondern auch vielfach schärfer, wie im Ergebnis der FES-Studie, der Selbstwahrnehmung als „ausgegrenztes Prekariat" mit einem Anteil von 25% in Ostdeutschland, deutlich wird. In Ostdeutschland hat sich aus einer ursprünglich vollbeschäftigten Arbeitsgesellschaft eine zunächst zerklüftete und bis heute widersprüchliche Beschäftigungsstruktur entwickelt. Arbeitslosigkeit, Vorruhestand und Hausfrauenrolle sind für einen erheblichen Teil der ehemals Erwerbstätigen in der DDR im Verlauf des Transformationsprozesses zu meist ungewollten neuen Lebensformen geworden (Datenreport 2006: 586).

Im Osten finden sich markante Veränderungen in fast allen sozialen Lagen. Soziale Lagen sind auch als Handlungskontexte von Bedeutung, die unterschiedliche Chancen der Lebensgestaltung bieten. Knapp die Hälfte aller Befragten in Ostdeutschland findet sich in den Arbeiter-Klassenlagen (in Westdeutschland sind es deutlich weniger), wobei die Facharbeiter mit 30% die Mehrheit bilden.

In der subjektiven Schichtzugehörigkeit verorten sich in Ostdeutschland immer noch mehr als die Hälfte als Arbeiter (57%) und 39% zählen sich zur Mittelschicht (Westens 37% und 54%; vgl. Datenreport 2006: 594).

Die ostdeutsche Gesellschaft hatte sich in der Nachkriegszeit deutlich anders entwickelt als die westdeutsche. Ökonomisch war die traditionelle industrielle Massenproduktion bis zum Jahr 1989 bestimmend, so dass sich moderne Industrie-, Dienstleistungs- und Angestelltentätigkeiten kaum entwickeln konnten. Sozialstrukturell war diese Gesellschaft durch eine wesentlich größere Homogenität geprägt, sozialpolitisch durch eine umfassende Absicherung von Arbeits- und Lebensrisiken, eine ausgebaute soziale Infrastruktur mit einem starken Schwerpunkt auf der Gleichstellung und insbesondere Förderung der Frauen. Die herrschaftlichen, unterdrückenden Aspekte dieser nur vordergründig egalitären, eher paternalistischen Gesellschaft kann ich hier nur anmerken, nicht angemessen diskutieren (vgl. Bütow/Chassé/Maurer 2006).

Die deutsche Vereinigung hat zwei in vieler Hinsicht unterschiedliche Gesellschaften zusammengeführt, die in der Soziologie in den 1990er Jahren schnell als eine einzige betrachtet wurden. In der Wissenschaft und auch in der Politik wurde die Entwicklung nach der Wende lange Zeit als nachholende Modernisierung, als Angleichung an westdeutsche Strukturen und Lebensverhältnisse interpretiert. Dieser Angleichungsprozess ist Ende der 1990er Jahre zum Stehen gekommen und stagniert bis ca. 2006, danach beginnt ein wirtschaftlicher Aufschwung, der bis etwa 2008 anhält, danach kehrt sich die Tendenz wieder um. Die derzeitige Perspektive für die Zeit ab 2009 erscheint unklar. Es stellt sich mithin die Frage nach einer realistischen Interpretation der Situation in Ostdeutschland. Ein Konsens ist dabei nicht erkennbar. Ein Extrem ist in der Deutung eines deutschen Mezzogiorno zu sehen, also der Diagnose einer ökonomisch, sozial und kulturell unterschiedlichen Entwicklung Ostdeutschlands trotz eines übergreifenden nationalstaatlichen, politischen und gesellschaftlichen Rahmens. Andererseits werden – vor allem für die wenigen ostdeutschen Wachstumsregionen – auch Prognosen des Aufschließens durch hochmoderne Infrastruktur, leistungsfähige Unternehmer und flexiblere Arbeitskräfte (Deutsche Bank Research 2005: 8) abgegeben. Das Problem ist freilich die regional sehr unterschiedliche Ausgangssituation, weshalb die These einer nachholenden Modernisierung Ostdeutschlands, die nur mehr Zeit brauche, wenig überzeugt. Sie ist vermutlich eine unproduktive Perspektive, vor allem für die Soziale Arbeit, die hier spezifische Ansätze entwickeln muss. Realistischer scheint es, von einer regional und sozial zutiefst gespaltenen Entwicklung *innerhalb Ostdeutschlands* auszugehen, und für Ostdeutschland insgesamt die Existenz von ökonomischen, sozialstrukturellen, kulturellen und mentalitätsbezogenen Unterschieden wahrzunehmen und anzuerkennen. Zu den sozialstrukturellen

Verwerfungen nach der sogenannten „Wende" möchte ich im Folgenden eine Interpretation vorstellen, die deutlich machen kann, dass die Transformation (gesellschaftliche Modernisierung) wegen der damit verbundenen Statusverluste und Unsicherheiten sowie schärfer konturierter Spaltungslinien als ernste Probleme erfahren werden und die Selbstwahrnehmung eines erheblichen Teils der Bevölkerung als „abgehängtes Prekariat" verständlich machen.

Nach 1989 war die bis dahin geschützte und auf die osteuropäischen Märkte ausgerichtete DDR-Ökonomie gleichsam über Nacht der Konkurrenz des Westens und den europäischen Marktkräften ausgesetzt, was in kurzer Zeit zum Verlust ganzer Branchen und bisher in einigen Regionen dominierender Industriezweige geführt hat. Die ostdeutsche Bevölkerung wurde durch die Wende zutiefst verunsichert: Arbeitslosigkeit wurde zur Massenerfahrung, die fast jeden traf. Inzwischen lässt sich auch eine sozialstrukturelle Bilanz ziehen. Etwa ein Drittel der Bevölkerung hat seine Position halten oder verbessern können, die übrigen sind seit Mitte der 1990er Jahre von einer anhaltenden Unsicherheit und der Gefahr der Prekarität bedroht. Viele in der DDR zuvor qualifizierten Berufe waren weggefallen oder entwertet, so dass teils eine neue Qualifikation und teils eine Abwärtsmobilität zu einfacheren Tätigkeiten erzwungen wurde. Ein Segment von etwa einem weiteren Drittel der Erwerbsbevölkerung, meist mit facharbeiterischer Qualifikation, ist von den Unsicherheiten des Arbeitsmarktes bedroht oder bereits in einer prekären Arbeitssituation (vgl. Castel 2000). Ein weiteres Drittel hat seine Position auf dem ersten Arbeitsmarkt überwiegend eingebüßt, ist arbeitslos oder von Maßnahmen der Bundesanstalt für Arbeit abhängig, dies gilt neben FacharbeiterInnen und (meist weiblichen) einfachen Angestellten vor allem für die un- und angelernten ArbeiterInnen (vgl. Vester 2004). Die Geschwindigkeit des Strukturwandels und das Ausmaß der sozialen Abwärtsmobilität führte bei vielen Menschen Ostdeutschlands zu einer Sinndiffusion (Entwertung von fachlichen, sozialen, moralischen und politischen Qualifikationen; Identitätskrisen, Verlust bisheriger sozialer Kontakte; Ausbreitung anomischer Erscheinungen, Orientierung zu politischen Extremismen) angesichts der Entwertung beruflicher Erfahrung und Qualifikation und der faktischen Deklassierung, dem strukturell erzwungenen Übergang zu einfacheren, niedriger bezahlten und teils prekären Tätigkeiten. Dass es sich, wie Geißler glaubt (2006: 271), nur um eine „vorübergehende Umschichtung nach unten" handelt, kann bezweifelt werden. „Der Ausschluss von etwa einem Drittel der Erwerbsbevölkerung aus dem Arbeitsleben muss zum Teil als sozialer Abstieg interpretiert werden" (a.a.O.). In den neuen Ländern stagniert der Angleichungsprozess, die mittleren Einkommen liegen seit der zweiten Hälfte der 1990er Jahre um 11- bis 12% unter dem gesamtdeutschen Vergleichswert und sinken tendenziell (Göbel/Habich/Krause 2006: 616).

Zugleich hat sich das Risiko, im untersten Einkommensfünftel zu verbleiben, über die Jahre hinweg erhöht. Entsprechend haben sich Aufstiege von der untersten in höhere Einkommenslagen verringert, parallel hat sich der Verbleib im zweiten und dritten Einkommensfünftel erhöht, man kann von einem nachlassenden Aufstieg in den mittleren Einkommensgruppen sprechen. (Göbel/Habich/Krause 2006: 616).

Die zum Stillstand gekommene ökonomische Entwicklung nach 1998, die Einführung von Hartz IV zusammen mit dem Rückbau der AFG-Instrumente und Maßnahmen verstärkten die Belastung und übten Druck auf die Lebenslagen und die Handlungsoptionen die Bevölkerung aus. Hinsichtlich der Frauen lässt sich von Demodernisierungstendenzen sprechen: die Verschärfung der geschlechtsbezogenen sozialen Ungleichheiten zeichnen sich vor allem seit Ende der 1990er Jahre deutlich ab. Die Unterschiede in den Erwerbsbiografien zwischen Männern und Frauen wenden sich wieder gegen die Frauen, sie haben in höherem Maße als die Männer in Ostdeutschland eine Abwertung oder gar Entwertung ihrer Qualifikationen und entsprechende erwerbsbiografische Abstiegs- und Dequalifizierungsprozesse zu tragen, sie sind wesentlich stärker als Männer auf ungewollte Teilzeit-Arbeitsverhältnisse verwiesen, und der Rückbau der Schutzregelungen zu Mutterschaft und Kinderbetreuung bedingt für sie strukturell neue Diskriminierungen im Hinblick auf die Vereinbarkeit von Familie und Beruf.

Von 1997 bis 2006 verharrt die Arbeitslosigkeit auf einem hohen Niveau (2005: 21% Ost; 9% West) und Langzeitarbeitslosigkeit nimmt bis etwa 2006 deutlich zu (ca. 42% aller ostdeutschen Arbeitslosen), und sinkt in den folgenden Jahren des konjunkturellen Aufschwungs, wobei die Relation zum Westen (etwa die doppelte Quote) erhalten bleibt (2007: 7,5% West, 15.1% Ost; 2008: 6,4% West, 13,1% Ost). Dabei hat der Anteil von Armut betroffener Arbeitsloser in Ostdeutschland erheblich zugenommen, von 43,2% im Jahr 2001 auf 67,8% im Jahr 2006 (Datenreport 2008: 168). „Die Armutsquoten sind insbesondere in Ostdeutschland in den letzten Jahren überproportional gestiegen und liegen inzwischen nahezu doppelt so hoch wie in den südwestlichen Flächenländern." (Datenreport 2008: 167). Generell stieg die Armutsquote, die deutlich höher als in Westdeutschland liegt, in den Jahren seit 1998 von 17,1% auf 19,3% im Jahr 2003, und auf 22,3% im Jahr 2006 an (Hauser/Becker 2008: IV; BMAS 2005. Das Messverfahren, mit dem die monetäre Wohlfahrtsposition eines Haushaltes relativ zur Einkommensverteilung der Gesellschaft bestimmt wird, ist im Rahmen der Europäischen Union seit 2004 verändert worden und arbeitet neuerdings statt bisher 50% mit der 60%-Grenze des gewichteten durchschnittlichen Einkommens (Median), bei veränderten Gewichtungen der Haushaltsmitglieder. Wer weniger als 60% des gesellschaftlichen Durchschnittseinkommens zur Verfügung hat, gilt als in diesem Sinne relativ einkommensarm. Wissenschaftlich ist die neue OECD-Skala umstritten. (Für Details vgl. Hauser/Becker 2008). „Der anhaltende Anstieg der Armutsquoten hat inzwischen auch breitere Bevölkerungsschichten erfasst" (Datenreport 2008: 168). Der Datenreport gibt – auf Basis des SOEP – für 2006 eine ostdeutsche Quote von 22,7% an. Nimmt man die Dauer der Armutslagen in den Blick, so haben sich die Anteile der permanent oder länger in Armut Lebenden gegenüber des letzten Berichtszeitraums deutlich erhöht. „Der Anteil an Personen, die im zurückliegenden Zeitraum von 4 Jahren mindestens einmal unter die Armutsgrenze lagen, hat zugenommen, wobei insbesondere mehrfache oder dauerhafte Armutserfahrungen zugenommen haben." (Goebel/Habich/Krause 2008: 172). Auch ist die Kinderarmut deutlich angestiegen, wohl auch wegen der sozialpolitischen Umstellung auf Hartz IV. Das Gutachten zum 3. Armuts- und Reichtumsbericht 2008 nennt für Kinder unter 16 Jahren einen Anteil von 26% für das Jahr 2006; für Personen zwischen 16 und 24 Jahren von 28% (Hauser/Becker 2008: IV). Der Datenreport 2008 nennt für Kinder bis 10 Jahren für das Jahr 2001 Armutsquoten (60% Median nach EU-Definition) von 20,5%, für 2006 30,2% für Ostdeutschland (West 15,5% zu 16,3%); für 11-20Jährige 22,5% für 2001 und 33,6% für das Jahr 2006 (Goebel/Habich/Krause 2008: 167). Vor allem bei der Kinderarmut ist eine Entlastung durch die konjunkturelle Entwicklung nach 2006 bisher nicht abzusehen.

Die stärkere Pluralisierung der Familienformen (die Anteile von allein Erziehenden (West 16%/Ost 24% für 2006) und nichtehelichen Lebensgemeinschaften mit Kindern liegen deutlich höher als im Westen (vgl. Geißler 2006, Peuckert 2008: 188) und verbindet sich mit einer gesteigerten Ungleichheitsentwicklung (während der Anteil der allein Erziehenden in Armut in Westdeutschland von 2001 auf 2006 leicht zurückgegangen ist, von 36,7% auf 35,4%, hat er sich in den neuen Bundesländern deutlich von 47,6% auf 54,8% erhöht; Datenreport 2008: 169). Hinsichtlich einer stärkeren Vulnerabilität bestimmter familiärer Lebensformen kann man von stärkeren strukturellen Risiken des Aufwachsens von Kindern und Jugendlichen in Ostdeutschland ausgehen. Die Diskontinuitäten der Erwerbsbiografien mit Wechseln zwischen fester, keiner und prekärer Beschäftigung und der Notwendigkeit der Neu- oder Weiterqualifizierung verallgemeinern inzwischen ein gerütteltes Maß an Verunsicherung und Armutsbedrohung innerhalb fast aller Erwerbstätigen und auch bei Freiberuflichen. Gleichwohl bleibt bei den weniger qualifizierten Arbeitskräften die Wahrscheinlichkeit deutlich höher, von dauerhafter Armut und prekären Lebenslagen betroffen zu sein. Insbesondere sind Frauen, bestimmte Jugendliche, Behinderte und Migranten von Benachteiligungen auf dem Arbeitsmarkt und von Armut betroffen. Zugleich ist in den neuen Bundesländern das Lohnniveau im Vergleich um etwa 20% niedriger, und Vollzeitstellen und Normalarbeitsverhältnisse sind zurückgegangen. Schon der 2. Armutsbericht der Bundesregierung (BMAS 2005) benannte zudem die zwischen 1998 und 2003 stark angestiegene Überschuldung ostdeutscher Haushalte (870.000, 12,5% Ost; 1,9 Mio., 6% West) und die Zunahme von Räumungsklagen wegen Mietschulden im gleichen Zeitraum (zuletzt 750.000 ostdeutsche Haushalte gegenüber 810.000 westdeutschen) als spezifisches Problem, diese Entwicklungen halten an (vgl. 3. Armutsbericht, BMAS 2008). Auch Tendenzen zur sozialräumlichen Segregation benachteiligter und obdachlos gewordener Familien und Haushalte werden unübersehbar. Insgesamt zeigen sich deutliche Belastungsfaktoren, das ist vorsichtig interpretiert, für bestimmte Lebenslagen ostdeutscher Menschen, die von materiellen Unsicherheiten und (vor allem: erwerbs-)biografischen Risiken zeugen. Diese im Vergleich stärkeren – wiewohl auch in Ostdeutschland regional sehr differenzierten – Ungleichheitsstrukturen und -entwicklungen treffen zugleich auf – historisch gewachsene und in den sozialen Milieus verankerte – Mentalitäten, wie vor allem die selbstverständlich gewordene Orientierung an der Vereinbarkeit von Familie und Erwerbstätigkeit (vgl. die Interpretation eines spezifischen kulturellen Modells der Familienplanung bei Peuckert 2008: 117 sowie die hohe Quote von 60% nichtehelich geborener Kinder im Jahr 2006 [West 23,6%] a.a.O.: 107) und auf ein starkes Bedürfnis nach sozialer Sicherheit vor dem Hintergrund einer Berechenbarkeit und Überschaubarkeit des eigenen Lebensverlaufs (vgl. oben die Einstellungen/Mentalitäten der unteren und mittleren Milieus in der FES-Studie).

Vor diesem Hintergrund verwundert es nicht, wenn sich in Bezug auf die Wahrnehmungen und Einstellungen zur sozialen Ungleichheit eine deutlich kritischere Haltung zur sozialen Ungleichheit in Ostdeutschland zeigt. Kohler (2006: 627) vermutet, „die insgesamt kritischere Einstellung der Ostdeutschen zur sozialen Ungleichheit könnte damit zusammenhängen, dass diese die Chancengleichheit nicht in gleichem Maße für erfüllt ansehen wie die Westdeutschen". In Bezug auf diese Einstellungen gibt es vor allem in Ostdeutschland deutliche Unterschiede zwischen einzelnen Bevölkerungsgruppen. In Ostdeutschland sind z.B. die Arbeitslosen „generell kritischer gegenüber der sozialen Ungleichheit" (Kohler: 629), was ein „gewisses Konfliktpotenzial" bedeute. Diese allgemein kritischere Haltung habe sich aber erst im zeitlichen Verlauf eingestellt. „In Ostdeutschland ergeben sich Anzeichen dafür, dass die gesellschaftlichen Verhältnisse für die eigene prekäre soziale Lage verantwortlich gemacht werden." (Kohler 2006: 633).

Fragen zur Vertiefung
- Wie wird die „neue Unterschicht" bei Nolte gezeichnet?
- Welche Erklärungen stellen diese Konstruktionen bereit?
- Wie beziehen sie sich auf wissenschaftliche Erklärungen?
- Was ist eine kulturalistische Deutung der dargestellten Probleme?
- Welche Eigenschaften werden den angesprochenen Gruppen zugeschrieben?
- Aus welcher Perspektive (dem Selbstverständnis welcher sozialen Gruppen) wird die Situation der Unterschichten betrachtet?
- Warum stoßen die medialen Darstellungen der „Unterschicht" auf ein so großes Interesse?

Literatur zur Vertiefung
- Bütow, Birgit/Chassé, Karl August/Maurer, Susanne (Hrsg.) 2006: Normalisierungspolitiken? – Querlese, Kommentar und versuchte Zwischenbilanz. In: dies. (Hrsg.): Soziale Arbeit zwischen Aufbau und Abbau. Transformationsprozesse im Osten Deutschlands und die Kinder- und Jugendhilfe. Wiesbaden, S. 219-244.
- Geißler, Rainer 2006: Die Sozialstruktur Deutschlands. 4. überarb. Aufl., Wiesbaden; Kap. 12.5 „Mobilitätsschub in den neuen Bundesländern", S. 268-271.
- Peuckert, Rüdiger 2008: Familienformen im sozialen Wandel, 7. Aufl. 2008, Wiesbaden; Kap. 12.2 „Ehe und Familie im sozialen Transformationsprozess", S. 348-352.
- Simon, Titus: Von Divergenzen und Dissonanzen: In: Hufnagel, Rainer/ Simon, Titus (Hrsg.) 2004: Problemfall Deutsche Einheit. Interdisziplinäre Betrachtungen zu gesamtdeutschen Fragestellungen. Wiesbaden, S. 25-44.

II   Zur Theorie und Empirie der Unterschichten in Deutschland

1   Wandel der Arbeitsgesellschaft

Die Frage nach der Bedeutung und dem Wandel der (Lohn-)Arbeit in unserer Gesellschaft ist ein zentrales Thema der soziologischen, sozialpolitischen und gesellschaftspolitischen Debatten des letzten Vierteljahrhunderts gewesen. Mit der vor etwa 10 Jahren aufgekommenen Diskussion um Exklusion und Unterschicht hat die Diskussion um die Arbeitsgesellschaft eine neue Phase erreicht.

Die soziale Frage ist in die politische Öffentlichkeit zurückgekehrt. Begriffe wie Prekarität, Ausgrenzung und Exklusion sind in aller Munde. Was aber wird genau mit diesen Begriffen bezeichnet? Lassen sich die sozialen Spaltungen, die meist von der Arbeitswelt ausgehen, damit angemessen analysieren?

Dass heute die Begriffe soziale Exklusion, Ausgrenzung, Prekarität, aber auch Armut und Kinderarmut zentrale Begriffe der Zeitdiagnose geworden sind, erscheint als das Ergebnis der gesellschaftlichen Entwicklung seit den 1980er Jahren und ihrer wissenschaftlichen Aufnahme. Neue Ungleichheiten, neue Prekaritäten sowie Exklusionsprozesse in ihrer alten und neuen Gestalt beziehen sich nicht mehr nur auf die Ränder des Beschäftigungssystems, sondern haben auch sein Zentrum erfasst. Im Nachvollzug dieser Entwicklung sind sie zum bedeutenden Thema der Ungleichheits- und Arbeitsforschung geworden, der Gesellschaftstheorie und auch der soziologischen (und sozialpädagogischen) Zeitdiagnose. Im Folgenden soll ein Überblick über die Entwicklung der Erwerbsarbeit und im Zusammenhang damit von Prekarität, Arbeitslosigkeit und Armut gegeben werden. Die Diskussion darüber ist recht jung, so dass theoretische und empirische Einschätzungen nur näherungsweise möglich sind.

Die neu gestellte soziale Frage

Prekarität wird in der großen Studie von Robert Castel als Phänomen von allgemeiner gesellschaftlicher Relevanz entwickelt, das mit dem Wandel der Erwerbsarbeit zusammenhängt, und dies wird argumentativ mit ihrer neuen Qualität und ihrer empirischen Ausdehnung verknüpft (Castel 2000: 324). Das Buch enthält ein großes Anregungspotenzial, was sich auch in den zahlreichen Publikationen und Diskussionsbeiträgen dazu in der Zwischenzeit zeigt (vgl. z.B. die Beiträge in Castel/Dörre 2009).

> Originaltexte aus: *Robert Castel: Die Metamorphosen der Sozialen Frage.* Konstanz 2000
> „Der selbstregulierte Markt, die Reinform der sich selbst überlassenen ökonomischen Logik kann streng genommen nicht funktionieren, da es keines der für die Begründung einer gesellschaftlichen Ordnung notwendigen Elemente enthält. Dagegen ist er imstande, die ihm vorausgehende gesellschaftliche Ordnung zu zerstören." (Castel 2000: 380)
> Dass dies nicht geschehen ist, führt er auf zwei neben dem Markt wirkende, relativ eigenständige Regulationssysteme zurück,
> 1. die vorhandenen traditionellen Bindungen und sozialen Netzwerke, und
> 2. „die Schaffung neuer sozialer Regulierungen – soziale Sicherungen, Sozialeigentum, soziale Rechte (...) Die Erfindung des Sozialen hat den Markt gebändigt und dem Kapitalismus ein menschlicheres Antlitz gegeben" (Castel 2000: 381)
> „Die gegenwärtige Situation ist durch eine Erschütterung gekennzeichnet, die unlängst auch auf die Lohnarbeit übergegriffen hat: Massenarbeitslosigkeit, prekäre Beschäftigungsverhältnisse, die Unangemessenheit sozialer Sicherung zum Schutz vor diesen Risiken, eine zunehmende Anzahl, die in der Gesellschaft als Überzählige, Nicht-Beschäftigte, Erwerbslose oder prekär und nur zeitweilig Beschäftigte leben. Die Zukunft steht von nun an für viele unter dem Vorzeichen des Zufalls." (Castel 2000: 11)
> „Der unbefristete Arbeitsvertrag ist im Begriff, seine Hegemonie zu verlieren" und „Verschiedenheit und Diskontinuität der Beschäftigungsformen sind dabei, das Paradigma der einheitlichen und stabilen Beschäftigung zu ersetzen". (Castel 2000: 350)

Der Bedeutungsverlust des Normalarbeitsverhältnisses

Im Wesentlichen ist die soziale Frage in Castels Gesellschaftsanalyse das Problem der Integration des Einzelnen und das der sozialen Kohäsion im Hinblick auf das Gesamte der Gesellschaft. Er unterscheidet analytisch drei Zonen von sozialen Positionen, die der Integration, der Verwundbarkeit und der Entkoppelung (Castel 2000: 13). Es geht dabei um ein relationales Verständnis von sozialen Positionen, und diese Relationen verändern sich in der Gegenwart stark.

Castel bezieht sich auf drei Zonen des sozialen Lebens hinsichtlich der Sicherheit, Auskömmlichkeit und des Status der Arbeit und der Einbindung in Netze der Soziabilität. Die Zonen sind für ihn keineswegs deckungsgleich mit der sozialen Schichtung. Entscheidend ist die Verflüssigung der Grenzen zwischen den Zonen, eine die Gegenwart kennzeichnende Entwicklung. Die Zone der Sicherheit, also geschützter, gut entlohnter Arbeitsverhältnisse wird generell kleiner, auch wegen der Flexibilisierung der Arrangements von Produktion und Beschäftigung. Die zweite Zone nennt er die der Gefährdung, hier wird der Schutz mehr und mehr abgebaut. Diese Zone vergrößert sich stark. Die dritte Zone nennt er die des Ausschlusses („désaffiliation", wobei er sich gegen den Begriff der Exklusion u.a. mit dem Argument wehrt, dass hier die Dynamik sozialer Prozesse verloren gehe und zudem, dass Prozess und Zustand vermischt würden). In diesem gesellschaftlichen Segment sind Unsicherheit (etwa Arbeitslosigkeit, fluide Beschäftigung, Nicht-Zugang zum Arbeitsmarkt für junge Erwachsene) dominierend.

Castel identifiziert in seiner „Chronik der Lohnarbeit" untertitelten Studie drei „Kristallisationskerne" der neuen sozialen Frage (Castel 2000: 357ff.): zunächst die Destabilisierung.

Erstens ist von der wachsenden Destabilisierung ehemals stabiler Beschäftigungsformen „ein Teil der integrierten Arbeiterklasse und der abhängig Beschäftigten der kleinen Mittelklasse" betroffen, vor allem weil die Aufstiegsmobilität blockiert und Abstieg möglich geworden ist. Neu ist zweitens die Verstetigung von Unsicherheit, das „Sich-Einrichten in der Prekarität", mit den Kennzeichen eines steten Wechselspiels „zwischen Erwerbsarbeit und Inaktivität", einem „provisorischen Durchwursteln" und der chronischen Ungewissheit von Beschäftigungsperspektiven. Erwerbsbiografische Muster dieser „Kultur des Zufalls" sind wiederholte Arbeitslosigkeit, befristete Beschäftigung und häufige Zeitarbeit.

Ein weiterer, dritter Aspekt der neuen sozialen Frage ist für Castel die Existenz der „Überzähligen", die für den Arbeits- und Produktionsprozess angeblich keine Funktion mehr besitzen, und die in der öffentlichen Wahrnehmung den wohlfahrtsstaatlichen Kassen zur Last fallen. Der Begriff der Überzähligen ist bei Castel kritisch gemeint, aber er ist doch ambivalent. Von Überzähligen lässt sich nur vom Standpunkt der gesellschaftlichen Nützlichkeit auf dem Markt sprechen, insofern enthält dieser Begriff auch eine Abwertung nicht erwerbsförmiger Arbeit und entsprechender Lebenspraktiken. Generell bleibt die weibliche Arbeit systematisch ausgeblendet, dies nur nebenbei. Diese Sicht auf die neue soziale Frage spiegelt eine Arbeitswelt wider, in der sich im Zuge des beschleunigten technologischen Wandels die Verwertungsbedingungen der Ware Arbeitskraft verändert haben, in der sich die Rahmenbedingungen der Beschäftigung neu konfigurieren, und in der in den Biografien und Erwerbsverläufen der Menschen Sicherheit, Stabilität, Planbarkeit und Berechenbarkeit schwinden. Der Umbruch in der Arbeitswelt verändert auch die Arbeitslosigkeit, die nicht nur ihren periodischen Charakter verliert, sondern sich mit beruflichen Abstiegsprozessen verbindet. Hinzu kommen die Entstehung einer strukturellen Dauerarbeitslosigkeit als neues soziales Problem und die Schwierigkeiten vor allem bei jungen Berufseinsteigern, in die Erwerbsarbeit hineinzukommen. In Westdeutschland begann sich bereits in den 1980er Jahren eine soziale Schicht der Dauerarbeitslosen herauszubilden (Bahlsen u.a. 1984; Kronauer/Vogel/Gerlach 1993).

Merkmale des Normalarbeitsverhältnisses:
- Arbeit als abhängige Erwerbsarbeit hat sich durchgesetzt
- Die Lohnarbeit ist in der Regel vollzeitig
- Die Arbeit ist nach Ort, Zeit und Inhalt vom Arbeitgeber bestimmt
- Arbeits- und tarifrechtlicher Schutz
- Existenzsichernde Entlohnung (Alleinverdiener)
- Familienernährermodell (männliches Modell)
- Tendenziell stabile Erwerbsbiografie

Für Castel ist zentral, die Veränderungen der Arbeit als die gesamte Gesellschaft betreffend zu sehen, und nicht zur Konstruktion eines innen versus außen – oder, so könnten wir hinzufügen, eines Kerns versus einer abgehängten Unterschicht – zu greifen, die die Gesellschaft dichotomisch deutet, und vor allem den „Kern" außer Diskussion stellt.

Die „Lage derer, die ,out' sind, (hänge) immer noch von der Lage derer, die ,in' sind, ab. ... Integrierte, Anfällige und Entkoppelte gehören zu ein und derselben Gesamtheit, deren Einheit allerdings problematisch ist. Über die Konstitutionsbedingungen und die Bedingungen zur Aufrechterhaltung dieser problematischen Einheit gilt es nachzudenken." (Castel 2000: 20).

Die gegenwärtige soziale Frage zeigt sich vor allem als Ausdehnung der Verwundbarkeit, als Bedeutungsverlust des zentralen Integrations- und Identifikationsmomentes Lohnarbeit sowie als drohender Absturz in die Zone der Entkoppelung. Die soziale Frage besteht in der Erosion des sogenannten Normal-Arbeitsverhältnisses und des Wohlfahrtsstaates. Die neue soziale Frage ist in ihrem Kern eine Krise der Lohnarbeit. Diese Krise breitet sich von den Rändern der Gesellschaft in ihr Zentrum aus.

Geschlechteraspekte
Nicht unterschlagen werden soll hier, dass die Arbeitsgesellschaft freilich zugleich auf der bürgerlichen Kleinfamilie mit ihrer geschlechtlichen Arbeitsteilung beruhte. Das Normalarbeitsverhältnis setzt nicht nur die Kleinfamilie voraus, sondern auch eine bestimmte Rolle der Frau innerhalb der geschlechtlichen Arbeitsteilung in Lohnarbeit und Haus- und Reproduktionsarbeit. Insofern muss die Analyse von Castel ergänzt werden: Die fordistische Epoche beruhte auf einer Trias (nicht einer Dualität), nämlich dem Normalarbeitsverhältnis, das

auf der Kleinfamilie beruhte, und dem Wohlfahrtsstaat, der u. a. auch mit der Bildungsreform soziale Mobilität möglich machte. Wichtig ist in diesem Zusammenhang zu erwähnen, dass die ökonomisch veränderten Machtverhältnisse sicherlich entscheidend sind für diese Veränderung, dass aber auch die Prozesse des sozialstrukturellen Wandels im Sinne der Pluralisierung der Lebensverhältnisse und Lebensformen und die Egalisierungstendenzen im Geschlechterverhältnis weitere Triebkräfte sind. Vor allem folgen sie eigenen Logiken, nicht denen der Ökonomie (vgl. ausf. Kohlmorgen 2004).

> Robert Castel: Die Metamorphosen der Sozialen Frage (2000):
> **Zusammenfassung**
> 1. „Zone der Integration"
> 2. „Zone der Entkopplung"
> 3. „Zone der Prekarität"
>
> Castels These:
> Nicht nur Personen, die sich in der Zone der Prekarität bewegen, sind von Unsicherheit und Angst betroffen. Vielmehr strahlt diese Unsicherheit und Angst ebenso auf die Erwerbstätigen in der Zone der Integration aus, die durch einen befürchteten Abstieg bzw. drohenden Statusverlust diszipliniert und kontrolliert werden.

Die Durchsetzung der Arbeitsgesellschaft von den 1930er- bis in die 1970er Jahre zeigt sich in dieser Perspektive als eine historische Phase, vor allem wenn man heute von deren Ende her schaut. Für Castel verbindet sich diese Entwicklung der Nachkriegszeit mit einer Reihe von Voraussetzungen, die erst den Siegeszug der Lohnarbeit ermöglicht haben. Wichtig sind in seiner Sicht die Ausweitung und Definition einer erwerbstätigen Bevölkerung und die kategoriale Unterscheidung der regelmäßig arbeitenden von jenen, die nicht regelmäßig arbeiten. Ferner die Bindung an den Arbeitsplatz und die Rationalisierung des Arbeitsprozesses, die mit der Trennung von Arbeitszeit und Freizeit einhergeht. Als dritten Punkt erwähnt er die Verwandlung der Arbeiter in Konsumenten der Massenprodukte und das allmähliche Verschwinden der häuslichen Produktion. Ein weiterer wichtiger Punkt ist die Teilhabe durch Sozialeigentum (Rechtstitel auf soziale Sicherung, z.B. Rente), der Zugang zu öffentlichen Dienstleistungen und die Entwicklung eines kollektiven Arbeitsrechts. Diese Entwicklungen sollen im folgenden etwas genauer betrachtet werden.

Fordismus

Originaltext aus: *Böhnisch, Lothar/Arnold, Helmut/Schröer, Wolfgang 1999: Sozialpolitik. Eine sozialwissenschaftliche Einführung. Weinheim.*
„Sozialpolitik im Sog des Massenkonsums – Ford und der Fordismus
... ist es für ein Verständnis der Sozialpolitik seit den 20er Jahren zentral, sich mit dem Fordismus auseinanderzusetzen. Dass der Begriff des „Fordismus" in der Politökonomie zum Oberbegriff für die Kennzeichnung einer epochalen Gesellschaftsformation des 20. Jahrhunderts werden konnte, hängt wohl mit dem ganzheitlichen Anspruch und der vergesellschaftenden Wirkung der Fordschen Ideen und ihrer demonstrativen Anwendung zusammen. In diesem Sinne wurden sie eben nicht nur als ökonomisch-technische Neuerung, sondern als ‚gesellschaftliche Revolution', als Überwindung der Klassengesellschaft – nun nicht mehr durch den Kommunismus, sondern durch einen erneuerten Kapitalismus selbst – gepriesen. Diese ideologisch-epochale Wirkung verdankt das eher pragmatisch und rezepturhaft aufgebaute Gedankengebäude H. Fords neben seiner demonstrativen praktischen Wirkung vier Schlüsselideen, welche die traditionelle antikapitalistische Kritik der sozialistischen Bewegungen auszuhebeln schienen:

- die Idee der Transformation der Arbeiteridentität in eine Konsumentenidentität;
- die Entdämonisierung des Kapitalismus durch die Trennung von ‚gutem', gesellschaftsverantwortlichem Unternehmerkapital und ‚schlechtem', profitzentriertem und internationalistischem Finanzkapital
- der Versuch der Exklusion der Gewerkschaften aus dem fordistischen Produktions- und Konsumptionsprozess mit der Begründung, dass sie nicht nur dessen ökonomische Rationalität, sondern vor allem auch seine wohlfahrtsstaatliche Effizienz gefährdeten und daher den Arbeitern nur schadeten;
- die ethisch-moralische Absicherung des Konsumkapitalismus, die als rigide, puritanisch beeinflusste Sittenlehre in einer Praxis der „Arbeitererziehung" und der Gestaltung des Arbeiteralltags (z. B. in den Fordschen Fabriksiedlungen) sichtbare Anwendung fand. Sie wurde in der zeitgenössischen Rezeption als geistige Erneuerung eines bis dato moralisch korrumpierten Profitkapitalismus gefeiert.

(...)
Im tayloristisch-fordistischen System wird also versucht, das traditionelle Verhältnis von Kapital, Arbeit und gesellschaftlichem Fortschritt ideologisch und praktisch umzupolen. Der Arbeiter wird nicht mehr durch die Überwindung des kapitalistischen Systems befreit wie in der marxistischen Variante oder

> über die soziale Durchdringung des Kapitalismus und seine schrittweise Veränderung wie im sozialdemokratischen Ansatz Heimanns, sondern über die gesellschaftliche Öffnung des Kapitalismus aus sich selbst heraus. Er wird aus der proletarischen Enge in den Konsumentenstand gehoben. Die soziale Idee von der Befreiung des Menschen mutiert so zur Idee des Lebensstandards, der Freiheit im und zum Konsum. ..." (Böhnisch/Arnold/Schröer 1999: 52-54.)

Der Sozialstaat als zivilisatorische Errungenschaft – Citizenship
Der Sozial- oder Wohlfahrtsstaat des „goldenen Zeitalters" der Nachkriegszeit basierte auf der Verbindung von beschleunigtem Wirtschaftswachstum und sozialer Sicherheit. Zugespitzt könnte man sagen, der Sozialstaat war der Höhepunkt eines langen Prozesses, in dessen Verlauf der Kapitalismus zivilisiert und auch in einem gewissen Maß mit der Demokratie versöhnt wurde. Der institutionalisierte Klassenkompromiss stützte sich auf eine „mixed economy", eine mehr oder minder bewusst praktizierte Globalsteuerung (Fiskal- und Geldpolitik) und kollektive Sicherungssysteme mit begrenzten Umverteilungseffekten. Dieses je nach national-historischen Besonderheiten moderierte System des regulierten Kapitalismus schlug sich in einer Erweiterung von sozialen Rechten und der Einrichtung eines sozialen Eigentums (soziale Sicherungssysteme mit Rechtsansprüchen) nieder. Eine Außerkraftsetzung der Marktdynamik und der ökonomischen Verteilungsmechanismen war damit nicht verbunden.

Im 20. Jahrhundert, vor allem nach dem 2. Weltkrieg, hat sich das Lohnarbeitsverhältnis nach und nach „zu einer stabilen gesellschaftlichen Position entwickelt, mit der Sicherheitsgarantien und Rechtsansprüche verbunden wurden, die geeignet waren, einen gesellschaftlichen Bürgerstatus zu begründen. Diese Verknüpfung von Arbeit und sozialer Sicherung kann als die große Innovation der Erwerbsgesellschaft gesehen werden." (Castel 2001). Das Arbeitseinkommen entspricht nicht mehr nur einem Entgelt für die unter der Regie des Kapitals verrichtete Arbeitszeit, sondern eröffnet den Zugang zu einer neuen Form von gesellschaftlichem Eigentum: der sozialen Absicherung von existenziellen Risiken wie Krankheit, Arbeitsunfall, Arbeitslosigkeit und Altersversorgung. Es handelt sich um einen sozialen Status für Lohnabhängige, der einen Mindestlohn oder eine soziale Mindestsicherung im Fall von Nicht-Arbeit einschließt. „Bis annähernd zum Beginn der 70er Jahre konnte man ... beobachten, wie das Lohnarbeitsverhältnis durch Ausweitung kollektiver Regelungen konsolidiert wurde, durch kollektive Vereinbarungen, kollektive Rechte in Bezug auf Arbeit und soziale Sicherheit, starke Präsenz der Gewerkschaften, starke Präsenz des Staates, Kompromisse zwischen mächtigen kollektiven Akteuren und dergleichen. Man konnte damals insoweit von einem Kompromiss sprechen, als mächtige kollektive Akteure in der Lage waren, den Marktmechanismen die Stirn zu bieten"

(Castel 2001). Dieser Klassenkompromiss basierte auf der fordistisch-tayloristischen Betriebsweise, einem Modus der korporatistischen sozialen Regulierung von Kapital- und Arbeitsmärkten und redistributiven Sozialtransfers.

In der Sozialwissenschaft ist dieser Zusammenhang zwischen dem Ausbau sozialer Sicherheit, beschleunigter ökonomischer Entwicklung und den qualitativen Veränderungen der Lebensweisen und Lebensformen mit dem Bild des Fahrstuhls veranschaulicht worden: Mit dem Wachstum steigt jeder auf, aber der Abstand zwischen den Individuen und sozialen Gruppen, die auf den verschiedenen Stufen platziert sind, bleibt annähernd gleich („die Klassengesellschaft wird insgesamt eine Etage höher gefahren", vgl. z.B. Beck 1986: 122).

Kurz nach dem Ende des 2. Weltkriegs, am Beginn des Aufstiegs des Wohlfahrtsstaats, hat der britische Soziologe Thomas H. Marshall in Vorlesungen in Cambridge die Auswirkungen des Wohlfahrtsstaats auf die Ungleichheit und die Armut als neue Qualität des Bürgerstatus theoretisiert. Soziale Rechte – nach dem Erreichen bürgerlicher und politischer Rechte (Freiheits- und Eigentumsrechte sowie Wahlrechte für alle, auch für Frauen und Arme) – wirken der Ungleichheit umso mehr entgegen, je umfassender sie die Einzelnen vor den Einflüssen des Marktes schützen. Er versteht darunter „eine ganze Reihe von Rechten, vom Recht auf ein Mindestmaß an wirtschaftlicher Wohlfahrt und Sicherheit, über das Recht auf einen vollen Anteil am gesellschaftlichen Erbe, bis zum Recht auf ein Leben als zivilisiertes Wesen entsprechend der gesellschaftlich vorherrschenden Standards" (Marshall 1992: 40). Sozialstaatliche Absicherungen – wie etwa die Grundsicherung der Sozialhilfe – und Dienstleistungen – wie etwa die Soziale Arbeit und die Jugendhilfe – eröffnen ein neues Spannungsfeld in den Machtbalancen der Gesellschaften, insofern der soziale Bürgerstatus, citizenship, prinzipiell Chancengleichheit und gesellschaftliche Teilhabe verspricht. Die Utopie der Universalität der Teilhabe ist das neue Element.

T.H. Marshall fasste die mit Beginn des 20. Jahrhunderts einsetzende Periode folgendermaßen zusammen:

> „Sie sah die ersten großen Fortschritte sozialer Rechte, die deutliche Veränderungen der egalitären Prinzipien, wie sie im Staatsbürgerstatus zum Ausdruck kamen, beinhalteten. Das Ansteigen der ungleich über die sozialen Klassen verteilten Geldeinkommen veränderte die wirtschaftliche Distanz, die diese Klassen von einander trennte... Zweitens stauchte ein immer stärker gestaffeltes System direkter Besteuerung die gesamte Skala verfügbarer Einkommen zusammen. Drittens ermöglichte die Massenfertigung für den Binnenmarkt ... den weniger Wohlhabenden die Teilhabe an einer materiellen Kultur, deren Qualität sich im Unterschied zu früher weniger deutlich von der der Reichen absetzte. Das alles ver-

änderte auf grundlegende Weise den Rahmen, in dem sich der Fortschritt der Staatsbürgerrechte abspielte." (Marshall 1992: 66)

„Das Gesellschaftsmodell, das hier entsteht, ist nicht das einer Gesellschaft der Gleichen (im Sinne einer faktischen Gleichheit der sozialen Lebensbedingungen), sondern das einer ‚Gesellschaft der Ähnlichen'... Die Sozialleistungen stellen einen Rechtsanspruch dar, sie sind ein sich erweiterndes Modell sozialer Rechte, die das konkrete und im Kern universelle Gegenstück zu den bürgerlichen und politischen Rechten bilden." (Castel 2005: 46f.)

Der Ausbau des Sozialstaates folgte keiner durchdachten oder gesellschaftlich abgestimmten Konzeption; faktisch entwickelte sich – vorangetrieben durch die sozialen Konflikte – ein System der sozialen Absicherung, das an das System der Lohnarbeit gekoppelt war. Neben den steuerfinanzierten Systemen, die z.T. strikt an Bedürftigkeitsprüfungen geknüpft waren, wie der Sozialhilfe und der Arbeitslosenhilfe, bestanden in Deutschland, aber auch anderen kontinentaleuropäischen Ländern beitragsbezogene und an die Erwerbsarbeit gekoppelte Systeme, die im Grundsatz von dem korporatistischen Gesellschaftskompromiss geprägt waren.

In Marshalls Systematik stellen die sozialen Rechte die Bedingung der substantiellen Verwirklichung der bürgerlichen, vor allem aber der politischen Rechte (Wahlrecht, politische Beteiligung) dar und sind insofern Grundlage der Demokratie, wie sie sich ab den 1960er Jahren entwickelt.

Die sozialen Rechte stellen – zusammen mit der allgemeinen Wohlfahrtsentwicklung, der Vervielfachung der Erwerbseinkommen, dem Ausgang der breiten Mehrheit der Bevölkerung aus der „proletarischen Enge" der Lebensverhältnisse zugleich die Grundlage und die Bedingung der Dynamisierung der Sozialstruktur, des Wandels der Lebensweisen, der sozialen Mobilität als Massenphänomen, auch der Bildungsexpansion dar.

Marshall ist sich bewusst, dass die sozialen Rechte im Widerspruch zur Ungleichheitsstruktur der Gesellschaft stehen, vor allem der Klassenungleichheit, und sie nicht außer Kraft setzen. „Die Gesellschaften aber, in denen sich die Institutionen der Staatsbürgerrechte zu entfalten beginnen, erzeugen die Vorstellung eines idealen Staatsbürgerstatus, an der die Fortschritte gemessen und auf die die Anstrengungen gerichtet werden können." (Marshall 1992: 53).

Er weist auch darauf hin, dass die Verwirklichung sozialer Rechte den Umbau entsprechender Institutionen zur Voraussetzung hat, und diskutiert dies am Beispiel des gegliederten Bildungswesens, das über die Selektionsfunktion soziale Platzierungen zuteilt. Erst die Durchlässigkeit, die Erweiterung von Übergängen zwischen den verschiedenen Schulformen wirkt in seiner Sicht in Richtung einer individuellen – von vorausgesetzten und vorgegebenen Klassenmerkmalen unabhängigen – Gleichheit des Status (Marshall 1992: 73f.; s. auch 78ff.). Die Veränderung von Institutionen gilt ihm mithin als Bedingung der Durchsetzung der sozialen Rechte.

Ein weiteres Spannungsfeld sieht er in den Sozialen Diensten, weil hier die Rechte des Bürgers nicht genau bestimmt werden können. „Das qualitative Element ist zu groß". (Marshall 1992: 75). Er weist hier auf den kollektiven Horizont hin, dass die qualitative Ausgestaltung der Ansprüche auf soziale Rechte sich im Kontext der Vorstellungen „des Entwurfs des Lebens einer Gemeinschaft" historisch entwickeln. Man könnte die Lebensweltorientierung in der Sozialen Arbeit als Versuch interpretieren, dieses Problem handhabbar zu machen; dies soll hier aber nicht weiter verfolgt werden.

Derzeit sind die Auseinandersetzung um die Reproduktion von Benachteiligung im Bildungssystem – auch im Gefolge der PISA-Studien, aber auch im Kontext anderer Diskurse, etwa um Humankapital, um Wissensgesellschaft, auch der demografischen Entwicklung usw. – wieder neu aufgerollt worden.

Das Ende der Arbeitsgesellschaft

Originaltext aus: *Michael Galuske 2008: Fürsorgliche Aktivierung. Anmerkungen zu Gegenwart und Zukunft Sozialer Arbeit im aktivierenden Staat. In: Birgit Bütow/Karl August Chassé/Rainer Hirt (Hrsg.): Soziale Arbeit nach dem Ende des sozialpädagogischen Jahrhunderts. Opladen. S. 9-28.*

„Ich bin ein Kind der einzigen Vollbeschäftigungsphase in der Geschichte moderner Industriegesellschaften und habe meine Kindheit in den goldenen 1960er Jahren erleben dürfen. Meine Generation der jetzt 40- bis 50-Jährigen ist aufgewachsen in dem Bewusstsein (…) „In den goldenen fünfziger bis siebziger Jahren gab es einen ungeschriebenen Gesellschaftsvertrag: Es würde allen besser gehen." Aufgewachsen in dem Normalempfinden, dass Vollbeschäftigung die Regel ist, der Wohlstand sich mehrt und der Ausbau der sozialen Sicherheit perspektivisch zumindest den erreichten Stand sozialer Gerechtigkeit sichert, vielleicht sogar perspektivisch mehrt, erlebte die „Generation Vollbeschäftigung" einen fast kompletten Zusammenbruch ihres Weltbildes seit Anfang der 1970er Jahre. Dies kann man am Wandel des „Bedeutungsgehalts" von Reformen veranschaulichen. Waren Reformen bis dahin verbunden mit dem Gedanken an mehr Gerechtigkeit, mehr materielle Sicherheit und mehr soziale Rechte, so ist der Begriff „Reform" heute eher zum Symbol für den Abbau staatlicher Sicherheitsgarantien geworden. Was ist passiert?"

> In der hier gebotenen Kürze (vgl. dazu ausführlich Galuske 2002): Das sozialstaatliche Erfolgsmodell der Nachkriegszeit, welches auf der Erkenntnis beruhte, dass das Konkurrenzprinzip des Marktes allein nicht Grundlage von Gesellschaft sein kann, weil es zu viel Ungleichheit, Armut und soziale Verwerfungen produziert, gerät spätestens nach dem Untergang des real (nicht) existierenden Sozialismus Ende des 20. Jahrhunderts in die Krise und in die Kritik. Die Ursachen dieser Entwicklung können in der hier erforderlichen Begrenzung auf drei miteinander verknüpfte Faktoren verdichtet werden: (1) Da sind zum einen die technischen Innovationen und Revolutionen, was vor allem im Bereich der Informationsverarbeitung und der Kommunikationstechnik zu einem immensen Produktivitätszuwachs führt, der die menschliche Arbeitskraft immer ergiebiger werden lässt.(…). (2) Die Entwicklung von Informations- und Kommunikationstechnologien sind auch die Grundlage – oder besser Möglichkeitsbedingung – des zweiten Aspekts: der rasant zunehmenden Internationalisierung und Globalisierung von Kapital- und Handelsströmen, die die einzelnen Nationalstaaten und damit auch die nationalen Ökonomien und Sozialsysteme zunehmend unter Druck setzen. (3) Die neuen technologischen Möglichkeiten alleine sind allerdings nicht für die in Geschwindigkeit und Ausmaß zunehmende Globalisierung verantwortlich… Dazu bedurfte es vielmehr konkreter politischer Entscheidungen auf nationaler und internationaler Ebene. …
>
> Die offensichtlichen Folgen dieser sich gegenseitig verstärkenden Faktoren sind eine anhaltende, sukzessiv zunehmende Massenarbeitslosigkeit, eine chronische Dauerkrise der öffentlichen Haushalte und die permanente Mehr- und Überbelastung der Sozialversicherungssysteme. Die viel beschworene „Krise des Sozialstaats" lässt das etablierte Modell sozialer Sicherung mehr und mehr ins Fadenkreuz einer Allparteienkritik geraten, verbunden mit der Suche nach neuen Wegen sozialstaatlicher Sicherung in der Ära des globalen Kapitalismus. Exemplarisch sei hier der Tadel des Ex-Bundeskanzlers am kompensatorischen Wohlfahrtsstaat angeführt, den er in seiner letzten Regierungserklärung erneuerte: „Der allgegenwärtige Wohlfahrtsstaat, den den Menschen die Entscheidungen abnimmt und sie durch immer mehr Bevormundung zu ihrem Glück zwingen will, ist nicht nur unbezahlbar. Er ist am Ende auch ineffizient und inhuman" (Schröder 2002: 11). Die zentralen Argumente dieser Kritik sind hinlänglich bekannt: Der bandwurmartig wachsende Sozialstaat ist zu teuer, macht unsere Arbeit unerschwinglich und ist nicht mehr zu bezahlen. Am lautesten aber tönt die Klage über die psychosozialen Folgen sozialstaatlicher Absicherung: „Aber für viele ist es komfortabler, sich vom Staat aushalten zu lassen, als sich anzustrengen und etwas zu leisten" (Die

Zeit 43/2001: 43), so der ehemalige Bundespräsident Herzog in einer Anzeigenkampagne der Initiative Neue Deutsche Marktwirtschaft. Jeder Hilfebedarf gerät unter Generalverdacht, egal ob Ex-Kanzler Schröder das „fehlende Recht auf Faulheit" beschwört oder Ex-Wirtschaftsminister Clement in einer der letzten von ihm verantworteten Schriften zum Thema Leistungsmissbrauch durch Hartz IV-Empfänger unter der Überschrift „Vorrang den Anständigen" betont ... (Galuske 2008: 10 f.)

Eine mit dem Konzept der Arbeitsgesellschaft verbundene zentrale Implikation ist die Durchsetzung des „Normal-Lohnarbeitsverhältnisses" in der Nachkriegszeit durch die Auflösung des sogenannten „traditionalen Sektors" der Volkswirtschaft. Somit sind Alternativen zur lohnabhängigen Arbeit mehr und mehr entfallen. Vor allem der ehemalige Vorsitzende der Deutschen Gesellschaft für Soziologie, Burkhard Lutz, hat in seinem 1984 erschienenen Buch vom „Kurzen Traum der immerwährenden Prosperität" gezeigt, dass ein bis dahin bestehender nicht-profitwirtschaftlicher Teil der Volkswirtschaft sein Ende gefunden hat und die zuvor dort Beschäftigten nun von der expandierenden Industrie substituiert wurden. Dies betrifft drei große Bereiche einer im Wesentlichen als Subsistenzökonomie charakterisierten Form des Wirtschaftens – im Unterschied zum industriellen Sektor ging es hier erstrangig um den Lebensunterhalt bäuerlicher, handwerklicher und kleinhändlerischer Personen und Familien, nicht dagegen um Gewinnerzielung und -steigerung. Zu dieser den Lebensunterhalt von Familien (i.w.S., einschließlich sogenannter mithelfender Haushaltsangehörigen) sichernden Wirtschaftsform gehörten als größter Bereich die noch wenig technisierte Landwirtschaft (in den 1950er Jahren etwa ein Viertel aller Erwerbstätigen ausmachend), eingerechnet die dort mithelfenden Familienangehörigen. Sie erhielten in der Regel nur Kost und Logis, nicht einen sozialversicherungspflichtigen Lohn. Ferner, zweitens, der recht große Bereich des kleinen Einzelhandels und des Handwerks, der Produkte des täglichen Bedarfs im Umfeld/Nahbereich zur Verfügung stellte; und zum Dritten der bis in die 1950er Jahre bedeutende Bereich der häuslichen Dienstleistungen (Zugehfrauen, Köchinnen, Wäscherinnen, Kindermädchen usw.), der in der Weimarer Zeit noch knapp acht Millionen Arbeitskräfte umfasste, jedoch durch die Technisierung des Haushalts abschmolz – Geräte wie Heizung, Waschmaschine und Kühlschrank, um die Wichtigsten zu nennen, machten einen Großteil der arbeitsintensiven Haushaltsarbeit überflüssig und ermöglichten auch die Führung eines Haushalts nebenbei.

Zusammenfassend lässt sich sagen: die Durchsetzung der Arbeitsgesellschaft (oder der fordistischen Phase gesellschaftlicher Entwicklung) bedeutete auch das Verschwinden eines nicht-gewinnorientierten Sektors der Volkswirtschaft. Lutz hatte gezeigt, dass er in Zeiten der konjunkturellen Krise auch eine Rückzugsfunktion für die – arbeitslosen – Arbeitskräfte eingenommen hat, insofern sie zeitweise in der Bedarfsökonomie ihrer Herkunftsfamilien oder anderen Nischen des bedarfsorientierten Sektors unterkommen konnten. Insofern sind diese Alternativen und Nischen entfallen. Komplementär ist deutlich, dass der seit 1957 ausgebaute Sozialstaat funktional die Absicherung von Lebensrisiken übernehmen musste.

Insgesamt lässt sich also sagen, dass die Durchsetzung des sogenannten Normal-Arbeitsverhältnisses in der Nachkriegszeit mit der von Lutz sogenannten „inneren Landnahme" einherging (dem Einbezug bisher nicht profitabel ausgerichteter Zweige der Ökonomie in die dominante Form gewinnorientierter Industrie- und (später Dienstleistungs-)produktion). Zugleich setzte diese Entwicklung der Enttraditionalisierung den parallelen Ausbau des Wohlfahrtsstaates voraus, bzw. bedingte ihn.

> Originaltext aus: *Heinz Steinert: Die Kosten der Wissensökonomie. In: Bude/ Willisch (Hrsg.) 2008: Exklusion. Frankfurt*
> „Bedauerliche Kosten der Wissensökonomie
> Die Freunde und Förderer der Wissensgesellschaft sind mit großer Gelassenheit dabei, ein Fünftel bis 1/3 der Gesellschaft verloren zu geben. Am schönsten und einfachsten hat es wahrscheinlich Helmut Willke gesagt:
> *Das unterste Segment der rund 20% nicht oder gering qualifizierter oder qualifizierter Arbeitnehmer ist hoffnungslos. Es wird mit deutlicherer Ausbildung der Wissensgesellschaft immer weniger in der Lage sein, sich durch Arbeit selbst zu erhalten, und mithin die Armutsgrenze unterschreiten und/oder dauerhaft auf zusätzliche Transfereinkommen angewiesen sein.*
> Der Bielefelder Systemtheoretiker sieht, wie er meint im Gegensatz zu anderen gegenwärtigen Diagnostikern, aber gemeinsam mit klugen Managementtheoretikern ... das unaufhaltsame Heraufkommen einer „Veränderung der Grundlagen von Gesellschaft", in ihrer Radikalität vergleichbar dem Übergang von der Agrargesellschaft zur Industriegesellschaft. ...
> Dabei ist es nicht so sehr moralisch oder politisch aufregend als vielmehr intellektuell anstößig, wie hier die Diagnostik der Überflüssigen betrieben wird: mit der Unterstellung, es geschähe eine unpersönliche und unausweichliche Entwicklung der Gesellschaft, die kaum Nutznießer, geschweige denn Betreiber, nur gewisse bedauerliche, aber notwendige Kosten habe. Das ist zunächst eine geläufige Denkfigur der Soziologie ..."
> (Steinert 2008: 110f.).

Zur Empirie der Erwerbsarbeit

Ein Paradox der aktuellen Situation ist der Anstieg der Erwerbstätigen bei zugleich hoher Arbeitslosigkeit. Insgesamt ist die Bedeutung der Erwerbsarbeit als zentralem Medium der gesellschaftlichen Integration in den letzten Jahrzehnten beständig gestiegen. Einen anhaltenden Trend darin stellt die zunehmende Erwerbstätigkeit von Frauen dar, die aufgrund höherer Bildungsabschlüsse und veränderter Geschlechtsbilder in steigendem Maße erwerbstätig werden, auch wenn sie Kinder haben. Hier verändert sich also Erwerbsarbeit zur Vergesellschaftungsinstanz. Im letzten Jahrzehnt, nach 1996, sind kontinuierliche Zuwächse bei der Zahl der Erwerbspersonen zu beobachten. Hinsichtlich der Erwerbsquote stellt Deutschland innerhalb Europas eine positive Ausnahme dar. Aufgrund der Steigerung der Erwerbsquote in den letzten Jahren haben wir eine Erwerbsquote von 51,7% – was deutlich über dem EU–Durchschnitt von rund 45% liegt. Nach den Daten des statistischen Bundesamts im Jahr 2007 (82,5 Millionen Einwohner) gibt es etwas über 43,3 Millionen Erwerbspersonen (Selbstständige, Beschäftigte und Arbeitslose). Allerdings ist für über 11% der Erwerbsarbeit nicht die vorrangige Einkommensquelle (Datenreport 2008: 111).

Die gestiegene Erwerbsorientierung wird freilich ungleich realisiert; auffällig sind die Unterschiede zwischen alten und neuen Bundesländern und die zwischen den Geschlechtern. Die alte DDR erwies erheblich höhere Erwerbsquoten auf, inzwischen ist eine Annäherung zu erkennen (in den neuen Bundesländern sinkt die Erwerbsquote; in den alten Bundesländern steigt sie). Binnenmigration und Pendeln erklären einen Teil des Anstiegs in den alten Ländern. Die Arbeitslosenquote in den neuen Ländern ist nach wie vor fast doppel so hoch (Juni 2006: 17% gegenüber 9%).

Von einer Angleichung zwischen Männern und Frauen möchte ich trotz des Anstiegs der Erwerbsquoten eigentlich nicht reden, weil die Arbeitsbedingungen von Frauen meist schlechter sind als die der Männer, weil es unter den gegenwärtigen Arbeitsmarktbedingungen durchaus Ansätze gibt, das traditionelle Familienmodell der Erwerbsarbeit zu reaktivieren, und weil dieser Trend zum Teil regional ist. Aber auch die Formen der Beschäftigung haben sich geändert. Sogenannter marginaler Beschäftigung kommt in den letzten Jahren eine größere Bedeutung zu. Insgesamt stieg zwischen 2003 und 2007 die Zahl der Erwerbstätigen um etwa eine Million, während die Zahl der marginal Beschäftigten (d.h. nicht sozialversicherungspflichtig Beschäftigte) um 790.000 zunahm (Datenreport 2008: 111).

Die unbefristete Vollzeitstelle als Standardform der (männlichen) Beschäftigung wird einer Flexibilisierung und Ausdifferenzierung unterzogen und tendenziell abgelöst: durch neue Arbeitszeitmodelle, variable Wochen-/Monats-/

Jahresarbeitszeit, ungeschützte und doppelte Beschäftigung und die Zunahme von Teilzeitarbeit. Auch dieses geschlechtsspezifisch: Laut Statistischem Jahrbuch 2005 arbeiten 86% der Männer, nur 52% der erwerbstätigen Frauen 36 Stunden oder mehr in der Woche. Frauen sind bei den Nicht-Normalarbeitsverhältnissen führend, wobei offen bleibt, ob diese immer freiwillig eingegangen werden. Besonders in den unteren Qualifikations- und Lohngruppen gibt es für Frauen jedenfalls weit weniger unbefristete Vollzeitstellen als für Männer, unter den Bedingungen eines angespannten Arbeitsmarktes kommen Männer oft eher zum Zuge.

Der Datenreport 2008 fasst wie folgt zusammen: die Erwerbsarbeit hat stark an Bedeutung hinzugewonnen, wenn man die Beobachtungsjahre 1996, 2001 und 2006 vergleicht. Insbesondere Frauen und Ältere gehen immer häufiger einer Beschäftigung nach. Die Erwerbsorientierung von Frauen in Ostdeutschland ist nach wie vor sehr hoch und liegt deutlich über der in Westdeutschland; dort nimmt die Erwerbsorientierung der Frauen aber weiterhin zu.

Alle diese Zahlen bedeuten jedoch zugleich eine unübersehbare Relativierung der Institution des Normalarbeitsverhältnisses, da der Zuwachs überwiegend auf Teilzeit- und nicht-reguläre Beschäftigungsformen zurückgeht. Die Beschäftigungsform der Teilzeitarbeit wird aber vielfach aus Mangel an Alternativen nur als Notlösung akzeptiert und wird keineswegs von allen gewünscht. In Westdeutschland äußern mehr als die Hälfte der Nichterwerbstätigen Frauen eine Präferenz für reduzierte Wochenarbeitszeiten. Frauen in Ostdeutschland möchten dagegen eher Vollzeit arbeiten (43%, West 24%). (Datenreport 2008: 127).

Bonß spitzt die Prognose der Flexibilisierung am stärksten zu. Er geht davon aus, dass zukünftig die Flexibilisierung der Produktion weiter radikalisiert wird und sich in einer verstärkten Unsicherheit und Offenheit der Arbeitssituation auswirkt. Dabei ist quer durch alle Branchen die Ausdehnung von Beschäftigungsverhältnissen zu erwarten, die weder zeitlich noch örtlich von Dauer sind. Vom Einzelnen wird verlangt, dass er weder sich mit einer bestimmten Arbeit identifiziert noch mit einem Ort, sondern hoch mobil bleibt und die Unsicherheit der eigenen Situation möglichst positiv besetzt (Bonß 2006: 69). Wenn man diese Linien in die Zukunft verlängert, bedeutet dies wohl, dass sowohl die Arbeitsformen des 21. Jahrhunderts wie auch die Ausbildung mit den tradierten Leitbildern kaum vergleichbar sein werden. „So werden wir Abschied nehmen müssen von der Vorstellung fest gefügter Arbeitsbiografien, die dem Dreischritt Ausbildung – Berufstätigkeit – Rente folgen. Stattdessen müssen wir uns an die Idee der Vielberuflichkeit ebenso gewöhnen wie an eine wachsende Unsicherheit in der Arbeitswelt bei gleichzeitig steigenden Flexibilitätsanforderungen und Konkurrenzen am Arbeitsmarkt." (Bonß 2006: 70). Auf der anderen Seite werde sich der Unterschied zwischen Arbeitslosigkeit und Beschäftigung vor diesem

Hintergrund nivellieren, weil der Mobilitäts- und Flexibilitätsdruck auf allen Ebenen der Erwerbsgesellschaft zunehme und die neuen, individualisierten Arbeitsformen weiter anwachsen. Bonss prognostiziert: das gleicht die Lebenslagen von Arbeitslosen und derzeit Vollzeitbeschäftigten strukturell an; langfristig dürfte die Unsicherheit und Flexibilisierung beide Gruppen erfassen. Die neue Normalität am Arbeitsmarkt werde die unsichere und flexible Erwerbsbiografie mit dem Wechsel unterschiedlicher Beschäftigungs-, Arbeitslosigkeits- und auch immer wieder Weiterbildungsphasen sein. Das Normalarbeitsverhältnis hat sich überlebt, „die Zukunft der Arbeit gehört dem Reich der Zwischenformen, und die neue Normalität am Arbeitsmarkt wird die unsichere und turbulente Erwerbsbiografie mit höchst unterschiedlichen Beschäftigungs- und Arbeitslosigkeitsphasen sein." (Bonß 2006: 72).

Originaltext aus: *Richard Sennett: Der flexible Mensch. Die Kultur des neuen Kapitalismus, Berlin 1998*
„Flexibilität
Das Wort Flexibilität wurde im 15. Jahrhundert Teil des englischen Wortschatzes. Seine Bedeutung war ursprünglich aus der einfachen Beobachtung abgeleitet, dass ein Baum sich zwar im Wind biegen kann, dann aber zu seiner ursprünglichen Gestalt zurückkehrt. Flexibilität bezeichnet zugleich die Fähigkeit des Baumes zum Nachgeben wie die, sich zu erholen, sowohl die Prüfung als auch die Wiederherstellung seiner Form. Im Idealfall sollte menschliches Verhalten dieselbe Dehnfestigkeit haben, sich wechselnden Umständen anpassen, ohne von ihnen gebrochen zu werden. Die heutige Gesellschaft sucht nach Wegen, die Übel der Routine durch die Schaffung flexiblerer Institutionen zu mildern. Die Verwirklichung der Flexibilität konzentriert sich jedoch vor allem auf die Kräfte, die die Menschen verbiegen." (Sennett 1998: 57).
„Im modernen Gebrauch des Wortes ‚Flexibilität' verbirgt sich ein Machtsystem. Es besteht aus drei Elementen: dem diskontinuierlichen Umbau von Institutionen, der flexiblen Spezialisierung der Produktion und der Konzentration der Macht ohne Zentralisierung." (Sennett 1998: 58f.)

Fragen zur Vertiefung
- Skizzieren Sie Formen der Flexibilisierung des Normal-Arbeitsverhältnisses!
- Was bedeuten soziale Rechte?
- Erläutern Sie das Konzept „citizenship" als Hintergrund für Soziale Arbeit.

Literatur zur Vertiefung

- Böhnisch, Lothar 2006: Die Schere zwischen Armut und Reichtum als Problem der Demokratie? In: ders.: Politische Soziologie, Opladen. Kap. 3.6.: 164-174.
- Böhnisch, Lothar/Arnold, Helmut/Schröer, Wolfgang 1999: Sozialpolitik. Eine sozialwissenschaftliche Einführung. Weinheim. Kap. 1: „Sozialpolitik im Sog des Massenkonsums – Ford und der Fordismus". S. 52-60.
- Ganßmann, Heiner 2006: Kapital-Arbeit. In: Lessenich/Nullmeier 2006: Deutschland – Eine gespaltene Gesellschaft. Frankfurt/Bonn; Kap. 4: Die Einkommensverteilung in Deutschland: 108-111.
- Galuske, Michael 2002: Soziologische Aspekte von Arbeit und Normalarbeitsverhältnis. In: ders.: Flexible Sozialpädagogik. Elemente einer Theorie Sozialer Arbeit in der modernen Arbeitsgesellschaft. Weinheim, S. 68-75.
- Galuske, Michael 2002: Flexible Sozialpädagogik. Elemente einer Theorie Sozialer Arbeit in der modernen Arbeitsgesellschaft. Kap. 6 „Die Flexible Arbeitsgesellschaft". Weinheim, S. 139-175.
- Sennett, Richard 1998: Der flexible Mensch. Die Kultur des neuen Kapitalismus, Berlin 1998, Kap. 3: „Flexibilität": 57-80.

1.2 Zunehmende Armut, steigender Reichtum

Im Jahr 2006 hatte die Hälfte der Bevölkerung netto ein Pro-Kopf-Jahreseinkommen von maximal 18.850 Euro (Median). Personen, deren Einkommen weniger als 60% dieses Betrages ausmacht, sind nach der EU-Definition arm. Das waren im Jahr 2006 13,9% der Bevölkerung (vgl. Goebel/Habich/Krause 2008: 163).

Betrachten wir analog die Personen als reich, die mehr als das Doppelte des mittleren Einkommens beziehen, so fällt auf, dass ab dem Jahr 1999 Reichtum in diesem Sinne zugenommen hat – während die mittleren Einkommen zwischen 70% und 150% des (medianen) Einkommens anteilig abgenommen haben (Goebel/Habich/Krause 2008: 165). „Nach dem Jahr 2000 ging der Einkommensanteil des ärmsten Quintils" (das unterste Einkommens-Fünftel der Bevölkerung) „stetig zurück und liegt nun im Jahre 2006 bei 9,3%. Die reichsten 20% (das oberste Quintil) haben demgegenüber langjährig etwa 35% des monatlichen Gesamteinkommens zur Verfügung, seit Beginn der 2000er Jahre stieg der Anteil allmählich auf 36,8% an. Die Ungleichheit der verfügbaren Einkommen im Haushalt hat sich damit deutlich erhöht, die Schere zwischen Arm und Reich hat sich weiter geöffnet. (....) Am Ende der 1990er Jahre hat sich die gesamtdeutsche Ungleichheit der Einkommen erhöht und ist nach dem Jahr 2000 weiter gestiegen. Inzwischen ist das Ausmaß der Einkommensungleichheit auf einem der höchsten Niveaus der vergangenen Jahrzehnte angelangt." (Goebel/Habich/Krause 2008: 164f.).

Auch Hauser/Becker (2007: V) konstatieren nicht nur eine Zunahme des relativen Armutsrisikos, sondern ebenfalls auch der einkommensstarken Bevölkerung. Dabei hat die Gruppe der sogenannten „Einkommensreichen" (mit 200% des Nettoäquivalenzeinkommens Median) einen Anteil von 9,2% der Bevölkerung 2006 und der Anteil ist zwischen 2003 und 2006 um einen Prozentpunkt angestiegen. Auffällig erscheint, dass der nachdrücklichste Anstieg vor allem oberhalb dieser Grenze geschah. Der sogenannte „ausgeprägte" Einkommensreichtum (300%-Grenze) ist relativ stärker angestiegen. „Der Bevölkerungsanteil dieser Gruppe, der im Jahr 1998 noch 0,8% betrug, hat sich bis 2006 auf 2,4% verdreifacht. In absoluten Zahlen entspricht dies 650.000 bzw. 1,9 Millionen Menschen.

Vor allem für den Übergang von 2005 auf 2006 deuten die Reichtumsindikatoren auf eine deutliche und zum Teil signifikante Zunahme hin. (…) Die breite Masse der Bevölkerung erlitt dagegen für den Zeitraum 2003 bis 2006 reale Nettoeinkommensverluste." (Hauser/Becker 2007: V; vgl. auch 128f.). Bei der Analyse der Vermögens-Ungleichheit zeigen sich die gleichen Trends, nämlich eine Zunahme der Vermögens-Ungleichheit, wobei für die Mittelschicht das Vermögen eher abgenommen habe und der Zuwachs sich bei den oberen Einkommensgruppen konzentriert. Parallel hat das negative Vermögen in den unteren Einkommensgruppen (d.h. die Verschuldung) zugenommen, die Anzahl der Privathaushalte mit einer bankmäßigen Verschuldung hat sich von 2,5 Mio. im Jahr 2002 auf 2,9 Mio. im Jahr 2006 erhöht (Hauser/Becker 2007: 139).

Da sich diese Trends auch mit anderen Datenquellen gewinnen lassen (vgl. dazu Andreß/Kronauer 2006: 46), besteht wenig Zweifel, dass Armut und Reichtum seit Ende der 1990er Jahre zugenommen haben und sich insofern die Spaltungslinien entlang der Einkommen verstärkt haben.

Welche Gruppen sind arm? Auffällig sind vor allem vier Gruppen: Arbeitslose, Ausländer, Alleinerziehende und (Ehe-)Partner mit mehreren Kindern. Vor allem bei Un- und Angelernten Arbeitern hat sich die Armutsbetroffenheit gegenüber 2001 bis zum Jahr 2006 weiter erhöht. In Ostdeutschland befinden sich diese Gruppen in erheblichem Ausmaß in prekären Lebenslagen. „Bei Facharbeitern und einfachen Angestellten ist das Armutsrisiko gegenüber 2001 zum Teil deutlich gestiegen ... die in den letzten Jahren zunehmenden Armutsquoten haben demzufolge insbesondere gering qualifizierte sowie (Fach-)Arbeiter und einfache Angestellte erfasst" (Habich/Krause/Goebel 2008: 170). Mehr als jeder

Dritte Ein-Elternhaushalt in Gesamtdeutschland und mehr als jeder Zweite in Ostdeutschland lebt in Armut. Zudem ist der starke Anstieg der Armutsquote bei jungen Alleinlebenden auffällig.

Eine weitere Gruppe ist ebenfalls stark angewachsen: es sind die Personen, die trotz Erwerbstätigkeit unter die Armutsgrenze fallen; für diese Gruppe der „working poor" muss eine nachdrückliche Zunahme konstatiert werden. „Seit 1998 hat sich deren Zahl bis 2006 nahezu verdoppelt. Der Anteil des Niedriglohnbereichs an allen Erwerbseinkommensbeziehern beträgt im Jahr 2006 damit 36% und reflektiert u.a. die deutliche Zunahme von geringfügigen und Teilzeitbeschäftigungen „zu Lasten" von Vollzeitstellen.. ... ein wachsender Anteil der Beschäftigten im Niedriglohnsektor ist damit auf ergänzende Leistungen des Staates angewiesen, um den Lebensunterhalt zu bestreiten". (Hauser/Becker 2007: Vf; 120)

Die analoge Frage, welche Gruppen sehr hohe Einkommen beziehen, ist schwieriger zu beantworten. Offenbar zählen zu den hervorstechenden Merkmalen, dass es sich in der Mehrzahl um unverheiratete Paarhaushalte handelt, bei denen in der Regel beide einer Erwerbstätigkeit nachgehen, mehr als die Hälfte dieser Erwerbstätigen arbeitet Überstunden. Unter den hoch verdienenden Erwerbstätigen sind mehr als 2/3 Angestellte mit Leitungsfunktionen, Selbstständige oder höhere Beamte. Hohe Einkommen sind in Deutschland ganz überwiegend mit hoher Qualifikation und langen Arbeitszeiten verbunden. Personen ohne deutsche Staatsangehörigkeit sind in dieser Gruppe deutlich seltener vertreten. Vor allem fällt der hohe Grad sozialer Vererbung in dieser Gruppe auf; das betrifft sowohl das Humankapital als auch das Geld- und Sachvermögen. Es sind also nicht nur persönliche Charakteristika, sondern auch strukturelle Einflussfaktoren bedeutsam für die Einkommen: die Bedeutung individueller Leistung für die Erzielung hoher Einkommen wird dadurch relativiert, denn „soziale Gruppen, Institutionen, Diskriminierung, Marktmacht, Hierarchien, die soziale Herkunft sowie die Segmentierung des Arbeitsmarktes haben offensichtlich einen Einfluss auf die Einkommenshöhe und insbesondere auf hohe Einkommen." (Andress/Kronauer 2006: 47).

Zusammenfassung

Die Daten machen deutlich, dass in den letzten Jahren die Einkommensungleichheit zugenommen hat, dass insbesondere höhere Einkommensgruppen ihre Position stark verbessern konnten und dass am unteren Ende der Einkommenspyramide eine wachsende Bevölkerungszahl mit geringen Einkommen auskommen muss. Es lässt sich zeigen, dass niedriges Einkommen mit unzureichendem Lebensstandard, geringer Bildung, schlechtem Gesundheitszustand und prekärer Arbeitsmarktintegration verbunden sind. Insofern hat die Spaltung der Gesellschaft entlang der Dimension arm/reich zugenommen; nicht nur in Hinblick auf die objektiven Daten – auch in der Wahrnehmung durch die Bevölkerung.

Ein zentraler Grund ist die Tatsache, dass der deutsche Arbeitsmarkt für eine zunehmende Bevölkerungszahl nicht mehr einen existenzsichernden Lebensunterhalt gewährleistet. Das gilt für die offiziell Arbeitslosen und ihre Angehörigen, für diejenigen, die nach Verlassen des Ausbildungssystem erfolglos versuchen, in den Arbeitsmarkt hinein zu kommen, für die älteren Arbeitnehmer, die einen mehr oder weniger freiwilligen Übergang in den vorzeitigen Ruhestand vollziehen. Hinzukommen die, die die Suche nach einem Arbeitsplatz aufgegeben haben und jene, die innerhalb des Erwerbssystems nur einen Armutslohn beziehen. Angesichts dieser Verhältnisse wird die Frage nach der sozialen Gerechtigkeit in der Bevölkerung lauter.

Deutlich ist aber, dass Arbeitslosigkeit und Armut seit dem Ende des 20. Jahrhunderts mit dem Niedergang der industriellen Beschäftigung und der zunehmenden Bedeutung der Dienstleistungsarbeit verknüpft sind. Mit beiden einher geht eine massive Entwertung der ungelernten Erwerbsarbeit. Sie werden überflüssig. Mit der Erosion der Arbeiterbewegung geht die Möglichkeit verloren, die eigene Arbeitslosigkeit als kollektives Schicksal zu deuten.

Für die Wahrnehmung der Bundesbürger ist die Entwicklung der Einkommen oben und unten sehr wichtig geworden: im Jahr 1980 hat in Deutschland kein einziges Unternehmen seinen Vorständen pro Kopf eine Million Euro oder mehr gezahlt, 1990 waren es vier Unternehmen, 2003 bereits 76. In den fünf Jahren zwischen 1997 und 2002 stiegen die durchschnittlichen Jahreseinkommen der Manager der 30 DAX-Unternehmen von 1.166.000 DM auf 1,4 Millionen Euro, also um 65%. Das entspricht dem 42-fachen des durchschnittlichen Arbeitnehmereinkommen von 2002. Bei den Vorstandsvorsitzenden liegt die entsprechende Steigerung bei 70%, von 2,44 Millionen DM auf 2,12 Millionen Euro, das 62-fache des durchschnittlichen Arbeitnehmereinkommens. Bei einzelnen Unternehmen ist die Entwicklung deutlich krasser, so hat der Vorstandsvorsitzende von DaimlerChrysler im genannten Zeitraum sein Jahreseinkommen um 423% steigern können, auf das 277-fache des durchschnittlichen Arbeitnehmereinkommens (Andress/Kronauer 2006: 44).

Literatur zur Vertiefung

- Ehrenreich, Barbara 2000: Arbeit poor. Reinbek.
- Ehrenreich, Barbara 2005: Qualifiziert und arbeitslos. München.
- Hauser, Richard/Becker, Irene 2007: Integrierte Analyse der Einkommens- und Vermögensverteilung. Abschlussbericht der Studie im Auftrag des BMAS. Bonn, (http://www.bmas.de/coremedia/generator/27418/property=pdf/a369_forschungsprojekt.pdf) Zusammenfassung: S. I-XVI.
- Hobsbawm, Eric 1995: Das Zeitalter der Extreme. München. Kap. „Die soziale Revolution": 363-401. Kap. „Die kulturelle Revolution": 401-434.
- Mielck, Andreas 2005: Soziale Ungleichheit und Gesundheit: Einführung in die aktuelle Diskussion. Bern: Huber.
- Mielck, Andreas 2000: Soziale Ungleichheit und Gesundheit: empirische Ergebnisse, Erklärungsansätze, Interventionsmöglichkeiten. Bern: Huber.

Sehr deutlich zeigen sich die Entwicklungen einer wachsenden sozialen Polarisierung im Anwachsen der Armut und von benachteiligten Lebenslagen von Kindern. Sie sollen im Folgenden genauer betrachtet werden.

2 Kinderarmut

2.1 Ausmaß, Entwicklung von Kinderarmut

Globalisierungsprozesse scheinen – verstärkt seit dem neuen Jahrhundert – Ungleichheiten nicht nur zwischen Nord und Süd, sondern auch innerhalb der hochentwickelten Länder zu verschärfen. In Ostdeutschland kommen die anhaltenden Probleme der Vereinigung hinzu. Zu den besonders verwundbaren Gruppen in der deutschen Gesellschaft gehören die Kinder. Bereits in den 1990er Jahren wurde der Begriff der „Infantilisierung der Armut" geprägt (Hauser 1997: 76). Inzwischen, mehr als zehn Jahre später, können wir von einer Verstetigung des Problems sprechen. Kinder sind nach wie vor die am häufigsten von Armut betroffene Altersgruppe. Aber Kinder sind zugleich als Angehörige bestimmter Schichten betroffen; so leben nach einer Untersuchung von Groh-Samberg/Grundmann (2006) mehr als die Hälfte (56%) aller armen Kinder in einfachen Arbeiterhaushalten und weitere 24% in Facharbeiterhaushalten. Die

große Mehrheit der armen Kinder in Deutschland sind also Kinder aus unteren und (abgestiegenen) mittleren sozialen Schichten oder Milieus.
Kinderarmut als öffentlich-mediales und politisches Thema ist relativ neu. Erstmals ist es 1998 im 10. Jugendbericht, der während des Wahlkampfes veröffentlicht wurde, angesprochen worden. Das Thema ist seitdem in der Öffentlichkeit präsent. Im Unterschied zum Diskurs über Armut, in dem – etwa in der Unterschichtendebatte – auch Schuldzuweisungen an die Armen ausgegeben werden, ist das Thema Kinderarmut „neutraler". 1. Kinder sind unverschuldet in einer Notlage. 2. stellt sich die Frage, welche Auswirkungen Armutsphasen in der Kindheit auf das Aufwachsen, also auf die Bildungschancen und auf die späteren Lebenschancen – also die spätere Platzierung der Kinder in der Gesellschaft – haben. Vernachlässigen wir unser Humankapital? 3. sind wir als Sozialpädagogen gleichsam beruflich die Anwälte kindlicher Interessen und Bedürfnisse.

Im Folgenden gebe ich kurz einen Überblick zu Ausmaß und zur Entwicklung der Kinderarmut. Die Anzahl der Kinder und Jugendlichen, die in relativer Armut leben, steigt seit den 1980er Jahren kontinuierlich an. Bei der Betrachtung der Zahlen ist zu bedenken, dass hier lediglich Einkommensmessungen des Familieneinkommens vorgenommen werden, so dass die Zahlen nur eine ungefähre Entwicklung, einen Trend, einen Anhaltspunkt geben. Je nach der Ausgangssituation der Familie und der Dauer der Armutsphase ist zwischen Armut als Prozess und als Zustand zu unterscheiden; oder mit anderen Worten, wenn von knapp zwei Millionen Kindern

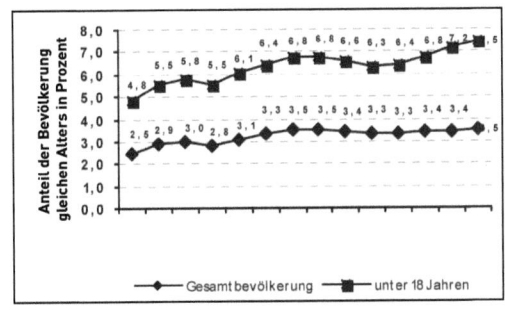

Abb.1: Entwicklung Kinderarmut in der Sozialhilfe (HLU) 1991 bis 2004

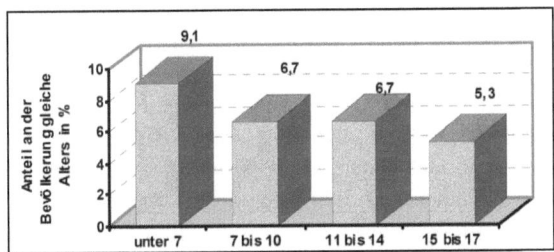

Abb. 2: Sozialhilfebetroffenheit nach Altersgruppen (Stand 2004)
(Quelle: Statistisches Bundesamt 2006; eigene Graphiken)

in der Gegenwart die Rede ist, bedeuten diese Zahlen nicht zwangsläufig, dass es *allen* diesen Kindern schlecht geht. Einerseits bedeutet Armut häufig nur eine biografische Phase, zum anderen signalisiert sie in Deutschland ebenfalls zunehmend häufiger länger dauernde erwerbsbiografische Abstiegsprozesse, auch wenn Armut dabei zeitweise wieder verlassen wird. Also Prozess *und* Zustand – das sich verfestigende und kumulierende Resultat dieses Prozesses kann und sollte trotz dieser Relativierung weiterhin als Armut bezeichnet werden. Man muss sich dabei aber der Problematik des Begriffs bewusst bleiben. Welche Auswirkungen die Einkommensnot der Familien auf das aktuelle Kinderleben und das Heranwachsen der Kinder hat, ist nach den Ergebnissen der bisherigen Forschung sehr differenziert und hängt von einer Vielzahl familieninterner und -externer Faktoren ab. Dazu später mehr.

Einigkeit besteht darüber in der Wissenschaft, dass (Kinder-)Armut weit mehr bedeutet, als wenig Geld zu haben. Wenn man daher die einfach scheinende Frage „Wie viele arme Kinder gibt es hierzulande?" beantworten will, geht man schon vereinfachend vor. Die Messung von Armut an Hand wissenschaftlicher Armutskonzepte ist insofern problematisch, als einkommensbezogene Messungen nur *einen* Aspekt der Lebenssituation erfassen. Auf der anderen Seite ermöglichen nur solche Untersuchungen relativ klare Aussagen zu Ausmaß und Struktur von Armut und Kinderarmut. Zwei gängige Methoden haben sich durchgesetzt, der Sozialhilfestandard (heute Sozialgeld) und der relative Einkommensstandard, mit dem Haushalte unterhalb der Hälfte (seit 2005 60% mit veränderter Gewichtung) des gewichteten durchschnittlichen Einkommens betrachtet werden, was in der EU Maßstab ist.

Sozialhilfe, Hartz IV: Nach der amtlichen Statistik lebten Ende 2004 (im letzten Jahr der „alten" Sozialhilfe) in Deutschland 2,91 Mio. Personen im Sozialhilfebezug (Hilfe zum Lebensunterhalt, HLU), darunter etwa 1,12 Millionen Kinder. Das entsprach 7,5% aller Kinder in Deutschland, wobei Nicht-deutsche mehr als doppelt so häufig betroffen waren (6,5% deutsch – 16,1% nicht-deutsch). Regional waren (und sind) die Quoten der Betroffenheit sehr unterschiedlich (am niedrigsten im Süden, am höchsten in den nördlichen Stadtstaaten und in Berlin), aber auch zwischen Ost und West, die Dynamik ist vor allem zwischen West und Ost sehr unterschiedlich gewesen, Armut und Kinderarmut wuchsen in den neuen Bundesländern seit 1998 stark an und haben im Jahr 2004 das Niveau des Westens erreicht. Im letzten Jahr der alten Sozialhilfe 2004 (Sozialhilfe HLU) hatten Kinder mit 7,5% im Vergleich zur Gesamtbevölkerung (3,5%) eine mehr als doppelt so hohe Sozialhilfequote wie die Bevölkerung insgesamt; bei den Säuglingen und Kleinkindern bis drei Jahren lag sie sogar beim dreifachen mit 11,3% aller Kinder dieser Altersgruppe. Nach dem Inkrafttreten des Gesetzes zur Zusammenlegung von Arbeitslosen- und Sozialhilfe im Jahr 2005 (Hartz IV) haben sich die Zahlen der betroffenen Kinder auf 1,7 Millionen erhöht. Mitte 2007 leben 6,16 Millionen Menschen im Kontext von SGB II, mit der Dunkelziffer sind es etwa 7,18 Millionen, das sind 8,7% der Bevölkerung. Das Sozialgeld für Kinder beträgt 208 Euro monatlich, davon sind 72,40 Euro für Ernährung einschl. Getränke, das sind 2,38 Euro pro Tag. Die Zahl der betroffenen Kinder liegt im April 2008 bei etwa 1,8 Millionen, 16,8% aller Kinder, oder jedes sechste Kind in Deutschland. Auch im Sozialgeldbezug von Kindern unter 15 Jahren gibt es starke regionale Differenzierungen zwischen Nord und Süd und Ost und West: die Kinderarmutsquote in Westdeutschland beträgt 14%, in Ostdeutschland 30,7% – nahezu jedes dritte Kind in den neuen Ländern muss als einkommensarm gelten. Es bestehen sehr große innerregionale Unterschiede; auf der Ebene der Bundesländer reicht der Sozialgeldbezug bei Kindern unter 15 Jahren von 37,6% in Berlin (Maximum) bis zu 8,5% in Bayern (Mitte 2007). Generell sind die ostdeutschen Bundesländer (Sachsen-Anhalt 32,9%) stärker betroffen, doch haben sowohl Bremen als auch Hamburg Werte, die mit den ostdeutschen vergleichbar sind, mit knapp 37% und knapp 32,9% führen die Bundesländer Berlin und Bremen die Länderdurchschnitte an. Auf der anderen Seite verbergen sich hinter den Durchschnitten der Länder zum Teil sehr große Disparitäten: in dem Falle Bayerns hat die Stadt Eichstädt mit 2,4% den niedrigsten Wert, die Stadt Nürnberg mit 23% etwa zehnmal soviel Sozialgeldbezug bei Kindern. In Nordrhein-Westfalen z. B. (17,9%; jedes 6. Kind) handelt es sich um ca. 470.000 Kinder, von denen wir hier sprechen.

Die Quote der von relativer Einkommensarmut nach dem Standard der EU Betroffenen liegen durchweg höher – hier wird eine monetäre Einkommensgrenze von 60% des gewichteten Medianeinkommens angesetzt. Nach einem kurzen Rückgang Ende der 1990er Jahre lässt sich bei der Armut (EU-Standard) ein Anstieg seit dem Jahr 2000 von 11,8% auf 18,3% im Jahr 2006 konstatieren. (Hauser/Becker 2007: 114). Dabei fand der Zuwachs auch im Bereich strenger Armut (bei der 40%-Grenze) statt. Auch bei diesem Indikator lässt sich ein deutlicher Unterschied zwischen West- (17,2%) und Ostdeutschland (22,3%) finden.

Bei der *Kinderarmut* ist die Betroffenheit von 15,7% im Jahr 2000 auf 26,3% im Jahr 2006 angestiegen. Eine ähnliche Entwicklung findet sich bei Jugendlichen und jungen Erwachsenen (16- bis 24-Jährige): von 16,4% auf 28,3%.

Durchweg hat der Anteil jener Kinder an allen in Armut zugenommen, die in dauerhafter Armut leben (Untersuchungszeitraum 4 Jahre); er macht für 2006 zwei Drittel aller armen Kinder aus (67%), und hat sich in den Jahren zuvor erhöht von 9,4% im Jahr 2001 auf 15,0% im Jahr 2006. Die Gutachter zum 3. Armuts- und Reichtumsbericht, Richard Hauser und Irene Becker, kommen insgesamt zu der Einschätzung, dass der Sozialstaat nicht mehr so stark wirke, wie in den Jahren zuvor. – Das BMAS hatte im 3. Armutsbericht vermerkt, er wirke.

Das Risiko der Armutsbetroffenheit verteilt sich auf die verschiedenen gesellschaftlichen Gruppen in unterschiedlicher Weise. Kinder aus Familien mit prekärem Erwerbsstatus (arbeitslos und Niedriglohn), mit Migrationshintergrund, aus Ein-Eltern-Familien sowie aus Familien mit drei und mehr Kindern sind überdurchschnittlich von Armut gefährdet. Ebenso sind Kinder, die in Großstädten und sozial segregierten Quartieren aufwachsen, gefährdeter als solche, die in ländlichen Räumen aufwachsen. Der Datenreport 2008 kommt zu der Feststellung, dass sich nach 2002 Lebenslagen im unteren Einkommensbereich verfestigen.

Theorie: Globalisierung und Ungleichheitsentwicklung
Theoretisch verschränken sich mehrere parallel laufende Entwicklungen. Einerseits vertiefen die Prozesse der Globalisierung offensichtlich die Ungleichheitsentwicklungen in den hochentwickelten Ländern; davon sind sehr stark die unteren, aber auch die mittleren Schichten betroffen. Un- und angelernte Tätigkeiten werden tendenziell überflüssig (bzw. global günstiger einzukaufen), aber auch im Bereich qualifizierter Tätigkeiten breitet sich Unsicherheit und Gefährdung aus (Bedrohung durch Abstiege); als ein weiterer wichtiger Trend erscheint insgesamt die Bedeutungszunahme der sogenannten „working poor".

Veränderte Rahmenbedingungen
Die Rahmenbedingungen haben sich insofern verändert, als infolge der Entwicklung zu einer Globalisierung des Wettbewerbs, verstärkt durch das Ende der Systemkonkurrenz nach 1989, Flexibilisierung und Prekarisierung in der ökonomischen und gesamtgesellschaftlichen Entwicklung an Macht gewonnen haben und durch den sozialstaatlichen Perspektivenwechsel zum aktivierenden Staat selbst noch verstärkt werden. Diese Entwicklung trägt zu einer steigenden Verwundbarkeit bestimmter benachteiligten Lebenslagen bei und nötigt benachteiligte Gruppen, sich auf ein Leben in Unsicherheit und Prekarität bei ungewissen Zukunftsperspektiven einzurichten. Mit diesen Herabstufungsprozessen sind häufig armutsnahe Lebenslagen als Dauersituation und zeitweise Armutperioden verbunden.

Es spricht also einiges dafür, die wachsende Armut in Deutschland analytisch zu einem guten Teil als Globalisierungsarmut zu interpretieren, also als Folge einer veränderten ökonomischen Machtstruktur in globaler Perspektive. Diese Entwicklungen verbinden sich freilich in Deutschland in einer besonderen Weise mit auch sozialstaatlich strukturierten Benachteiligungen bestimmter Lebensformen (schwerpunktmäßig Alleinerziehende und sogenannte kinderreiche

Familien) und mit der anhaltenden Ungleichheit und Benachteiligung von Migranten (schwerpunktmäßig die Gruppe der sogenannten Gastarbeiter in Westdeutschland und ihrer Kinder).

Als ersten Aspekt könnte man also ansprechen, dass infolge globaler Entwicklung auch national Ungleichheit anwächst, im Sinne von einer Flexibilisierung und Prekarisierung die Lebenslagen von einigen gesellschaftlicher Gruppen, vor allem jenen, die bislang in der Epoche der Nachkriegszeit eher gegenläufig, nämlich integrativ, von der Wohlstandsentwicklung partizipiert hatten.

Diese Entwicklung bedeutet, dass infolge der Veränderungen des Arbeitsmarktes vor allem die weniger qualifizierten Tätigkeiten abnehmen, und die erwerbsbiografischen Perspektiven für die Un- und Angelernten sich rapide verdüstern, weil solche Tätigkeiten gegenwärtig günstiger global eingekauft werden können.

Damit zusammenhängend – dies wäre der zweiter Aspekt – verkomplizieren und erschweren sich die Prozesse der beruflichen Ausbildung und des Erwerbseintritts für die diejenigen Jugendlichen, die das allgemeinbildende Schulsystem ohne Zertifikate (Schulabschlüsse) bzw. ohne hinreichende Kompetenzen verlassen. Mit der veränderten Arbeitsmarktsituation hat sich ihre Chance verschlechtert, die Lebensphase Jugend durch einen dauerhaften Eintritt in das Erwerbsleben abzuschließen.

Zum dritten haben sich im Kontext der Bildungsexpansion die ungleichheits(re-)produzierenden Strukturen innerhalb des Bildungssystems verschärft, vor allem in den Relationen zwischen Förderschulen und Hauptschulen einerseits und den weiterführenden Schulen (Realschule und Gymnasium) andererseits. Diese veränderten Strukturen bewirken zugleich über verminderte Anerkennungsrelationen eine Identitätskrise oder -gefährdung benachteiligter Kinder und Jugendlicher.

Verbunden mit diesen Entwicklungen nehmen offensichtlich auch die sozialen Ungleichheiten zwischen Kindern beziehungsweise zwischen Familien zu, also Benachteiligungen in der Strukturierung der Lebenslagen und der Lebenschancen.

Vor diesem kurz skizzierten analytischen Hintergrund könnte man sagen, dass Kinderarmut eine Schnittmenge mehrerer gesellschaftlicher Entwicklungs- und Spaltungsprozesse darstellt und zwar zwischen Lebensformen mit Kindern (alleinerziehend mit und zu zweit mit vielen) und ohne Kindern, zwischen den unteren und höheren sozialen Schichten (Klassen) und zwischen Einheimischen und Zugewanderten.

2.2 Forschungsstand zu Kinderarmut in Deutschland

Armut von Kindern unterscheidet sich – kurz zusammengefasst – von der Armut von Erwachsenen dadurch, dass Armut sich auf zentrale Bereiche des Kinderlebens (Wohnung, Ernährung, Bekleidung; soziale Kontakte, Lern- und Erfahrungsmöglichkeiten, Aneignung usw.) auswirkt und von Kindern anders wahrgenommen wird als von Erwachsenen, vor allem aber unterscheidet sie sich durch die Auswirkungen auf die Lebenschancen und Lebensperspektiven, auf die Persönlichkeitsentwicklung und die verminderten Unterstützungs- und Förderungsmöglichkeiten durch die Familie und das Umfeld mit allen Konsequenzen für die spätere Positionierung in der Gesellschaft.

Seit den 1990er Jahren sind in Deutschland eine Reihe von empirischen Kinderarmutsstudien entstanden, die sich zunächst vorwiegend auf einzelne Aspekte der kindlichen Armutslagen konzentriert haben. Herausgearbeitet wurden vor allem gesundheitliche Beeinträchtigungen bei armen Kindern, auch in Wechselwirkung mit einem armutsbedingten Gesundheits- und Ernährungsverhalten (Klocke/Hurrelmann 1995: 1998). Dabei wurden häufigere Erkrankungen der Atemwege sowie chronische Erkrankungen und allergische Reaktionen im Vergleich zu nichtarmen Kindern gefunden. Die höhere Krankheitsbelastung erscheint zudem häufig verbunden mit psychosomatischen Symptomen, die keiner körperlichen Ursache zuzuordnen waren, wie Bauchweh, Kopfweh, Schlafstörungen, motorischer Unruhe, Konzentrationsschwierigkeiten usw.

Ferner wurden negative Auswirkungen familialer Armut auf die Bildungs- und Schulleistungen der Kinder sowie die Schullaufbahn hinsichtlich der Schulnoten, der nach der Grundschule besuchten Schultypen der Sekundarstufe I, der Klassenwiederholungen usw. bei armen Kindern konstatiert (Mansel 1993; Lauterbach/Lange 1998; Lauterbach/Lange/Becker 2002).

Schon zuvor hatte Walper (1988) negative Folgen für die Selbsteinschätzung, das Selbstbild und das aktuelle Wohlbefinden von Kindern in Armutslagen vorgestellt, zu ähnlichen Ergebnissen kommt auch eine spätere Studie (Klocke 1996).

Der österreichische Kindersurvey kommt für sozial benachteiligte Kinder zu dem Ergebnis verminderter Gleichaltrigenkontakte sowie sozialer Kontakte insgesamt. Er stellt zudem Auswirkungen auf das Sozialverhalten und Problemverhalten bei sozial benachteiligten Kindern fest (Wilk/Bacher 1994: 55ff.; Bacher 1998).

Auch wurde der Zusammenhang von Armut und Kindesvernachlässigung aus sozialpädagogischer, psychologischer und sozialmedizinischer Perspektive im Zusammenhang mit den belastenden Auswirkungen auf die Eltern-Kind-Beziehungen diskutiert (Kürner/Nafroth 1994; Schone 1997; Klundt/Zeng 2002; vgl. auch Weiss 2000 für die Frühförderung).

Insgesamt haben die Studien der 1990er Jahre vor allem auf die multidimensionale Problematik der Armut von Kindern bzw. des Aufwachsens in benachteiligten Lebenslagen aufmerksam gemacht. Die kindliche Wahrnehmung und die kindliche Bewältigung sowie die besonderen Aktivitäten benachteiligter Kinder zur Gestaltung ihrer Lebenslage waren weniger erforscht. Auch wissen wir in Deutschland empirisch wenig über die Langzeitwirkungen benachteiligter familialer Lebenslagen auf die Persönlichkeitsentwicklung, die Bildungs- und Lebenschancen der Kinder.

Forschungsergebnisse zu Kinderarmut in Kurzfassung
- gesundheitliche Beeinträchtigungen als Auswirkungen von Armut auf die Gesundheit von Kindern (häufiger chronische Krankheiten), ferner infolge von armutsbedingtem Ernährungs- und Gesundheitsverhalten (Übergewicht und Untergewicht häufiger)
- die Auswirkungen auf die Bildungs- und Schulleistungen sowie die Schullaufbahn
- die Auswirkungen auf die Selbsteinschätzung, das Selbstbild
- und das Wohlbefinden von Kindern, insbesondere von Jugendlichen (Selbstwertgefühl, Selbstwirksamkeitsüberzeugung)
- häufigere psychosomatische Beeinträchtigungen (psychosomatische Beschwerden ohne somatischen Befund, vermutlich Belastungssymptome)

Neuere Studien nach 1998:
- Einschränkungen in den Grundbedürfnissen (Ernährung, Kleidung, Wohnung)
- Einschränkungen im Konsum, in der Kinderkultur und Freizeitgestaltung
- eingeschränkte räumliche Erfahrungsmöglichkeiten
- ungenügende Lernanreize
- Differenzwahrnehmungen und Ausgrenzungserfahrungen sowie
- Folgewirkungen für die kindliche Entwicklung: Persönlichkeit, Interessenförderung
- Auswirkungen auf das Sozial- und Problemverhalten sowie auf
- soziale Kontakte, dabei insbesondere Gleichaltrigenkontakte

2.3 Zentrale Forschungsergebnisse

Welche Auswirkungen hat Armut auf die Kinder? Die neuere deutsche Kinderarmutsforschung hat den generellen Perspektivenwechsel in der soziologischen Kindheitsforschung aufgegriffen und die Perspektive vom Kind als werdendes Wesen (als unfertiger Erwachsener) hin zum Kind als seiendes Wesen (also

Ernstnehmen der jetzigen aktuellen Kindheit und Fokus auf das aktuelle Kinderleben) aufgegriffen und nach der Bedeutung von Armut im aktuellen Kinderleben gefragt (sowohl aus der Wahrnehmung und der Sicht der Kinder selbst wie von der Bedeutung der einzelnen Lebenslagebereiche für Kinder ausgehend). Was von der Familienarmut kommt beim Kinde an? Hier zeigen sich in allen wichtigen Lebenslagebereichen deutliche Auswirkungen der Familienarmut:
- Materieller Spielraum (Kleidung, Wohnen, Nahrung, Partizipation u.a.)
- Sozial (Soziale Kompetenzen, Soziale Kontakte u.a.)
- Gesundheitlich (physisch und psychisch)
- Kulturell (kognitive Entwicklung, Sprache, Bildung, kulturelle Kompetenzen u.a)

Kinderarmut hat also starke Auswirkungen nicht nur auf das aktuelle Kinderleben, sondern auch Auswirkungen auf Entwicklungschancen und – verbunden damit – Auswirkungen auf die Sozialisation (Lebenschancen, Bildungschancen, Persönlichkeit, Bewältigungskompetenzen). Zentrale Forschungsergebnisse sind die
- Verengung des Sozial- und Erfahrungsraums der Kinder
- verminderte Möglichkeiten der Entwicklung von Interessen und Begabungen
- Einschränkung der Gleichaltrigenbeziehungen in Qualität und Zahl
- oft wenig förderliches Umfeld in Familie und Nachbarschaft
- benachteiligende Entwicklungsbedingungen in der Familie (materielle Not, Überforderung, familiäre Konflikte) und die
- oft fehlende Grundversorgung.

Gleichwohl bestehen gegenwirkende (positive Faktoren): im elterlicher Umgang mit Armut, den Bewältigungsstrategien, der Familienstruktur, den positiven Erziehungsstilen; der netzwerklichen Unterstützung, ggf. nur für Kinder, und z. T. der infrastrukturellen Unterstützung (Jugendhilfe, Schule, Freizeitangebote usw.). Diese Faktoren führen dazu, dass insgesamt gesagt werden muss: *Kinderarmut hat viele Gesichter.*

Die entscheidende Frage ist die nach der Langzeitwirkung von Armut für Kinder. Führt eine länger andauernde Armutsphase im Leben der Kinder unter Umständen dazu, dass die Benachteiligung der Eltern sozusagen auf die Kinder weitergegeben wird und es zu Herausbildung „sozial vererbter Armut" kommt, die dann wieder verbunden ist mit den bekannten Folgen
- soziale Ausgrenzung
- niedrigere Bildungsabschlüsse
- geringere soziale Entwicklungsmöglichkeiten

- hohes Risiko „sozialer Schließung"
- hohes Risiko „Arbeit und Armut"?

Droht also als Langzeitwirkung von Armut für Kinder die Weitergabe von benachteiligenden Strukturen der Ungleichheit?

Einflussfaktoren hinsichtlich der Kinderarmut
Im Wesentlichen handelt es sich um vier Ebenen: die gesellschaftlichen Rahmenbedingungen; lebensweltliche Faktoren der Unterstützung; dabei auch institutionelle Angebote und die Familie als Mediator.

Neben den makrogesellschaftlichen Einflüssen moderieren insbesondere lebensweltliche Faktoren wie soziale Netzwerke, Verfügbarkeit und Qualität institutioneller Angebote (von der Jugendhilfe bis hin zur Gesamtschule) sowie die Region und die Wirkungen familialer Armut auf Kinder. Dabei spielt die Familie eine zentrale Rolle, ihre Mediatorenfunktion (vgl. Walper 1999) ist vielfach beschrieben worden. Soziale Netzwerke und auch institutionelle Angebote und Hilfen erweisen sich als in der Lage, sowohl die Familien wie die Kinder, teilweise aber auch nur die Kinder (z.B. über Großeltern, leibliche Väter) zu stützen. Die Unterscheidung zwischen auf die Familie gerichteten oder nur auf das Kind gerichteten ausgleichenden und kompensatorischen, aber auch verschärfenden Faktoren, ist eines der wesentlichen Ergebnisse der neueren Forschungen. Zugespitzt gesprochen, haben wir Familien vorgefunden, denen es schlecht geht, in denen aber Kinder lebten – im Extremfall nur ein Kind von mehreren Geschwistern –, denen es gut geht. Solche Strukturen werden möglich durch die Modernisierung familiärer Lebensformen, aber auch durch institutionelle Angebote (vgl. Chassé/Zander/Rasch 2007).

2.4 Differenzierungen bei armen Kindern

Die empirische Forschung (Holz/Puhlmann 2005, Chassé/Zander/Rasch 2007) hat bei den untersuchten Kindern in Armutslebenslagen ein sehr breites Spektrum von Kinderleben und von Bewältigungsformen vorgefunden, das sich durch eine große Bandbreite zwischen zwei extremen Polen abbilden lässt. Einen Pol stellen die (wenigen) Kinder dar, die von der materiellen Notlage der Familie fast unbeeindruckt erscheinen und denen es gut geht. Den anderen Pol stellen die in fast allen kindlichen Lebenslagebereichen benachteiligten Kinder dar (multiple Deprivation). Dazwischen findet sich ein breites Mittelfeld von Kindern mit Benachteiligungen in einigen, aber jeweils unterschiedlichen Lebensbereichen. Diese Typisierung soll im Folgenden kurz beschrieben werden:

Typ 1: elterliche Armut – kindliche Kompensation

Eine sehr kleine Gruppe von Kindern bleibt von der materiellen Armutssituation anscheinend unbeeinträchtigt und es scheint ihr zu gelingen, die Entwicklungsaufgaben in den drei für das Grundschulalter relevanten Bereichen (Familie, Schule, Gleichaltrigenbeziehungen) förderlich zu bewältigen.

Charakteristika dieses Typs sind:
- Die Eltern haben meist berufliche Abstiegsprozesse hinnehmen müssen, die gegenwärtigen Aussichten bezüglich des ersten Arbeitsmarkts sind unklar; die Eltern verfügen aber über kulturelle und teilweise soziale Ressourcen (zum Teil sind die Ressourcen auch lediglich kindbezogen), und sie nehmen eine förderliche und unterstützende Haltung bei einem guten Familienklima gegenüber ihren Kindern ein;
- die Kinder leben zwar in einer armen Familie, ihnen stehen aber einige innerfamiliäre, vor allem aber wirksame außerfamiliäre (zum Teil lediglich auf das Kind bezogene) Möglichkeiten der Kompensation zur Verfügung;
- die Kinder sind deswegen subjektiv kaum belastet, verfügen über einen großen Aktionsraum, vielfältige Kontakte zu Erwachsenen und Gleichaltrigen und vielfältige Gestaltungsmöglichkeiten des Kinderlebens.

Typ 2: mehrfache Belastungen der Familie – stark und mehrfach benachteiligte Kinder

Die Kinder dieses Pols haben in allen Bereichen kindlicher Lebenslagen mit erheblichen Belastungen zu tun, sie müssen mit starken Defiziten in ihren Alltagsstrukturen zurechtkommen und sie weisen große Probleme bei der Bewältigung ihrer Entwicklungsaufgaben (Schule, Familie, Gleichaltrige) auf.

Charakteristika dieses Typs sind:
- die Eltern sind selbst mehrfach belastet (materielle Armut, langdauernde Armutsperioden, Arbeitslosigkeit, Schulden, Partnerschaftsprobleme, elterliche Streitigkeiten, schlechte berufsbiografische Perspektiven, Mietschulden usw.), sie sind von der Situation häufig überfordert, zum Teil finden sich Vernachlässigungsstrukturen in Bezug auf das Kind;
- die Kinder sind in allen wichtigen kindlichen Lebensbereichen stark benachteiligt und haben durchweg große Probleme in der Schule, in der Familie und mit Gleichaltrigenbeziehungen; sehr kleiner Aktionsradius, sehr kleine Kinderwelt, wenig soziale Kontakte, kaum Freunde, kaum Unterstützung, wenig oder kaum Motivierung und Anregung in der Familie;
- die Kinder erfahren durchweg wenig entwicklungsfördernde Strukturen in der Familie und insgesamt in der kindlichen Lebenswelt.

Typ 3: mehrfach differenziertes Mittelfeld mit unterschiedlichen Kombinationen in Struktur und Ausmaß der Benachteiligung
Zwischen den beiden extremen Polen der Typen 1 und 2 steht die Mehrzahl der Kinder. Bei ihnen liegen unterschiedliche Kombinationen von belastenden und förderlichen Strukturen in der Familie, in der familiären Lebenslage, im kindlichen Alltag sowie im Zusammenhang damit in der kindlichen Lebenslage vor. In ihren Bewältigungsstrukturen neigen die Kinder teilweise eher zum ersten und zum Teil auch eher zum zweiten Typus, zum Teil sind es auch eigene, kreative Bewältigungsmöglichkeiten.

Charakteristika dieses Typs sind:
- Die Eltern sind dem Typus von neuer verzeitlichter Armut zuzurechnen, obgleich auch ihre eigenen Perspektiven durchaus ungewiss sind. Sie verfügen mehr oder weniger über kulturelle und soziale Ressourcen, die eine Abmilderung und produktive Bewältigung der Armutssituation zum Teil ermöglichen;
- die Kinder profitieren von den Bewältigungs- und Gestaltungsleistungen der Eltern, z. B. in der aktiven Gestaltung der sozialen Unterstützungsnetzwerke durch die Eltern und von den elterlichen Ermöglichungsleistungen und ihrer Förderung der Kinder;
- diese elterlichen Bemühungen reichen oft nicht aus. Aber den Kindern gelingt es teilweise selbst, sich Kompensationsmöglichkeiten im weiteren Verwandtschaftskreis zu erschließen (Großeltern, Tanten, getrennt lebende leibliche Väter) oder institutionelle Gelegenheitsstrukturen zu nutzen (Ganztagsschule als kulturelle Aneignung und soziale Kontakte unterstützende Institutionen, kompensatorische Angebote der Kinder- und Jugendhilfe, die Benachteiligungen auszugleichen suchen); im günstigen Falle kann das
- zum kindbezogenen (von der Familie relativ unabhängigen) Aufbau eigener sozialer Netzwerke der Kinder führen; ferner können anerkennende Kontakte zu Gleichaltrigen die Kinder in ihrer Bewältigung stärken.

Zusammenfassend zeigt sich eine große Differenzialität und Variabilität der kindlichen Lebenslagen und Bewältigungsmöglichkeiten von Kindern aus Familien in materieller Armut. Für diese Bandbreite lassen sich aus der Perspektive der Kinder eine ganze Reihe von Faktoren ausmachen. In einer armen Familie zu leben, wirkt sich auf die Kinder unterschiedlich aus,
- weil sich die kindliche Lebenslage je nach den Bereichen von Armut und den familiären Strukturen von Belastungen und Ressourcen sehr unterschiedlich gestaltet,

- die familiäre Lebenslage, der familiäre Umgang mit der Lebenslage, das Familienklima sehr stark von den elterlichen Bewältigungsstrategien bestimmt sein können, so dass sehr Unterschiedliches bei den Kindern „ankommt",
- die Kinder die Auswirkungen je nach Bereichen, je nach den Kombinationen von Belastungen und Ressourcen, sehr unterschiedlich wahrnehmen, sehr unterschiedlich damit umgehen und sie unterschiedlich bewältigen.
- kindbezogene Ressourcen im Netzwerk oder in der sozialen Infrastruktur mobilisiert werden können und Armutsfolgen völlig oder teilweise kompensieren können.

Freilich: Die Möglichkeiten der Familie in Armutslebenslagen, auch bei positiven innerfamilialen Bewältigungsprozessen (Familienklima, Elternkindbeziehungen und Erziehungsstil) sind begrenzt, Kinder vor den Auswirkungen familialer Armut hinsichtlich des aktuellen Kinderlebens und der Lebenschancen abzuschirmen. Armut beeinträchtigt elementare „Funktionen" der Eltern hinsichtlich der Förderung grundlegend; hauptsächlich jene Funktionen, die sich auf den Umgang mit bzw. die kindliche Aneignung von kulturellem und sozialem Kapital (Weltaneignung, Kompetenzen) beziehen. Der elterliche Umgang mit Armut ist *nicht grundsätzlich* im Stande, Folgen für die Kinder gänzlich abzuwehren. Dies scheint nur dann möglich zu sein, wenn kindbezogene Netzwerke genau jene beeinträchtigten Elternfunktionen übernehmen können.

Nathalie (9 Jahre) sagt: Armut ist ...

„Wenn man nicht genug zum Anziehen kaufen kann.
Wenn man nicht so eine große Familie hat, nur 1 oder 2 Personen oder so.
Wenn man nicht unter einem Dach lebt.
Wenn man nicht genug zum Essen hat.
Wenn man keine Arbeitsstelle hat und kein Geld verdienen kann.
Wenn man kein warmes Bett hat.
Wenn man nicht genug Licht ins Haus bringen kann.
Wenn man keine Stifte hat zum Hausaufgaben machen.
Wenn man nicht einkaufen gehen kann.
Wenn man nichts in seiner Freizeit machen kann.
Wenn man keinen Fotoapparat hat, für Erinnerungen.
Wenn man etwas zur Schule mitbringen muss, ein Buch oder eine Kassette, und man das nicht hat..."

Drei Wünsche von Nathalie
- Sie möchte zaubern können.

- Dass alle am Leben bleiben, die sie kennt und alle leben, die gestorben sind.
- Den dritten Wunsch behält sie sich (vorsorglich) auf...

2.5 Abschließende jugendhilfepolitische Überlegungen

Im Folgenden sollen in der gebotenen Kürze einige wichtig erscheinende Konsequenzen für die Jugendhilfe angesprochen werden.

In den letzten Jahren hat die bundesrepublikanische Kinderarmutsforschung eine wichtige Vertiefung und Verbreiterung ihrer Erkenntnisse erreicht. Sie war immer auch verbunden mit dem Bestreben, Präventions- und Interventionsmaßnahmen zu entwickeln und die negativen Auswirkungen von Armut sowohl auf das kindliche Wohlbefinden wie auch auf seine Entwicklungsmöglichkeiten zu vermindern oder gar zu vermeiden. Deutlich geworden ist dabei, dass bereits im Vorschul- und Grundschulalter wichtige Weichen gestellt werden.

Die Diskussion um die PISA Studien 2000 und 2003 und die Ergebnisse der jüngeren Kinderarmutsforschung haben die Bedeutung von (eingeschränkten) Bildungs- und Aneignungsprozessen für die aktuelle Entwicklung von Kindern im Vorschul- und Schulalter und hinsichtlich ihrer Lebensperspektiven deutlich gemacht. Die Benachteiligung der Kinder besteht nicht nur in materieller Hinsicht, sondern es sind die beschränkten Zugänge zu kulturellen Ressourcen und Einschränkungen in den sozialen Kontakten, die das aktuelle Kinderleben im Alltag prägen und die die Jugendhilfe mit ihren Angeboten aufgreifen muss. Vorschulische, schulische und außerschulische Bildungsmöglichkeiten sowie Interessenförderung und die Anregung und Unterstützung zu Kontakten mit Gleichaltrigen, die Beteiligung der Kinder an Entscheidungen, die alle ihre lebensweltlichen Bereiche betreffen, sollten im Repertoire der Jugendhilfe größeren Stellenwert erlangen. Dies gilt vor allem auch innerhalb der sogenannten Einzelfallhilfe für die eher kindzentrierten Formen der Hilfen zur Erziehung, aber auch in der offenen Arbeit.

Was Soziale Arbeit bzw. Jugendhilfe tun kann, lässt sich hier nicht angemessen erörtern. Einige Hinweise müssen genügen. Aus den angeführten Gründen ist im Bereich der Sozialisation bzw. Bildung derzeit sehr viel in Bewegung und auch in der Diskussion. Soziale Arbeit wird sich in den einschlägigen Entwicklungen von der Frühförderung, der stärker auf Bildung und Förderung auszurichtenden Tagesbetreuung, der Zusammenarbeit von Schule und Jugendhilfe, bis hin zu Ganztagsschule, Ganztagsbildung, lokalen Bildungslandschaften, Gestaltung des Lebensumfelds und den kindlichen Sozialraumbezug im Rahmen von Gemeinwesenarbeit einbringen und die Entwicklungen zu gestalten suchen müssen. Auch das Konzept der sozialpädagogischen Ganztagsbildung, d.h.

Ganztagsschule (nicht als Verlängerung der bisherigen Schule auf den gesamten Tag) kann als Chance der Verbindung von Bildungspolitik und Sozialpolitik gesehen werden. Hier würde konzeptuell durch stärkere Förderung im Bereich der Bildung i.w.S. die soziale Ungleichheit vermindert und so die „soziale Vererbung" von Benachteiligungen durchbrochen.

Insgesamt kann man sagen, dass hinsichtlich der Kinderarmut die Strukturen und Maßnahmen der Jugendhilfe neu auszubalancieren sind. Die Frage des „wie" ist offen.

Fragen zur Vertiefung
- Welche Problemlagen kennzeichnen Kinderarmut?
- Wie stellt sich der Zusammenhang von familiärer und kindlicher Lebenslage dar?
- In welchem Zusammenhang steht Kinderarmut mit der ökonomischen Entwicklung der Gesellschaft?
- Diskutieren Sie die Probleme einer familienbezogenen versus einer kindbezogenen Armutsprävention!

Literatur zur Vertiefung
- Butterwegge, Christoph/Holm, Karin/Zander, Margherita 2003: Armut und Kindheit. Ein regionaler, nationaler und internationaler Vergleich. Opladen/Wiesbaden.
- Zander, Margherita: Kindliche Bewältigungsstrategien von Armut im Grundschulalter. Ein Forschungsbericht. In: Zander, Margherita (Hrsg.) 2005: Kinderarmut. Einführendes Handbuch für Forschung und soziale Praxis. Wiesbaden: 110-141.

3 Zum Moralisierungsdiskurs über soziale Ungleichheit und Unterschichten

Originaltext aus: *Lessenich, Stephan/Nullmeier, Frank 2006: Einleitung: Deutschland zwischen Einheit und Spaltung. In: dies. (Hrsg.): Deutschland. Eine gespaltene Gesellschaft. Frankfurt/N.Y.; zugleich Bonn (Bundeszentrale für politische Bildung)*

„War es hierzulande lange Zeit geradezu ein Tabu, Ausdruck von *political correctness*, keine potenziell negativ klingenden Urteile über ‚die Unterschichten' zu äußern, so ist dieser Bann nunmehr gebrochen.

> Auf die vor allem medial transportierte Botschaft einer eigenständigen (sub)kulturellen Entwicklung der Schlechterverdienenden, die – so das Bild – selbstbewusst ihre Differenz inszenieren und ihre unterprivilegierte Stellung in einen eigenen *Trash*-Stil überführen, folgte seitens der etablierten Mittelschichten die offene Distanzierung und offensive Pädagogisierung. Die kulturelle Minderwertigkeit der Unterschichten und ihrer Medien, die Unfähigkeit oder Unwilligkeit zur Eigenverantwortung, zu eigener Anstrengung, Mühe und Langfristorientierung, die Mentalität der Ausnutzung sozialstaatlicher Sicherungssysteme wurden nun nicht mehr allein von wirtschaftsliberalen Kommentatoren in die Debatte eingeführt, sondern sind Gegenstand alltäglicher Selbstverständigung und wechselseitiger (An-)Erkennung unter jenen, die sich selbst zur Mittelschicht zählen und zählen lassen wollen. Man unterscheidet wieder stärker nach sozialen Gruppen und scheut neben der Kategorisierung auch nicht vor – im Zweifel pauschalen – Bewertungen zurück." (Lessenich/Nullmeier 2006: 23f.)

Im ersten Kapitel dieses Buchs ist deutlich geworden, dass mit sozialstrukturellen Ungleichheiten immer auch zugleich Deutungen sozialer Ungleichheit einhergehen. Diese Deutungen können theoretische, wissenschaftliche, ideologische sein, und insofern um Akzeptanz unter Wissenschaftlern, in der Öffentlichkeit, in den Medien konkurrieren. Wenn sie – wie Lessenich und Nullmeier im obigen Zitat konstatieren – in den Alltag eindringen und die Interaktion zwischen verschiedenen sozialen Gruppen prägen, müssen Veränderungen des Sozialen geschehen sein und geschehen, die solche neuen Deutungen oder die Auseinandersetzung damit für bestimmte gesellschaftliche Gruppen notwendig, sinnvoll und inhaltlich bedeutsam machen.

Pierre Bourdieu spricht in diesem Zusammenhang vom „alltäglichen Klassenkampf" und spricht damit die lebensweltlichen alltäglichen Abgrenzungen sowohl nach oben wie nach unten in der Gesellschaft an.

In seiner Sicht sind die (in sich beweglichen) Positionen, die Menschen im sozialen Raum moderner Gesellschaften einnehmen, durch zwei aufeinander verwiesene Prozesse bestimmbar. Einerseits wird die Rangstufung oder die Hierarchie sozialer Positionen ausgehandelt durch die jeweilige Ausstattung mit ökonomischem, kulturellem und sozialem Kapital. Andererseits liegen solche Positionen in Rangordnungen nicht „objektiv" vor, sondern werden im Rahmen gesellschaftlicher Auseinandersetzungen um soziale Anerkennung zwischen Gruppen erst erzeugt, angehäuft, übertragen oder auch verwehrt. Die im Zuge solcher Anerkennungskämpfe genutzten Mittel nennt er das „symbolische Kapital", und erst die im Fluss solcher Auseinandersetzungen um Bewertungen entstehende Hierarchie von „den Gruppen und Individuen zuerkannten Werten"

(Bourdieu 1992: 149) begründet die symbolische Ordnung einer Gesellschaft. Das Klassifikationssystem ist grundsätzlich relational organisiert, d. h. die symbolischen Zuschreibungen lassen sich nur wechselseitig bestimmen. Wer z. B. jemanden als faul und arbeitsscheu kennzeichnet, möchte sich selbst als fleißig, strebsam und arbeitsam wahrgenommen wissen, und/oder auch – in der Regel – sich selbst so wahrnehmen. An diesem Gedanken erscheint in unserem Zusammenhang dreierlei bedeutsam:
1. die Sozialstruktur der Gesellschaft bildet keineswegs nur eine Verteilung materieller Güter ab, sondern auch der Ausstattung mit kulturellem Kapital, und
2. mit der Sozialstruktur ist ein System von sozialen Bewertungen (symbolisches Kapital) verbunden, das seinerseits zurückwirkt auf die gesellschaftlichen Aneignungs- und Positionierungsprozesse und -chancen in der Gesellschaft.
3. Die Bewertungen sind relational zu interpretieren, sie bewerten und positionieren zugleich den Bewerter wie sie ein komplementäres Urteil über den Bewerteten treffen.

Am Beispiel der modernen Erwerbsarbeit, wie sie sich sozialhistorisch durchgesetzt hat, lassen sich zwei wichtige Aspekte deutlich machen. Einmal setzen institutionelle Regelungen und Klassifikationen (Definitionen) davon, was Arbeit und was – legitime und illegitime – Nicht-Arbeit sei, eine bestimmte Form von Arbeit, die lohnabhängige Erwerbstätigkeit durch. Zivilgesellschaftliche Tätigkeiten, Mithilfe im Familienbetrieb oder Haushaltsführung und Kindererziehung durch die Frauen gelten nicht als Arbeit und werden abgewertet. Sozialpolitisch müssen Ausnahmen von der verallgemeinerten Arbeitsverpflichtung definiert werden, z. B. für die Sozialhilfe oder die Rentenversicherung, die etwa Kinderbetreuung als legitime Ausnahme konstruieren. Die damit gesetzten Regelungen müssen aber zweitens von den Individuen übernommen, geteilt und gelebt werden. Legitime Ausnahmen können Krankheit, Alter sein; für Frauen galt lange Zeit die Nicht-Verpflichtung zur Erwerbsarbeit wegen Kinderbetreuung und Haushaltsführung, dies war Teil des Normalarbeitsverhältnisses der Nachkriegszeit. Die Theorie des *doing gender* hat eindrücklich gezeigt, dass die Zuteilung der Attribute weiblich oder männlich an Verhaltensweisen oder Dinge sozial konstruiert ist, und dass deren Eigenarten sich nicht unmittelbar aus der sozialen Position der Frauen herleiten lassen. Ein anderes Beispiel wäre die Kooperation von Unternehmen und Gewerkschaften, kennzeichnend für die Nachkriegszeit: ob dies Verhältnis als Klassenkampf oder als Sozialpartnerschaft begriffen wird, legt ganz unterschiedliche Verhaltensweisen nahe und beeinflusst die Entwicklung des Verhältnisses.

Die Gießener Soziologen Neckel und Sutterlüty schließen in einem Aufsatz über „Negative Klassifikationen" (2005) an Bourdieus Argumentation an und arbeiten verschiedene Formen solcher Klassifikationen (oder Zuschreibungen) heraus. In der modernen Gesellschaft, in der soziale Wertschätzung oder auch Missachtung nicht nach (asymmetrischen) Mustern ständischer Privilegien (Ritter, Leibeigener, Armer) vergeben werden, sind soziale Bewertungen mit der Entwicklung und auch den Verwerfungen in der Sozialstruktur auf das Engste verknüpft:

1. Der Zugang zu materiellen Ressourcen und verwertbarem Wissen bestimme die jeweilige Ausstattung mit ökonomischem und kulturellem Kapital. Die Rangordnungen in der Gesellschaft ergeben sich aber nicht allein aus sich selbst, sondern entwickeln sich im Kontext gesellschaftlicher Bewertungskämpfe,
2. in denen das symbolische Kapital sozialer Anerkennung erzeugt, verwehrt, angehäuft oder transferiert wird. Daraus entsteht
3. eine Hierarchie der den Individuen und Gruppen zuerkannten Werte, und dies begründet die symbolische Ordnung der Gesellschaft, die sich nach der Logik des differentiellen Abstands (Bourdieu 1992: 148) formt.

In der Sozialstruktur einer Gesellschaft, vor allem in den Abstufungen von Geltung und Anerkennung, spiegelt sich mithin nicht nur die Verteilungsordnung materieller Güter wider, sondern ein gesellschaftliches System von Klassifikationen, das seinerseits wiederum Rückwirkungen auf die materiellen und kulturellen Aneignungschancen sozialer Gruppen hat.

Neckel und Sutterlüty unterscheiden zwischen positiven und negativen Klassifikationen. Positive Klassifikationen, wie z. B. die Wertschätzung der Erwerbsarbeit, sind immer zugleich mit negativen Klassifikationen verknüpft, weil sie Formen der Nicht-Arbeit mit abwertenden Urteilen belegen (z.B. Arbeitslosigkeit). Negative Klassifikationen sind die diskriminierenden Aspekte der symbolischen Ordnung sozialer Ungleichheit, also jene Bewertungsmuster, die einen restriktiven (negativen) Einfluss auf die materiellen und kulturellen Aneignungschancen von sozialen Gruppen haben.

Ein Beispiel aus der Geschichte der modernen Gesellschaft ist die Verknüpfung von Arbeit und Nichtarbeit mit normativen Wertungen. So wird z.B. Erwerbsarbeit positiv gesehen, Hausarbeit dagegen abgewertet. Entsprechend avanciert Arbeitslosigkeit zum sozialen Problem. Institutionen prägen und bearbeiten solche Klassifikationen (Rentenversicherung, Arbeitslosenversicherung, Sozialhilfe usw.).

Auch mediale und politische Wirklichkeitskonstruktionen und Deutungsangebote tragen dazu bei. Unterhalb dieser Foren finde die Aushandlung von Anerkennung und Missachtung vor allem in den lebensweltlichen Bezügen sozialer Gruppen statt und hängt natürlich von der Entwicklung der Sozialstruktur ab, ohne davon eindeutig determiniert zu sein.

Bourdieus Begriff der symbolischen Macht arbeitet heraus, dass die Durchsetzung einer Weltsicht von der Anerkennung anderer abhängig ist und dies bedeutet eine relative Autonomie des symbolischen Kapitals gegenüber anderen Kapitalsorten. Der Bereich des Symbolischen ist also nie gesichert oder eindeutig und deswegen in besonderer Weise offen für Auseinandersetzungen zwischen sozialen Gruppen. Selbstverständlich spielen dabei Gruppeninteressen eine Rolle, und dabei kann es sich um die zweckrationale Verfolgung von Interessen oder auch um normenorientierte Kämpfe um Anerkennung handeln.

Neckel/Sutterlüty unterscheiden innerhalb der „Ideologien der Ungleichwertigkeit" graduelle und kategoriale Klassifikationen (Neckel/Sutterlüty 2005: 414ff.).

Bei graduellen Klassifikationen werden Personen bzw. Gruppen unter dem Gesichtspunkt von quantitativen Differenzen beurteilt. Die Struktur dieser Bewertungen ist ordinal: die wahrgenommenen Merkmale werden nach den Kriterien von größer/kleiner oder mehr/weniger eingeschätzt und dann in eine Rangfolge gebracht. Die Abstufungen, die sich ergeben, lassen sich als Punkte oder Stufen in einem Kontinuum interpretieren. Negative Klassifikationen mit einer graduellen Semantik sind also zwar vertikal und hierarchisch, d.h. sie benennen Unterschiede nicht nur, also z.B. weniger oder mehr von etwas zu haben, sondern schließen auch die Beurteilung eines besser oder schlechter ein. „Die Logik der Differenz aber, die durch sie symbolisch zum Ausdruck kommt, ist über alle Rangstufen hinweg ‚konjunktiv' organisiert, weil sie auf der Annahme intersubjektiv geteilter Erfahrungsräume und gemeinsamer Eigenschaften beruht" (Neckel/Sutterlüty 2005: 414). Solche Bewertungen beziehen sich in der Regel auf oder lehnen sich an erworbene Merkmale wie Einkommen, Bildung und beruflicher Status an, da diese Merkmale in sich veränderlich und in ihrer sozialen Wertigkeit verhandelbar seien.

Kategoriale Klassifikationen dagegen fällen über Personen und Gruppen qualitative Urteile der Andersartigkeit. Die Bewertungen sind nominal strukturiert: Wahrgenommene Merkmale werden nach dem Maßstab von gleich/ungleich oder ähnlich/verschieden sortiert. So kommt keine Rangfolge zu Stande, sondern es entsteht ein Nebeneinander sich wechselseitig ausschließender Kategorien. Im Unterschied zu graduellen Klassifikationen werden hier keine Gemeinsamkeiten vorausgesetzt. Die Logik der Unterscheidung ist „disjunktiv", in der Regel gelten die Unterschiede als unveränderlich und feststehend. Solche Unterscheidungen machen sich vor allem an Merkmalen wie dem Geschlecht, der ethnischen Zugehörigkeiten oder der Religion fest. Oft werden die Unterschiede biologisiert und damit natürliche Faktoren für die Entstehung und das Weiterbestehen von Ungleichheiten verantwortlich gemacht (etwa die Frauen, die Schwulen, die Juden, die Schwarzen usw.). Im Unterschied zu graduellen Klassifikationen wird dadurch die soziale Verpflichtung einer Begründung entbehrlich, auch besteht keine Notwendigkeit einer Veränderung der Benachteiligungssituation. Da eine Gemeinsamkeit nicht eingeschlossen ist, bieten sich ausschließende kategoriale Semantiken dazu an, dass soziale Gemeinschaften die Ungleichheit von vermeintlich niedrigeren Akteuren als deren Ungleichwertigkeit interpretieren. Meist sind es zugeschriebene Merkmale wie Ethnizität, Religion, Geschlecht, die hier eine Rolle spielen.

Negative Klassifikationen mit graduellen Unterscheidungen nehmen schwächere Gruppen zwar als unterlegen, aber nicht als minderwertig wahr, und sie räumen ihnen auch grundsätzlich die Möglichkeit und die Fähigkeit zur Veränderung ein. Das ist bei kategorialen Zuschreibungen grundsätzlich ausgeschlossen. Denn negative Klassifikationen mit einer kategorialen Semantik werten demgegenüber bestimmte Gruppen oder Personen aufgrund der Zuschreibung unveränderlicher Zustände und essentialistisch (als wesenszugehörig, also unveränderlich) gedeuteter Eigenschaften ab. Sie beruhen auf Vorstellungen einer nach der Logik von Innen-Außen oder Zugehörigkeit-Nichtzugehörigkeit strukturierten Gesellschaft. Schwächeren Gruppen wird dann bereits die Anerkennung verwehrt, gleiche Lebenschancen überhaupt beanspruchen zu können. Solche Konstruktionen rechtfertigen die Missachtung und das Nichtgeltenlassen von Bedürfnissen und Ansprüchen mancher Gruppen und Personen dadurch, dass sie sich mit dem Urteil verbinden, jene verdienten die Anerkennung und Wertschätzung nicht.

Bourdieu hebt hervor, dass alle symbolischen Kämpfe um die ordinale Rangordnung eines Kontrastbildes kultureller Unwürdigkeit bedürfen. Symbolische Auseinandersetzungen um Rangstufen treiben immer jene davon Ausgeschlossenen hervor, die die Basis aller Distinktionen bereitstellen.

Neckel und Sutterlüty schränken ein, dass die Unterscheidung zwischen graduellen und kategorialen Klassifikationen grundsätzlich nur als eine analytische zu verstehen sei. In der Praxis, in den Handlungen der Menschen und in deren Gebrauchsweisen negativer Klassifikationen fänden sich vielfältige Übergänge zwischen den beiden Semantiken; in der sozialen Praxis werden sie auf vielfältige Weise miteinander verwoben (z.B. der Gebrauch von Intelligenzquotienten in Bezug auf Rassen).

Freilich weisen sie auf die Intensivierung von Ungleichheitssemantiken in der gegenwärtigen gesellschaftlichen Situation hin, in der die Entwicklung der Sozialstruktur ihnen „maßgeblich durch Polarisierungen" (a.a.O., 417) bestimmt erscheint. Weil das Verhältnis „zwischen Sozialstruktur und ihrer Deutung" nicht einseitig verstanden werden kann, sind einige der neuen Deutungen besonders wichtig. Denn nicht nur machen sozialstrukturelle Entwicklungen Veränderungen der „symbolischen Ordnung sozialer Ungleichheit" (a.a.O.) nötig. Deutungen haben ihrerseits Einfluss auf die Genese, die Aufrechterhaltung und die Veränderungen von Ungleichheiten.

In den sozialwissenschaftlichen Zeitdiagnosen werden Interpretationsmuster deutlich, die mehr und mehr einer schlichten binären Deutung folgen, nach der bestimmte Gruppen, die nun nur noch vor der binären Folie als Gewinner und Verlierer der gesellschaftlichen Entwicklung interpretiert werden, einer enormen Deutungsverschiebung unterliegen. Es werden Menschen mit geringem Einkommen, die bislang mit einem „gewissen Respekt" behandelt wurden, „nunmehr als moralisch, geistig und emotional unzulänglich stigmatisiert" (a.a.O.: 418f.). Diese „Moralisierung sozialer Ungleichheit" von oben nach unten habe inzwischen auch Einzug in das Alltagsbewusstsein gehalten und werde teilweise von den betroffenen Gruppen selbstzuschreibend übernommen.

Diese Veränderungen von Deutungen hatte bereits Robert Castel in seiner Analyse der Lohnarbeit angesprochen. Er hat in Bezug auf das Problem der Exklusion eine Zone der Entkoppelung (desaffiliation) benannt, die durch die Veränderungen der Erwerbsarbeit entstanden ist und sich derzeit stark vergrößert. Sie ist gekennzeichnet durch einen Platzmangel in der Sozialstruktur, also das Überzähligwerden bestimmter Tätigkeiten, vor allem weniger qualifizierter. Gedeutet werden die „Überzähligen", die dieser Zone zuzuordnen sind, als Verlierer. Sie gelten zugleich als die nicht kompetenten, die Unbeweglichen und von der Teilnahme ausgeschlossenen. Claus Offe hatte dies schon zuvor zugespitzt: In Bezug auf die veränderten Gefährdungen müsse von einer neuen Unterklasse gesprochen werden, „der gegenüber Standards der Zivilität zwar nicht insgesamt suspendiert, aber doch prekär und vielfach durchlöchert sind" (Offe 1996: 275). Das war lange vor Hartz IV. Unter Hartz IV kann das sich so anhören:

> Originaltext aus: *Heinz Bude 2004: Das Phänomen der Exklusion. Der Widerstreit zwischen gesellschaftlicher Erfahrung und soziologischer Rekonstruktion. In: Mittelweg 36, H. 4: 3-15*
> Die Unterschicht „legt ein rein instrumentelles Verhältnis zur gesellschaftlichen Allgemeinheit an den Tag". Ihre Mitglieder „stellen eine Gefahr für alle dar: sie verzehren die Grundlagen des Wohlfahrtsstaates, bilden eine unerreichbare Parallelwelt und fungieren als unberechenbarer Resonanzboden für populistische Bestrebungen." (Bude 2004: 5)

Neckel und Sutterlüty verweisen auf einige neue Felder von Ungleichheiten und Gefährdungen (der bisherigen Lebensweise), an denen sich kategoriale Deutungen zunehmend häufiger festmachen.

Eine schon länger anhaltende Entwicklung stelle der Verlust des Ansehens schwerer und oft un- oder angelernter körperlicher Arbeit dar. Durch die Aufstiege der Arbeiter in der Nachkriegszeit zu höheren Qualifikationen und Berufspositionen ist die Grenze der Respektabilität nach oben verschoben worden; die unteren Plätze wurden von den Arbeitsmigranten und in der Fließbandproduktion häufig von Frauen eingenommen. In Bezug auf körperlich Arbeitende spitzen Neckel und Sutterlüty diesen Wandel des kulturellen Klimas zu: heute könne „eine konventionelle, ‚rechtschaffene' und arbeitsreiche Lebensführung sozialer Gruppen kaum noch als verlässliche Quelle sozialer Anerkennung" dienen (420). So wurde der deutsche ungelernte Arbeiter dadurch tendenziell zum individuellen Versager.

Generell nehmen die Anforderungen an Flexibilität, Mobilität und Mehrberuflichkeit zu und führen tendenziell zu einer Abwertung bisher hochgeschätzter traditionaler Bindungen, wie dem Festhalten am Beruf, der lokalen Einbindung und Verwurzelung in räumlich eng begrenzten Beziehungen. Der flexible Kapitalismus, der den Akteuren permanente Ungewissheiten zumutet und sie einer längerfristigen Lebensplanung beraubt, geht mit einer kulturellen Orientierung einher, die Unabhängigkeit und Autonomie belohnt (Sennett 1998). Damit ist eine Abwertung bisher normaler Lebensläufe und Biografien verbunden.

Auch in Castels mittlerer Zone, dem Bereich der Verletzlichkeit oder Vulnerabilität, nehmen Druck und Unsicherheit der Arbeit zu und führen zur Bedrohung durch sozialen Abstieg. Auch hier sehen sich die betroffenen Personen und Gruppen zunehmend mit einer moralischen Anforderung des (flexiblen) Mithaltens konfrontiert, die mit der Semantik von Gewinnern und Verlierern verbunden ist. Das Nicht-Mithalten (können) wird auf die Willigkeit und die Einstellungen zurückgeführt. Diese Formen der Moralisierung sozialer Ungleichheit nehmen zu.

Eine entscheidende Grundlage der Gewinner-Verlierer-Semantik ist die Idee der Eigenverantwortung, die verabsolutiert wird. Es handelt sich dabei um einen neuen Fundamentalismus, der keine sozialen Umstände (Lebenslagen,biografien, ungleiche Verteilung von Gütern und Lebenschancen usw.) gelten lässt. Einmal rechtfertigt er es, Benachteiligte ihrem Schicksal zu überlassen. Das verbindet sich mit ihrer Abwertung und auch mit der Neigung, sie moralisch abzustrafen.

In Bezug auf die neuen Formen der Arbeitslosigkeit seit den 1990er Jahren, auf die Kronauer/Vogel/Gerlach 1993 aufmerksam gemacht haben, kann man dies deutlich machen. Eine bestimmte Gruppe von Arbeitslosen hat keine Aussichten, in die reguläre Erwerbsarbeit zurückzukehren und ist von den kumulativen Effekten sozialer Ausgrenzung, der ökonomischen, sozialen und kulturellen Marginalisierung betroffen. Sie, aber auch die Arbeitslosen generell, sehen sich immer wieder konfrontiert mit moralischen Deutungen wie dem

Missbrauchsverdacht von Sozialleistungen, faulenzenden Arbeitslosen, dem Ausruhen auf der sozialen Hängematte usw.

Neckel und Sutterlüty kommen zu dem Ergebnis, dass sich durch die Vertiefung von Ungleichheiten in den letzten beiden Jahrzehnten vermehrt agonale Formen der wechselseitigen Wahrnehmung verschiedener sozialer Gruppen entwickelt haben (Armut, Arbeitslosigkeit, verwundbare Lebensformen).

Relativierend muss bedacht werden, dass Ungleichheitssemantiken von Ungleichheitspragmatiken zu unterscheiden sind. Mit anderen Worten müssen den kommunizierten Symboliken nicht unbedingt auch die Praktiken entsprechen. Worte sind (noch) keine Taten.

Konflikte sind der Normalzustand und das Wandlungsmoment moderner multiethnischer Gesellschaften. Nicht der Konsens, sondern gemeinsam durchgestandene Konflikte tragen am stärksten zur sozialen Integration bei. Die symbolische Ordnung sozialer Ungleichheit ist in modernen Gesellschaften stets umkämpft, so dass die soziale Integration heterogener Gruppen prozesshaft verläuft, von Dauerkonflikten begleitet und mit neuen Gefährdungen konfrontiert ist.

Die jeweilige Perspektive auf soziale Ungleichheit hat den sehr konkreten Effekt, Zugangsmöglichkeiten von Gruppen oder Akteuren zu materiellen, kulturellen und sozialen Gütern zu öffnen, oder auch zu verschließen. Es macht einen großen Unterschied, ob Armut mit Klassifikationen verbunden wird, die Solidarität mobilisieren, oder mit solchen, die zum Anlass von Diffamierungen werden (Neckel/Sutterlüty 2005: 410). Im einen Falle zeigt man etwa das Elend von Verhältnissen auf, im anderen werden Arme als faule Menschen beschrieben. Materielle und symbolische Aspekte (Klasse und Klassifikationen) sind miteinander verwoben (Neckel/Sutterlüty 2005).

Vor diesem Hintergrund lassen sich in Anlehnung an Ruth Levitas (1998) drei Formen der Deutung von sozialem Ausschluss unterscheiden. Diese differenzieren sich den Klassifikationen der Merkmale und in der Benennung dessen, was als der zentrale Mangel der Ausgeschlossenen angesehen wird.

1. Ein mit ordinaler Kategorisierung arbeitender Ansatz sieht soziale Exklusion vor allem als Effekt (oder extreme Form) von sozialer Ungleichheit. Der Ansatz verbindet diese Sicht mit einem solidarischen Bezug auf Bürgerstatus, soziale Rechte und soziale Gerechtigkeit. Der Mangel der Exkludierten besteht dann darin, dass ihnen materielle und symbolische Ressourcen vorenthalten werden (Einkommen, Arbeit, Geld, Anerkennung, Bürgerstatus, Gerechtigkeit).
2. Ein anderer Ansatz geht davon aus, dass es den Ausgeschlossenen primär an bezahlter Arbeit und den hierfür erforderlichen Fähigkeiten und Fertigkeiten

mangelt. Die Beseitigung dieses Mangels bildet die Basis für den sozialen Zusammenhalt (Integration) als Gegenbegriff zum Ausschluss. Weil die fehlenden Fähigkeiten die Ursache sind, muss – durch Fördern und Fordern – der aktivierende Staat dem abhelfen.
3. Ein weiterer Ansatz geht nicht von relationalen Analysen und redistributiven Ansätzen aus. Hier wird auf die persönlichen Werte und Verhaltensweisen der Ausgeschlossenen abgestellt, die sie aufgrund ihrer Abhängigkeit von wohlfahrtsstaatlichen Versorgungsleistungen erworben haben. Dies ist die Kategorie der Unterschicht.

Levitas fasst dies kurz so zusammen:

Erstens: Sie haben kein Geld.
Zweitens: Sie haben keine (bezahlte) Arbeit.
Drittens: Sie haben keine Moral (keine Kultur, falsche Lebensweise).

Wir greifen dies später noch einmal auf.

Fragen zur Vertiefung
- Welche Bedeutung hat das symbolische Kapital beim Kampf um Anerkennung?
- Zeigen Sie am Beispiel der Institution Sozialhilfe die symbolische Funktion!
- Diskutieren Sie Beispiele für ordinale und kategoriale Klassifikationen.

Literatur zur Vertiefung
- „Ungleichheitspragmatiken und soziale Integration". In: Neckel/Sutterlüty 2005: Negative Klasssifikationen. In: Heitmeyer, Wilhelm/Imbusch, Peter (Hrsg.): Integrationspotentiale einer modernen Gesellschaft, Wiesbaden. Kap. 4, S. 422-425.

4 Theoretischer Rahmen

4.1 Die Klassiker

Klassiker 1: Karl Marx (Mitte des 19. Jahrhunderts)
Im Folgenden sollen zwei im 19. Jahrhundert entstandene bedeutsame Theorien der Soziologie sehr kurz skizziert werden, die – selbstverständlich in modernisierter Form – Hintergrund für viele Ansätze der heutigen Soziologie darstellen. Karl Marx und Max Weber lassen sich als zentrale Bezugspunkte von Pierre Bourdieus Theorie verstehen, auf der dann Michael Vester wiederum aufbaut. Seine Milieuanalyse der Entwicklungen in den deutschen Milieus wird einen wichtigen Ausgangspunkt zum Verständnis der deutschen Unterschichtendebatte bilden. Die Darstellung hier ist notwendig verkürzt.

Einmal wird bei Marx und Weber die Bedeutung ökonomischer Strukturen für soziale Ungleichheit deutlich, aber auch werden die Formen der Lebensführung als eigenständige Faktoren dafür, wie sich Gruppen von Menschen voneinander abgrenzen, angesehen. Auch die Frage der Macht – welche Möglichkeiten bestehen, Bedürfnisse und Interessen in der Gesellschaft durchzusetzen – ist damit verbunden. Klassen sind keine Akteure, sondern Konstrukte (theoretische Interpretationen). Ferner: Aus Klassenlagen können unmittelbar weder Interessen noch Bewusstseinsinhalte abgeleitet werden. Das Bewusstsein der Menschen ist stets kulturell und subkulturell geformt, nicht ökonomisch determiniert (vgl. Giddens Konzept der Dualität der Strukturen 1988/1992). Man muss unterscheiden zwischen abstrakten Klassenverhältnissen als strukturtheoretischem Konzept und sozialer Klassenbildung als lebensweltlichem Phänomen.

Ziel der Marxschen Theorie stellt dar, die *Entwicklungsgesetze der menschlichen Gesellschaft* (und Geschichte) aufzuklären, insbesondere natürlich der bürgerlichen Gesellschaft. Den unterschiedlichen Epochen in der Geschichte – Sklavenhaltergesellschaft, Feudalordnung, Kapitalismus – entsprechen unterschiedliche *Produktivkräfte*: die Wissenschaft und die Anwendung wissenschaftlicher Erkenntnisse in der Produktion kennzeichnen die neue Gesellschaftsform. Die Produktionsverhältnisse meinen die Stellung der Menschen zu den Grundlagen der menschlichen Arbeit, das Privateigentum an Produktionsmitteln (Boden, Maschinen, Geldkapital) kennzeichnet die bürgerliche Gesellschaft; die Verfügung oder Nichtverfügung über Kapitalarten und Produktionsmittel machen die Klassen aus.

Zur Marxschen Erklärung sozialer Ungleichheit
Die Aussagen zur Struktur der Gesellschaft lassen sich kurz wie folgt umreißen:

1. Der Klassenbegriff hat eine *ökonomische* Basis, d.h. die soziale Position und die Lebenschancen eines Menschen – im Vergleich zu anderen Menschen – hängen von seiner Stellung im gesellschaftlichen Reproduktionsprozess ab.
2. Während sich die Besitzer von Produktionsmitteln (Unternehmen, Land, Boden) und Geldkapital in einer privilegierten Lage befinden (sie bestreiten ihren Lebensunterhalt und -stil aus einem Teil des Surplus), sind die Arbeiter (Erwerbstätigen; d.h. auch Angestellte) auf den Verkauf ihrer Arbeitskraft angewiesen und existentiell von der ökonomischen Entwicklung abhängig.
3. Gesellschaft, der soziale Zusammenhang zwischen den Menschen, stellt sich hauptsächlich durch *soziale Formen* wie die Ware, das Geld, das Kapital, den Markt her, die ihrem unmittelbaren Einfluss und auch ihrem Verständnis entzogen sind. Die gesellschaftliche Entwicklung geschieht grundsätzlich nach den Gesetzen des Marktes, d.h. einerseits planlos, andererseits zunächst rücksichtslos gegenüber der Natur und den Arbeitskräften (sofern sie nicht durch soziale Bewegungen wie die Arbeiterbewegung beeinflusst (Sozialpolitik) und durch den Staat reguliert wird). Weil der soziale Zusammenhang zwischen den Menschen sich *ohne Absicht, ohne Planung, ohne Ziel* herstellt, hat er (d.h. die Gesellschaft) einen Entfremdungs- und Fetischcharakter. *Kritik* bedeutet die Analyse nicht unmittelbar erfahrbarer und einsichtiger gesellschaftlicher Strukturen.
4. Die Machtkonzentration bei den verschiedenen Kapitalbesitzern führt zu einer Gesellschaftsordnung, in der letztlich ihre Interessen dominieren und ihre Vorstellungen (Ideologien) Verbreitung finden.
5. Die Gesellschaft gliedert sich in hauptsächlich drei große Klassen, die sich in ungleichen Lebenslagen befinden und deren Interessen grundlegend unterschiedlich sind. Die Menschen sind alle nicht frei in ihren Entscheidungen, sondern die Kapitalisten müssen sich „bei Strafe des Untergangs" an den Markt- und Finanzmarktstrukturen orientieren; die auf Erwerbsarbeit Angewiesenen müssen ihren Lebensunterhalt durch Zurverfügungstellen ihrer Arbeitskraft sichern, die Mittelklassen stehen (absteigend oder aufsteigend) dazwischen.
6. die ökonomische gesellschaftliche Entwicklung verläuft zyklisch und krisenhaft, die Krise ist der zentrale Mechanismus der gesellschaftlich-ökonomischen Entwicklung (Zwang zur Erhöhung der Profitabilität, Markt-Ungleichgewicht; der Regelmechanismus Krise führt zur Kapitalentwertung).

Zur Einschätzung: In der Soziologie wurde unter Hinweis auf die Entstehung neuer Mittelklassen (Gruppe der Angestellten, Ausweitung des Dienstleistungssektors), die soziale Mobilität und die allgemeine Wohlstandssteigerung sowie die Institutionalisierung der Klassenkonflikte (Tarifpartner, Staat) die aktuelle

Erklärungskraft der Theorie bezweifelt. Trotz dieser Kritikpunkte an Marx' Modell ist es in der Folgezeit immer wieder aufgenommen worden, Klassen spielen auch in der heutigen Diskussion eine bedeutsame Rolle, darauf wird zurückzukommen sein.

Würdigung: dies ist eine systematisch geschlossene Begründung für die Entstehung sozialer Ungleichheit. Mit Marx lassen sich noch heute bestimmte soziale Probleme und auch Ungleichheitsstrukturen erklären (etwa die Dominanz unternehmerischer Entscheidungen, Arbeitslosigkeit, Deregulierung, ungleiche Lebenschancen).

Was erklärt dieses Konzept? Objektive Ungleichheiten in der Abstufung der Teilhabe an Produktionsmitteln, gegensätzliche gesellschaftliche Interessen, Abstufungen innerhalb der Klassen, gesellschaftliche Krisen.

Was erklärt es nicht? Unterschiede in Bewusstsein, Lebensstil und Kultur zwischen Gruppen der Lohnabhängigen, Unterschiede im Status, Geschlechtsbenachteiligungen usw.

Der Determinismus (etwa die Aussage, menschliches Handeln folge vorgegebenen gesellschaftlichen Strukturen und sei dadurch bestimmt) bleibt jedoch bei Marx selbst offen, in der marxistisch-leninistischen Tradition wird er sehr stark betont.

Klassiker 2: Max Weber: Stand und Klasse, Mentalität
Etwa 50 Jahre nach Marx, im deutschen Kaiserreich, bezieht sich der Soziologe Max Weber auf einige der Marxschen Thesen und sagt, dass einige der in Marx' Klassentheorie verbundenen Erscheinungen keineswegs immer zusammentreffen müssten. So folge die Lebensweise und die Denkungsart (Ideologie), aber auch das Ansehen und die politische Aktivität bestimmter Bevölkerungskreise keineswegs zwangsläufig und auch nicht eindeutig ihrer Stellung im Produktionsprozess. Weber nimmt für seine Theorie die Unterscheidung von Klassen, Ständen und Parteien vor. Klassen, Stände und Parteien sind bei Weber drei prägende Dimensionen des Ungleichheitssystems einer Gesellschaft, die nicht aufeinander zu reduzieren sind.

Klassen sind bei Max Weber differenziert nach Erwerbsformen; es gibt Erwerbsklassen (Kapital, Arbeit, freie Berufe) und Besitzklassen (Grund- und Aktienbesitzer); er unterscheidet Arbeiterschaft, Kleinbürgertum, Intelligenz, Besitzprivilegierte.

Klassenbildung nach Max Weber bezieht sich vorrangig auf Maß und Art der Verfügungsgewalt (Kontrolle) über bestimmte Mittel des Lebensunterhalts. Klassenlagen sind die typischen Chancen der Güterversorgung, die Lebensstellung, des inneren Lebensschicksals, „welche aus Art und Maß der Verfügungsgewalt (oder des Fehlens solcher) über Güter und Leistungsqualifikationen und aus der gegebenen Art ihrer Verwertbarkeit über die Erzählung von Einkommen oder Einkünften innerhalb einer gegebenen Wirtschaftsordnung folgt" (Weber 1980: 531). Diese Mittel teilt er in 2 große Gruppen: Besitz und Erwerb. Besitz meint Güter und Qualifikationen; Erwerb zielt auf die „Verwertbarkeit" der beiden Besitztümer. Bei Besitzklassen wird die Klassenlage primär durch Besitzunterschiede bestimmt. Er erwähnt „Renten" (Grundrente [=Bodenrente, Landbesitz], Kapitalrente [= Aktien, Geldkapitalien]); den Gegenpol bilden Unfreie, Verschuldete und Arme.

Bei den Erwerbsklassen wird die Klassenlage primär durch die Verwertungschancen bestimmt (Unternehmer und Arbeiter, sowie Mittelstand). Für die Gesellschaft des Kaiserreichs unterscheidet er vier Hauptklassen, die Arbeiterschaft, das Kleinbürgertum, die Intelligenz (hochqualifizierte Angestellte und Beamte) sowie die über Besitz (Geld, Kapital, Land) Verfügenden. Die Klassen sind auch dadurch gekennzeichnet, dass Mobilität (gesellschaftlicher Aufstieg oder Abstieg) in der Regel nur innerhalb der Klassen und typischerweise nicht zwischen ihnen stattfindet.

Stände sind Gruppierungen von Menschen mit gemeinsamen Eigenschaften und Kennzeichen von Denken und Handeln (standeseigene Traditionen, Beschränkungen des gesellschaftlichen Verkehrs und der Heirat). Während Klassen in der Sphäre der Wirtschaft angesiedelt sind, bedeuten Stände eher eine soziale Ordnung im engeren Sinne. Es gibt Berufsstände (Kaufleute), Geburtsstände (Adel) und politische Stände (Honoratioren).

Stand wird bei Weber in Abgrenzung zum Klassenbegriff verwendet und bezieht sich hauptsächlich auf die kollektiven Elemente der Lebensführung: Der Unterschied zur Klasse besteht darin, dass eine „ständische Lage" die Einflüsse auf das Lebensschicksal von Menschen bezeichnet, welche „sich auf eine spezifische, positive oder negative, soziale Einschätzung der Ehre" zurückführen lassen (Weber 1980: 534f.). Der Stand beruht also auf Ehre, auf sozialem Prestige und drückt sich primär in einer bestimmten Lebensführung aus. Er unterscheidet zwischen bestimmten Arten von Ständen, wie z.B. Berufsständen (bestimmte Kaufleute; Ärzte, Anwälte), Geburtsständen (Adel) und politischen Ständen (Honoratioren). Ständische Ehre verlangt normalerweise einen spezifischen Stil der Lebensführung und setzt eine „soziale Schließung" voraus (Verhinderung des Übergangs anderer Personen in den Stand, z.B. durch Geburt als Adliger; durch Zugangsbeschränkungen bei der Berufswahl, z.B. Ärzte, Notare, und durch standesgemäße Heirat).

Stände und Klassen sind für Weber – im Unterschied zu Marx – eigenständige soziale Gebilde mit unterschiedlichen Strukturen: Klassen gründen in der Wirtschaft bzw. im Erwerbsleben, Stände gründen im Bereich des Prestiges und des Lebensstils, der Lebensführung. Bei aller grundsätzlichen Eigenständigkeit kön-

nen natürlich vielfache Verknüpfungen zwischen ständischen Lagen und Klassenlagen bestehen (so werden Wohlhabende zu Honoratioren, bestimmte Berufsgruppen erreichen durch Vorrechte eine bessere Marktposition usw.).
Parteien sind Gruppierungen, die Entscheidungsprozesse beeinflussen (Stadt, Gemeinde, Staat).

Parteien sind die dritte Hauptkomponente der gesellschaftlichen Ordnung bei Max Weber, er versteht darunter alle Gruppierungen von Menschen, die Entscheidungsprozesse im menschlichen Zusammenleben beeinflussen wollen, sie gehören also zur Sphäre der Macht. Parteien liegen dann vor, wo irgendeine Gruppierung den Versuch unternimmt, „Einfluss auf ein Gemeinschaftshandeln gleichviel welchen Inhalts" auszuüben (Weber 1980: 539). So kann es nach Weber Parteien geben „in einem geselligen Club" wie in einem „Staat". Parteien streben planmäßig auf Ziele hin; dazu gehört im Allgemeinen ein „Apparat von Personen", der bei der Durchsetzung der Ziele helfen soll. Ziele können sowohl „sachliche Ziele" (in der Durchsetzung eines „Programms ... ideeller oder materieller Zwecke") oder persönliche Ziele (in der Form von Pfründen, Macht und Ansehen) sein. Parteien können durch Klassenlagen oder ständische Lagen bedingte Interessen vertreten, doch sie müssen dies nicht. In der aktuellen Literatur ist strittig, ob die Sphäre der Partei gleichrangig neben Klasse und Stand steht. Hradil sieht sie autonom, weil sie neben der ökonomischen und sozialen die politische Dimension der sozialen Gliederung und Gleichheit in der Gesellschaft darstelle. Andere sehen bereits in den Klassen und den Ständen Phänomene der Machtverteilung, so dass man Macht nicht als eigenständige Dimension betrachten könne (z. B. Kreckel 1982: 620; Giddens 1979: 49). Das soll hier aber nicht vertieft werden. Wir kommen später auf diese Fragen zurück.

Interessant sind auch Webers Ausführungen zum Begriff der Herrschaft, auf die ebenfalls aktuell immer wieder Bezug genommen wird. Er unterscheidet zwischen einer autokratischen Herrschaft, die auf Zwang, und einer, die auf Einverständnis beruht. Ein Beispiel für das letztere Herrschaftsverhältnis sind die traditionellen Geschlechterrollen, etwa der Hausfrau und Mutter, die bis weit in die 1970er Jahre von den Frauen auch akzeptiert wurden. Auf seiten der Männer muss damit keine Strategie verbunden sein, sie profitieren gleichwohl.

Während Klassen bei Max Weber zur Sphäre der Ökonomie (Wirtschaft) gehören, bezeichnen Stände eine soziale Ordnung im engeren Sinne. Der Stand beruht auf der Ehre, auf sozialem Prestige und er drückt sich in einer bestimmten Lebensführung aus. Verknüpfungen zwischen Stand und Klasse sind möglich, doch betont Weber, dass es sich um zwei getrennte Prinzipien handelt. „Ständische Lage kann auf Klassenlage ... ruhen. Aber sie ist nicht durch sie allein bestimmt: Geld, Besitz und Unternehmerlage sind nicht schon an sich ständische Qualifikationen, obwohl sie dazu führen können." (Weber 1980: 180.)

Die Parteien als institutionalisierte Interessengruppen lassen sich, wie angesprochen, wohl kaum als dritte Dimension sozialer Schichtung oder sozialer Ungleichheit interpretieren, denn sowohl Klassen als auch Stände sind selber ja Erscheinungen der Machtverteilung. Gegenwärtig wird Webers Bedeutung meist darin gesehen, dass er die mehrdimensionalen Erklärungen für soziale Ungleichheit, die heute eine große Rolle spielen, begründet hat.

Zur Einschätzung
Spätere Analysen sozialer Ungleichheit beziehen sich auf die Weberschen Aussagen, dass Ungleichheit mehrdimensional zu sehen sei (z.B. Wohlstand, soziales Prestige, Macht, später Lebensstile). Aber Webers Typologie erklärt weniger, sie beschreibt eher. Auch fragt sich, ob seine Aussagen nicht sehr auf das Kaiserreich und diese Epoche begrenzt sind. Auswirkungen staatlicher Interventionen (Subventionen, Steuern, Sozialpolitik) für soziale Ungleichheit fehlen ebenso wie Differenzierungen im Ständebegriff, die soziokulturelle Milieus, Lebensstilgruppen, ethnische Kulturen usw. und ähnliche Unterschiede erfassen können.

Die Bedeutung dieser Theorie ist darin zu sehen, dass sie neben dem Eigentum andere zentrale Dimensionen sozialer Ungleichheit aufzeigt. Aber auch darauf richtet sich Kritik. Hradil vermisst die Klärung des Zusammenhangs zwischen objektiven und subjektiven, sozioökonomischen, kulturellen und politischen Phänomenen (1987: 64). Auch Giddens vermisst systematische Verknüpfungen zwischen den Sphären, also Ursachenklärung (1979: 95). Salomonisch kann man es so ausdrücken: Max Weber habe nicht so sehr das Ziel, „eine Theorie über Ursachen und Formen der Ungleichheit im sozialen Wandel (vorzulegen), sondern eher einen konzeptionellen Rahmen für deren multidimensionale Analyse." (Berger 1989: 336).

Fragen zur Vertiefung
- Begründen Sie den Unterschied von Klassen und Ständen.
- Was macht bei Marx den Begriff der Gesellschaft übermächtig und schwer entschlüsselbar?
- Erläutern Sie verschiedene Formen von Macht und Herrschaft.

Literatur zur Vertiefung
- Max Weber: Wirtschaft und Gesellschaft, Tübingen 1980: 177-180 „Stände und Klassen", 531-540 „Stände, Klassen und Parteien"..

5 Die Feldtheorie von Pierre Bourdieu

Max Weber hatte zu Beginn des 20. Jahrhunderts den Klassenbegriff differenziert und neben dem Besitz an den verschiedenen Formen von Kapital andere Faktoren – den Lebensstil und die Macht bei der Betrachtung der gesellschaftlichen Gliederung und der Ungleichheit eingeführt. Der französische Soziologe Pierre Bourdieu hat hier angeknüpft und sowohl die Klassentheorie in einer eigenständigen Form weitergeführt als auch Lebensstile bzw. Lebensführung als einen zentralen Bestandteil einer Gesellschaftstheorie integriert. Bourdieu entwirft ein Modell des sozialen Raums, dessen Dimensionen er keineswegs nur als Raum objektiver sozialer Positionen konstruiert. Bedeutsam ist hier vor allem die Ausweitung des Kapitalbegriffs. Bourdieus Typisierung berücksichtigt nicht nur ökonomisches, sondern auch kulturelles, soziales sowie symbolisches Kapital. Mit diesen Elementen kann die Position von Personen oder Gruppen im sozialen Feld bestimmbar werden. Eine soziale Position ist dann abhängig vom Kapitalvolumen, der Kapitalstruktur und schließlich der Entwicklung in der Zeit, nämlich der sozialen Laufbahn. Das sehr weit gefasste Kapital setzt sich im Einzelnen aus folgenden Arten zusammen:

Das *ökonomische Kapital* umfasst die verschiedenen Formen von Geldkapital, Eigentum bzw. Vermögen an Produktionsmitteln, Grund und Boden, Land, Sparvermögen und Immobilienbesitz. Hier lehnt sich Bourdieu an die marxsche Klassentheorie und Max Weber an. Es ist relativ direkt in Geld konvertierbar.

Kulturelles Kapital hat eine eigene Logik, die von der Struktur materiellen Reichtums deutlich unterschieden ist.

Inkorporiertes kulturelles Kapital meint die Gesamtheit kultureller Fähigkeiten, Fertigkeiten und Wissensformen, die man durch Bildung – allerdings in einem sehr allgemeinen, nicht nur im schulisch-akademischen Sinne – erwerben kann, hier spielt die Erziehung in der Familie, die etwa mit der Hochkultur vertraut macht (ein Instrument lernen, selbstverständlicher Umgang mit Kunst und Kultur) eine Rolle. Der Erwerb erfordert Zeit, man kann es nicht kurzfristig kaufen oder verschenken. Die Umstände der ersten Aneignung dieses Kapitals prägen die Personen in hohem Maße, z.B. ihre Sprechweise, ihre Position zur Kultur, ihre soziale Identität. Als leiblich angeeignete und innerliche kulturelle Kompetenz ist inkorporiertes Kulturkapital grundsätzlich körper- und damit personengebunden. Es ist nicht veräußerbar und nicht delegierbar (man kann diese Arbeit nicht durch andere verrichten lassen).

Objiviertes kulturelles Kapital liegt in Form von Büchern, Gemälden, Kunstwerken, Maschinen und technischen Instrumenten vor. Das objektivierte kulturelle Kapital hat die Form von kulturellen Gütern, die man besitzt (z.B. Bücher, Gemälde, Musikinstrumente). Sie sind leichter auf andere übertragbar, gewinnen aber nur dann an Bedeutung, wenn der Handelnde es sich aneignet und strategisch einsetzt (nur wenn er z.B. inkorporiertes Kapital hat, kann er ein Gemälde auch als hochwertig erkennen).

Der Unterschied, was nämlich das spezifisch kulturelle vom ökonomischen Kapital unterscheidet, ist hier noch nicht so deutlich zu erkennen, weil alle erwähnten Objekte auch einen materiellen Wert haben und mehr oder weniger direkt im Geld umtauschbar sind.

Die dritte Form des kulturellen Kapitals ist das *institutionalisierte kulturelle Kapital* in Form von Bildungstiteln und Zertifikaten (z.B. Schulabschlüsse, akademische Grade). Der Inhaber verfügt über ein Zeugnis kultureller Kompetenz mit einem relativ dauerhaften und rechtlich garantierten Wert, der Titel ist also anerkannt und sichert eine gewisse Übertragbarkeit in ökonomisches Kapital, die sich im Zeitverlauf allerdings ändern kann (heute kann ein Abiturient weniger aufgrund seines Abschlusses davon ausgehen, eine gut bezahlte und sichere Arbeitsstelle zu finden, als dies noch vor einigen Jahrzehnten der Fall war).

Durch das Erreichen eines Titels verfügt die entsprechende Person nicht nur über institutionalisiertes, sondern über legitimes kulturelles Kapital. Dies unterscheidet den Titelinhaber vom Autodidakten, der nur über illegitimes Kulturkapital verfügt. Dieser Unterschied ist erheblich, denn die Zulassung zu Berufen und somit die Möglichkeit, das erworbene kulturelle Kapital in ein Einkommen, also in ökonomisches Kapital umzuwandeln, ist zu allererst von der Verfügung über entsprechende Legitimitätsnachweise in Form von Schul-, Berufs- und Bildungsabschlüssen abhängig. Das institutionalisierte Kapital ist zugleich ein symbolisches Kapital, weil es eine über die inkorporierten Kompetenzen hinausgehende Wirksamkeit aus seiner Legitimität, also seiner gesellschaftlichen Anerkennung, auch durch die Institutionalisierung von Bildung, schöpft.

Eine weitere Form von Ressourcen stellt das *soziale Kapital* dar. Soziales Kapital resultiert aus der Nutzung eines dauerhaften Netzes von mehr oder weniger institutionalisierten Beziehungen gegenseitigen Kennens und Anerkennens, in das jemand eingebunden ist, und auf das er zurückgreifen kann, falls er einer Unterstützung durch Akteure oder durch Gruppen bedarf. Mit sozialem Kapital sind Ressourcen gemeint, die auf der Zugehörigkeit zu einer Gruppe beruhen oder die ein Netzwerk von Beziehungen darstellen (z.B. Absolventen einer Elite-Schule). Dieses Kapital ist erheblich von der familiären Herkunft und dem Bildungsgang abhängig, es bedarf aber auch einer dauerhaften Beziehungsarbeit, um dieses Kapital aufrechtzuerhalten.

Beispiele für solche Gruppen sind die Familie, die Ehemaligen von Eliteschulen, Clubs, politische Parteien usw.. Soziales Kapital kann ferner einen Multiplikatoreffekt bezüglich der anderen Kapitalformen ausüben.

Das *symbolische Kapital* ist jede Form legitimer gesellschaftlicher Anerkennung und Wertschätzung, es ist relativ unabhängig von dem ökonomischen und kulturellen Kapital, auch wenn es faktisch in den meisten Fällen nur zusammen mit den anderen Kapitalformen anzutreffen ist. Es kann sich hier handeln um die Wertschätzung, die mit Berufen, mit Tätigkeiten (als Handwerker, als Politiker, als Künstler, als Wissenschaftler, als Medienstar usw.) verbunden ist. Es handelt sich also um gesellschaftliche Anerkennung, Prestige oder Renommee.

Wichtig beim symbolischen Kapital ist, dass hier Machtbeziehungen zu Sinn-Beziehungen uminterpretiert werden. Oft geht es dabei um soziale Auseinandersetzungen darüber, welche sozialen Gruppen mit welcher Berechtigung die Macht haben, zu bestimmen, was wertvoll und sinnvoll ist. Ein Beispiel aus dem kulturellen Feld ist, dass erfolgreich bisher dagegen angegangen wurde, die Qualität etwa von Musik in öffentlich geförderten Institutionen nicht an musikalischen Kriterien zu bemessen, sondern am ökonomischen Erfolg. Alle öffentlichen Musikeinrichtungen (Oper, Orchester) werden subventioniert (das sollte auch so bleiben!). Umgekehrt zeigt der Erfolg eines Labels wie „Deutschland sucht den Superstar" die Bedeutung symbolischer Marktstrategien. Im sozialen Feld, bei der Konstruktion von Unterschichten, wird gegenteilig von der Unwürdigkeit der Unterschichten ausgegangen, indem der Sinn ihrer kulturellen Praxis uminterpretiert wird.

Bei Bourdieu treten also dem ökonomischen Kapital kulturelles, soziales und symbolisches Kapital zur Seite als entscheidende Ressourcen für die Position einer Person oder einer Gruppe von Personen im sozialen Raum. Um die Position einer Person im sozialen Raum (Ungleichheit) zu bestimmen, genügt es nun nicht, das Volumen, also die quantitative Menge des Kapitals insgesamt in den genannten Formen zu bestimmen. Die Kapital*struktur*, die Zusammensetzung und das Verhältnis der Kapitalarten ist ein weiterer Faktor. Als dritter Faktor kommt schließlich die Zeitachse hinzu, es wird die Kombination der Kapitalarten im Zeitverlauf, also bei der sozialen Laufbahn, betrachtet (handelt es sich z. B. um einen Aufsteiger oder einen Absteiger, oder sind in einer Gruppe heterogene Lebensverläufe typisch?). Gesellschaftliche Entwicklungen und die Veränderungen der Positionen und Kapitalausstattungen können so in der historischen Folge betrachtet werden.

Bourdieu verknüpft somit ökonomische, kulturelle und soziale Elemente mit der Positionierung (und der Machtposition) des einzelnen gesellschaftlichen Akteurs im sozialen Raum. Die Verbindung der sozialen Positionen in der Sozialstruktur mit der Ebene der Praxis von Lebensstilen ergibt erst das Bild des sozialen Raumes. Das Konzept integriert auf diese Weise die kulturellen Momente der Lebensführung und des Habitus, verliert aber die ungleichen Lebenslagen und Lebenschancen nicht aus den Augen. Es verbindet mithin einen objektivierenden gesellschaftstheoretischen Ansatz (Struktur: Klassen- oder Schichttheorie) mit einem auf die Handlungen der Subjekte bezogenen Ansatz (Handlungs-, Lebensweltheorie), der die Praktiken alltäglicher Lebensführung und die Mentalitäten einbezieht. Es geht also hier um die theoretische Betrachtung des alltäglichen, lebensweltlichen, sozial sinnhaften Handelns der Akteure als grundlegendem Sachverhalt. Bourdieu grenzt sich von objektivistischen Ansätzen ab, die alltägliche Handlungen direkt mit den verfügbaren Handlungsressourcen verknüpfen: je weniger Handlungsressourcen (Verfügbarkeit über ökonomisches, kulturelles und soziales Kapital) vorhanden sind, so die Formel, desto geringer ist der Grad der Komplexität der Handlungsstrategien, Wertvorstellungen, Einstellungsmuster, Habitus-Strukturen usw.. Diese Einschätzung hält Bourdieu für falsch.

Habitus
Die unterschiedlichen Wahrnehmungen, Praktiken, Bewertungen und Denkweisen, die mit den unterschiedlichen Kapitalausstattungen und den verschiedenen sozialen Positionen verbunden sind, nennt Bourdieu Habitus. Der Habitus ist weder eindeutig der Struktur noch der Kultur (dem Handeln) zugeordnet, sondern eine Vermittlungsinstanz. Der (sozial geschaffene) Akteur setzt die im Lauf seiner (strukturell und zeitlich gegebenen) Erfahrungen erworbenen Gestaltungsprinzipien in die Praxis um. Der Habitus ist also ein vereinheitlichendes Prinzip. Die zum Habitus gehörende spezifische Sicht der sozialen Welt ist relational und nicht substantiell konstruiert. Die Eigenarten der Praxisformen sind immer wechselseitig bestimmt: was jeweils elegant, vornehm und differenziert angesehen wird, lässt sich nur kenntlich machen, wenn gleichzeitig der Gegensatz im Blick ist: dasjenige, was als plump, gewöhnlich, unbeholfen gilt. Es geht also um die relationale Bestimmungen von Differenzen. Habitus insgesamt ist die tiefere, allgemeinere Grundhaltung gegenüber der sozialen Welt, die wesentliche Dimensionen des Lebensstils, des Geschmacks, der emotionalen Haltung, der Muster sozialer Praxis und Beziehungen und insgesamt die Mentalität und die Weltsicht zusammenfasst. Er ist also „eine umfassende Kombination oder (...) ein Syndrom von praktischen und moralischen Einstellungs-, Klassifikations- und Wertmustern" (Vester u.a. 2001: 162f.).

Wichtig für unseren Zusammenhang sind die Distinktionsstrategien: Konflikte zwischen den gesellschaftlichen Gruppen zielen nicht nur auf Machterhaltung bzw. Machtvergrößerung, sondern stellen auch Auseinandersetzungen auf der symbolischen Ebene dar, nämlich um Werte, um legitime Standards, um soziale Anerkennung, wobei diese Strategien subtil, aber auch grob sein können.

Dabei wird von der Annahme ausgegangen, dass für ein angemessenes Verständnis der Bewältigungsmuster in der Lebensführung zwei Fragen beantwortet werden müssen: bei welcher Referenzgruppe eine Handlung oder ein Set von Praxen Anerkennung und Wertschätzung hervorrufen soll und zweitens in Bezug auf welche Gruppen durch die eigenen Verhaltensweisen eine Differenz, eine Abgrenzung symbolisiert werden soll.

Feldtheorie
Aufgrund der fortschreitenden Differenzierungsprozesse setzen sich moderne Gegenwartsgesellschaften in ihrer Gesamtheit aus vergleichsweise selbstständigen Bereichen, oder auch Feldern zusammen. Ähnlich wie in der funktionalistischen Theorie Parsons oder der Systemtheorie Luhmanns wird von verhältnismäßig autonomen Einheiten der Gesellschaft ausgegangen, die ihre eigene Regelhaftigkeit und spezifischen Strukturen entfalten. Das kann etwa der Gewinn in der Ökonomie, die Wahrheit in der Wissenschaft, Kunst in der Kultur, Unterhaltung in den Medien usw. sein. Im Unterschied zur Systemtheorie interpretiert Bourdieu sowohl die Entstehung von Feldern, die feldinternen Entwicklungen und die Beziehungen zwischen den Feldern als Ergebnis von Positionskämpfen, als relationale Machtverhältnisse. Die Autonomie der Felder ist nicht wie bei Luhmann absolut, sondern immer nur relativ, abhängig von der Stärke ihrer Macht, ihrer Stellung im gesellschaftlichen Ganzen. Die Felder stehen untereinander in einem Machtverhältnis. Daher sind die Felder auch untereinander hierarchisch angeordnet (in der Systemtheorie sind sie gleichrangig). Felder, die sich weitgehend unabhängig entwickeln und gestalten können und zugleich ihre Interessen in anderen Feldern verankern können, nehmen eine höhere Position ein als solche, die weniger Macht besitzen (ein Beispiel dafür wäre etwa die Ausdehnung der Macht des ökonomischen Feldes in das Feld der Bildung, so dass die individuelle Bildungsfähigkeit gegenüber dem Interesse einer Verwertbarkeit von Inhalten der Bildung zurückgedrängt wird). Ferner generieren Felder Segmente des Habitus und entwickeln sich in Wechselwirkung damit. Dem literarischen oder künstlerischen Feld entspricht ein Interesse und ein Wissen um Literatur und Kunst bei den Subjekten, so dass literarischer und künstlerischer Geschmack (ruhend auf entsprechenden Kompetenzen) Teil des Habitus werden. Dies ist ein Beispiel für die Vermittlung von Struktur und Handeln, das für Bourdieus Theorie charakteristisch ist. Akteure bewegen sich in verschiedenen sozialen Feldern (Praxisfeldern, z.B. dem Feld des Konsums, des Wohnens, des Arbeitsmarktes, der Bildung, usw.), in denen um Wahrung oder Veränderung der Kräfteverhältnisse gerungen wird. Bourdieus Soziologie ist also unter anderem eine Macht- oder Herrschaftssoziologie, d.h. sie geht von gesellschaftlich bevorzugten und benachteiligten Positionen innerhalb und zwischen den Feldern aus und sie behandelt gesellschaftliche Machtverhältnisse: Die Menschen in der heutigen Gesellschaft ringen mit ihrer Kapitalausstattung und dem Habitus, dar-

unter mit negativen oder positiven, jedenfalls symbolischen Konstruktionen, in denen sie sich nach unten abgrenzen und nach oben verorten, um ihren symbolischen Platz in der Gesellschaft, also um ihre Position im sozialen Feld und den Grad und Inhalt der Anerkennung, der materiellen und symbolischen Gratifikationen, die Lebenschancen und Zukunftsaussichten zu sichern. Die Ressourcen der Akteure bei den Bemühungen um einen Platz im sozialen Feld sind das ökonomische, kulturelle, soziale und symbolische Kapital. Die verschiedenen sozialen Felder sind einmal definiert durch die spezifischen „Einsätze", also die Kapitalformen, mit denen jemand das Spiel bestreiten kann. Sie sind ferner bestimmt durch die jeweiligen „Spielregeln", also die Struktur eines Feldes, wobei Kapital als Verfügungsmacht im Rahmen eines Feldes fungiert.

Felder sind in beständigem Wandel begriffen: Die Struktur des Feldes (die Verteilung des Kapitals zwischen den Gruppen von Akteuren einerseits und die feldspezifischen Spielregeln und deren Legitimität sind umstritten und verändern sich durch die Praxen.

Die Praxen der sozialen Akteure haben einen strategischen Variationsspielraum. „Die Struktur des Feldes gibt den Stand der Machtverhältnisse zwischen den am Kampf beteiligten Akteuren oder Institutionen wieder, beziehungsweise, wenn man so will, den Stand der Verteilung des spezifischen Kapitals, das im Verlauf früherer Auseinandersetzungen akkumuliert wurde".

Wie sind soziale Positionen und Lebensstile konkret verbunden? Dafür lassen sich kurz folgende Einschätzungen Bourdieus umreißen:

Der legitime Geschmack der oberen Klassen zeichnet sich durch Sinn für Distinktion und teilweise durch Vorliebe für Luxusartikel aus (dabei gibt es durchaus Unterschiede: die Gruppe mit einem hohen Anteil an ökonomischen Kapital zeigt z.B. eine Vorliebe für Boulevardtheater und Varieté, Boutiquen, Luxuswagen, Aufenthalte in 5-Sternehotels in Badeorten des Mittelmeers usw. Die Gruppe mit höherem kulturellen Kapital bevorzugt im Theater klassische oder Avantgardestücke, Museen, klassische Musik, Flohmärkte, und Wandern). Den Bürger kennzeichnet eine Ungezwungenheit aus Vertrautheit im Umgang mit Kultur und Bildung, die bereits in der familiären Erziehung entstanden ist.

Kennzeichnend für den mittleren oder prätentiösen Geschmack ist der Versuch, den oberen Klassen nachzueifern, unter anderem durch Bildungsbeflissenheit. Die Selbstsicherheit der oberen Klassen fehlt den Kleinbürgern dabei jedoch. Kleinbürger sind typische Abnehmer von Massenkultur, die leicht zugänglich ist, aber auch die äußeren Anzeichen der legitimen Kultur aufweist. Die einzelnen Varianten des kleinbürgerlichen Geschmacks können hier nur exemplarisch angedeutet werden: das absteigende Kleinbürgertum bevorzugt eine ordentliche und pflegeleichte Wohnungseinrichtung, in der Musik die deklassierten Stücke der bürgerlichen Kultur (z.B. An der schönen blauen Donau);

das exekutive Kleinbürgertum kennzeichnet der Bildungseifer, seine Angehörigen kaufen ihre Möbel in Kaufhäusern und interessieren sich für Filme, Kino und Fotografie; eine fantasievolle Wohnungseinrichtung und schicke Kleidung kennzeichnen das neue Kleinbürgertum.

Der Notwendigkeitsgeschmack der unteren Klassen orientiert sich am Praktischen. Hier geht es also z. b. eher um eine pflegeleichte Wohnungseinrichtung und preiswerte Kleidung (die nicht ausgefallen, dafür haltbar sein soll).

Für die jeweiligen Klassen ergeben sich typische kollektive Wahrnehmungsschemata, Denkmuster und Handlungsschemata, die den Einzelnen nur zu einem kleinen Teil bewusst sind, eine allgemeine Grundhaltung gegenüber der Welt. Der Habitus als Erzeugungsprinzip der Formen von Praxis und der Repräsentation der sozialen Welt ist mit Lebenslage und Lebensführung verbunden. So entstehe der Habitus der Arbeiter in einer Situation harter Notwendigkeiten. Er bedeute ein weitgehendes Funktionsdenken und ziehe eine Kultur des Mangels nach sich. Dies äußere sich z. B. in Kleidungskäufen und Wohnungseinrichtungen, bei denen Kriterien des Preises, der Haltbarkeit und des Nutzens ästhetische Gesichtspunkte überwiegen. Der Habitus der Arbeiter bedeute also ein sich Einrichten in gegebenen Verhältnissen. Demgegenüber sei der Habitus des Kleinbürgertums, seiner gesellschaftlichen Mittellage entsprechend, auf sozialen Aufstieg, auf die teils ehrgeizige, teils ängstliche, teils plakative Erfüllung vorgegebener kultureller Normen ausgerichtet, unter anderem in Fragen der Bildung und des Geschmacks. Der Habitus des Kleinbürgertums bedeute das angestrengte Bemühen, das Richtige zu tun. Zu Bedenken bleibt hier, dass diese Aussagen aus der Studie „Die feinen Unterschiede" (La distinction) vor dem Wohlstandsschub der 1970er Jahre heute in dieser Weise nicht mehr zutreffen.

In seiner wichtigsten Studie aus den 1990er Jahren (Das Elend der Welt, Konstanz 1997) werden die Probleme von gesellschaftlicher Ungleichheit nicht nur von objektiven Bedingungen her analysiert, sondern auch aus subjektiven Wahrnehmungen und Bewertungen. Der Habitus betont hier die gesellschaftliche Position und verknüpft sie mit den subjektiven Perspektiven.

Zusammenfassung

Dieses Konzept ist ein Klassenmodell in der Tradition von Marx und Weber, aber mit bedeutsamen Unterschieden. Die gesellschaftliche Position im „Raum der Ungleichheit" ist ein Resultat auch aus der Struktur der Kapitalarten und der sozialen Laufbahnen. Das Konzept integriert im Habitus kulturelle Momente der Lebensführung. Aus den unterschiedlichen Lebensstilen ergeben sich unterschiedliche Handlungspraktiken; so z. B. die Aufstiegsbestrebungen der Kleinbürger, oder die subtilen Strategien der Machterhaltung, mit denen Positionen der Ungleichheit überwunden oder erhalten werden sollen. Diese Prozesse, die er Kämpfe nennt, sieht er nicht deterministisch und historisch durchaus veränderbar.

Literatur zum Weiterlesen und zur Vertiefung
- PierreBourdieu 1983: Ökonomisches Kapital, kulturelles Kapital, Soziales Kapital. In: Kreckel, Reinhard (Hrsg.): Soziale Ungleichheiten. Soziale Welt Sonderband 2, Göttingen. S. 183-198.

6 Milieutheorie(n)

Lange Zeit haben in der deutschen Soziologie Schichtenmodelle die Diskussion über die Sozialstruktur bestimmt. Sie wurden in den 1980er Jahren im Kontext einer „kulturalistischen Wende" zunehmend durch Individualisierungs- und Pluralisierungsmodelle sowie Lebensstil- und Milieumodelle ersetzt. Es ist hier nicht der Ort zu einer differenzierten Erörterung dieser Entwicklung, die sowohl innerhalb der Soziologie (vgl. z B. Geißler 2006: 95ff.; 112ff.) wie auch extern durchaus auch kritisch betrachtet wird (vgl. z. B. den Historiker Wehler 2008: 108ff.; bes. 113). Dieser Abschnitt will nur in die Thematik einführen. Er lenkt hin auf die Milieuanalysen des Heidelberger Sinus-Instituts, das über zwei Jahrzehnte die Veränderungen der west- und ostdeutschen Milieus beobachtet hat. Im Folgenden sollen kurz die verschiedenen Konzepte bzw. die Einschätzungen ihrer Grenzen und Stärken und die jeweiligen Abgrenzungen in der deutschen Soziologie beschrieben werden, ohne detaillierter in die Debatte zu gehen.

Soziale Schichten und Klassen
Während in der Sicht der Nachkriegssoziologie die Klassengesellschaft eine *gespaltene Gesellschaft* darstellt, bedeutet Schichtgesellschaft eine *abgestufte Gesellschaft*, in der allmähliche Übergänge vorzufinden sind, z.B. von reich, wohlhabend über gut gestellt bis hin zu arm. Das Konzept der „Schichten" schien daher besser in die stark dynamisierte westdeutsche Gesellschaft ab den 1950er Jahren zu passen. In dieser gleichwohl als ungleich angesehenen Gesellschaft gelten Qualifikation, Berufsposition, Einkommen und Berufsprestige als die wichtigsten Dimensionen des sozialen Status, der gesellschaftlichen Position. Es sind Güter, die abgestuft, graduell unterschiedlich verteilt sind, und deswegen ist die Schichtgesellschaft eine Sozialform nicht harter Diskrepanzen, sondern allmählicher Übergänge (vgl. Hradil 2001: 353ff.).

Wenn man von Klassen spricht, betont man die Wurzeln sozialer Ungleichheit in der Wirtschaftsweise der Menschen (Klassenlage, Erwerbs- und Marktchancen); der Schichtbegriff richtet sich eher auf die Beschreibung ungleicher Lebens- und Handlungsbedingungen. Mit Schichten sind in der Regel übereinander angeordnete soziale Gruppierungen gemeint, die sich durch ihre Qualifikation, ihre berufliche Stellung, ihr Einkommen und ihr Prestige unterscheiden.

Für einen Begriff sozialer Schichten ist eine soziologische Vorstellung der relevanten Ungleichheitsdimensionen und ferner eine Abgrenzungskonzeption über die höher oder niedriger angeordneten Gruppierungen erforderlich. Solche Schichtgrenzen können „objektive" Sachverhalte sein (die unabhängig von der Einschätzungen oder Wahrnehmung der Betroffenen sind, wie die berufliche Position) oder aber auch „subjektive" Grenzen wie unterschiedliche Mentalitäten, Sprachstile, Wir-Gefühle, Heirats- oder Verkehrskreise.

Als Kern der Ungleichheitsstruktur wird meist die berufliche Hierarchie gesehen. Von der beruflichen Stellung (und zunehmend der dafür nötigen Qualifikation) hängt die Stellung des Einzelnen im Ungleichheitsgefüge ab. So betrachtet das Schichtenkonzept die Differenzierungen z.B. innerhalb der Arbeiter in der Regel nach der Klassifikation beruflicher Stellungen und macht auf diese Weise eine Differenzierung zwischen den Qualifikationsniveaus der Ungelernten, Angelernten, Facharbeiter, Vorarbeiter und Meister usw. möglich. Theoretisch ist das nicht sehr komplex, weil es im Prinzip eher beschreibend angelegt ist. Freilich schwingt bei Schichtbegriffen in Max Webers Tradition über dessen Klassenbegriff eine herrschaftstheoretische Komponente unterschiedlicher Machtausübung mit, zumindest wird damit die Weisungshierarchie und das Autoritätsgefälle innerhalb der beruflichen Stellungen angesprochen.

Geschichtete Gesellschaften sind nach ihrem Anspruch „offene Gesellschaften", in der die Mitglieder nach ihrer Leistungsfähigkeit und -willigkeit Positionen mit ihren Vor- und Nachteilen *erwerben* können und dieser Prozess prinzipiell korrigierbar bleibt. Vor allem sollen Privilegierungen und Benachteiligungen nicht aufgrund von Herkunft oder Vererbung ein für alle Mal *zugeschrieben* sein.

Übereinanderliegende Statusgruppen lassen sich zu Schichten zusammenfassen, die vertikal übereinanderliegen. Wie Schichten voneinander abgegrenzt werden können, ist strittig. Man kann reale Grenzen (objektive Unterschiede) geltend machen und also nur dann von Schichten reden, wenn diese sich durch ein deutlich anderes Verhalten (z.B. die unteren Schichten von den mittleren) abgrenzen. Das trifft in Deutschland kaum zu. Man kann auch „künstlich" Statusgruppen zu Schichten zusammenfassen, aufgrund z.B. der Entscheidung, eine Einkommensschicht von Positionen zwischen 4.000 und 5.000 Euro monatlichem Einkommen als eine Schicht zu betrachten. Diese nominale Abgrenzung hängt von der Fragestellung und der Zweckmäßigkeit ab. Wieviele Schichten es dann aber in Deutschland gibt, wird dann zu einer Frage der Abgrenzungen. Das Schichtenmodell von Helmut Schelsky hat bereits ab den 1950er Jahren die Entwicklung in der Deutschen Nachkriegszeit auf den Begriff zu bringen versucht. Das Konzept der „nivellierten Mittelstandsgesellschaft" geht von einer höchst mobilen und dynamischen Sozialstruktur aus. Die Entwicklung der Nachkriegszeit habe „zu einer sozialen Nivellierung in einer verhältnismäßig einheitlichen Gesellschaftsschicht (geführt), die ebenso wenig proletarisch wie bürgerlich ist, d. h. mit dem Verlust der Klassenspannung und sozialen Hierarchie gekennzeichnet wird" (1979: 327). Der Aufstieg der Industriearbeiterschaft (zugleich der Angestellten) habe zu einer Angleichung von Lebensbedingungen, von politischen, bürgerlichen und sozialen Rechten und infolgedessen zur Einebnung der Unterschiede von sozialen Klassen und Schichten in einer verhältnismäßig einheitlichen Sozialform geführt. Vor allem der Massenkonsum – mit dem Anstieg des Bildungsniveaus – bringe einen „verhältnismäßig einheitlichen Lebensstil" hervor, der als „kleinbürgerlich-mittelständisch" charakterisiert wird (1979: 327). Damit zusammenhängend hätten sich auch die bislang schichttypischen Verhaltensstrukturen im sozialen und kulturellen, auch im politischen Bereich eingeebnet. Insgesamt wird die Entwicklung nicht als Differenzierung, sondern als „Abbau der Bedeutung gesellschaftlicher Schichten überhaupt", als Entschichtungsprozess, gedeutet (1979: 328).

Die griffige Formulierung der „nivellierten Mittelstandsgesellschaft" brachte in den 1960er Jahren vor allem das neue Selbstverständnis der westdeutschen Nachkriegsgesellschaft auf den Punkt. Es bezog die wichtigen Veränderungen ein: die neuen Konsummöglichkeiten, das stark gestiegene Wohlstandsniveau, die mittelschichtsgeprägten Einstellungen und Selbstverständnisse vom sozialen Aufstieg, die Verbreiterung der Mittelschichten. Die Kritik wies darauf hin, dass ungeachtet der Verbesserungen der Lebensverhältnisse die Lebensbedingungen, Lebenslagen und Lebenschancen (Besitz, Einkommen, Bildungschancen, Einflussmöglichkeiten usw.) nach wie vor ungleich verteilt seien, und dass auch erkennbar schichttypische Verhaltensweisen und Mentalitäten weiter bestünden.

Milieu und Lebensstil

Der Milieubegriff kam schon im 19. Jahrhundert auf. Unter Milieus verstand man damals neben den sachlichen Gegebenheiten der Lebensweise und des Umfelds immer mehr auch die jeweiligen Mitmenschen und sogar die eigenen Sichtweisen der Menschen selber. Für Max Scheler (um 1920) stellte ein Milieu „das insgesamt dessen dar, was vom Einzelwesen als auf es wirksam erlebt wird". Das Erleben und das Umgehen mit der neuen Industriewelt gestaltete sich sehr unterschiedlich prägend, je nach dem, welcher Arbeitswelt, Wohnumgebung, Religion, Region usw. die Menschen angehörten. Typisch für diese Soziologisierung des Milieubegriffs, die dem Vordringen von Modernisierung in traditionalen Lebenswelten folgte, ist das berühmte Milieuverständnis von Lepsius (1966): Er wies daraufhin, dass Parteiorganisation und parteipolitische Konflikte in Deutschland noch bis in die 1920er Jahren hinein von vier sozialmoralischen Milieus geprägt waren, vom katholischen Milieu (Zentrum), vom protestantisch-liberalen Milieu, vom protestantisch-konservativen Milieu sowie vom Arbeitermilieu (Sozialdemokratie) (vgl. Lepsius 1974).

Milieus konstituieren sich durch die bei einer Personengruppe typischerweise zusammentreffenden Grundwerte, Grundeinstellungen und Verhaltensmuster, z.B. es im Leben zu etwas bringen, in geordneten Verhältnissen leben, Werte schaffen (für das kleinbürgerliche Milieu). Das Leben in solchen Milieus prägt Menschen und lässt sie ihre Umwelt und Mitwelt, z.B. die Arbeitskollegen und das berufliche Umfeld, den Stadtteil oder die Nachbarn, in bestimmter Weise wahrnehmen und nutzen. Ein Angehöriger des konservativen Milieus wird Erziehungsfragen und politische Verhältnisse anders bewerten und anders handeln, als z.B. ein Mitglied des alternativen Milieus.

Auch bei den Milieu-Konzepten gibt es sehr unterschiedliche Versionen. Lebensstil- und Milieumodelle sind eine Alternative zu Klassen- und Schichtkonzepten der traditionellen Art; sie unterstellen keine einfache Kausalität von Handlungsbedingungen zu ihrer Wahrnehmung und Nutzung sowie zu Werten und Verhaltensweisen. Vielmehr kommen dem Handeln und den Entscheidungen sowie der Lebensweise der Akteure selbst eine relativ große Bedeutung zu. Bei den Lebensstilkonzepten steht der Aspekt der Wahlfreiheit im Vordergrund, bei den Milieukonzepten stärker die Lebenswelt, d.h. milieuspezifische Wahrnehmungen und spezifische Nutzungen gegebener Bedingungen.

Generell besagen Theorien sozialer Milieus, dass das Denken und Verhalten der Menschen weder ausschließlich von äußeren Daseinsbedingungen abhängt, noch völlig in das Belieben der Menschen gestellt ist. Milieutheorien wenden sich also gegen den Determinismus und gegen Intentionalität. Milieus werden als Gruppierungen handlungsfähiger Menschen gesehen, die in der praktischen Auseinandersetzung mit aktuellen Lebensbedingungen und historischen Hinterlassenschaften bestimmte gemeinsame Mentalitäten und Bewältigungsformen entwickeln.

Im Unterschied zum Konzept der Schicht betont Milieu die subjektive Seite, es bezieht sich auf gesellschaftliche Gruppierungen gleicher Mentalitäten. Schicht betont dagegen die objektiven Faktoren der Berufsstellung, des Einkommens, des Bildungsabschlusses. Meist lassen Milieukonzepte die Entstehung von Mentalitäten bewusst offen, sie können berufliche, religiöse, regionale, lebensweisebedingte, politische und andere Ursachen haben. Demgegenüber geht das Schichtkonzept davon aus, dass mit dem Berufs-, Einkommens- und Bildungsstatus bestimmte schichtspezifische Mentalitäten einhergehen. Drittens ist das Milieukonzept synthetisch angelegt, es vermittelt zahlreiche objektive und subjektive Dimensionen und Aspekte.

Während Schichtmodelle Menschen zunächst nach ausgewählten Merkmalen ihrer „objektiven" Lebensbedingungen gliedern und anschließend danach fragen, ob und wie typische Schichtlagen mit bestimmten Lebenschancen zusammenhängen, gehen die Milieumodelle umgekehrt vor: Sie ordnen zunächst die kulturelle Vielfalt (Einstellungen, Verhaltensweisen, Wertorientierungen, Interaktionen) nach bestimmten Mustern und fragen erst in einem zweiten Schritt danach, wie diese Muster mit den objektiven Lebenslagen zusammenhängen.

Der Lebensstilbegriff bezieht sich vor allem auf die äußerlich beobachtbaren Verhaltensroutinen der Menschen, Milieu dagegen meint beständige Werthaltungen und Grundeinstellungen.

Als *Lebensstil* wird ein relativ stabiles, regelmäßig wiederkehrendes Muster der alltäglichen Lebensführung verstanden. Lebensstile sind Bereiche übergreifend mit einem Schwerpunkt im Freizeit- und Konsumbereich (z.B. Freizeitaktivitäten und Konsummuster), interaktives Verhalten (z.B. Geselligkeit und Heiratsverhalten), Werte und Wahlverhalten und subjektive Zugehörigkeiten. Daneben beziehen sie sich auf Familienleben, Geschmack und kulturelle Interessen. Auch die mehr oder weniger bewusste Selbstdarstellung, der ganzheitliche, sinnhafte Charakter, schafft individuelle oder auch kollektive Interessen und Identitäten. Insofern sind Lebensstile auch distinktiv (abgrenzend, ausgrenzend). Ein Mensch mit familienorientiertem Lebensstil wird andere Zeiteinteilungen, Ausgabenstrukturen haben als ein karriere- oder ein freizeitorientierter Mensch.

Wenn es darum geht, verschiedene Lebensstile zu einem Modell des Ungleichheitsgefüges zusammenzufassen, ist das häufig dem Anspruch nach differenzierter als Klassen- und Schichtmodelle, weil es vielfältige Einflussfaktoren berücksichtigt, die dazu führen, dass Lebensstile nicht nur vertikal strukturiert sind, sondern auch nebeneinander liegen können. Beispielsweise können Menschen mit der gleichen Qualifikation (einem vertikalen Merkmal), aber unterschiedlichem Alter und Familienstand (einem horizontalen Ungleichheitsmerkmal) unterschiedliche Lebensführungen und -stile haben, die jedoch nicht unbedingt mit unterschiedlich großen Lebenschancen verbunden sind.

> Originaltext aus: *Hans-Ulrich Wehler, Deutsche Gesellschaftsgeschichte Bd. 5, München 2008*
> „An die Stelle der Analyse vertikaler Ungleichheit trat eine bunte ‚Vielfaltsforschung'. Mit dem Wechsel der erkenntnisleitenden Interessen verband sich eine typisch postmoderne ‚normative Unverbindlichkeit', welche die Frage nach der sozialen Gerechtigkeit und Chancenverbesserung energisch zur Seite schob oder stillschweigend überging. Die Prüfung des Gewinns oder Verlusts von Lebenschancen verengte sich zur Lebensstilanalyse. Die harten Strukturen sozialer Ungleichheit wurden ‚wegdifferenziert, wegpluralisiert, wegdynamisiert', mit dem ‚Schleier' der Individualisierungs- und Pluralisierungsprozesse ‚verhüllt und unkenntlich gemacht'. Dabei handelte es sich durchaus um einen deutschen Sonderweg der Soziologendebatte, denn in England, Frankreich und den USA dachten die führenden Köpfe der Sozialwissenschaft nicht von ferne daran, Klassen- und Schichtungstheorien derart bereitwillig zu opfern. Im Gegenteil, namentlich im Werk des französischen Soziologen Pierre Bourdieu wurde eine differenzierte kultursoziologische Erweiterung der Klassentheorie entfaltet." (Wehler 2008: 113)

Die Einschätzung von Wehler erscheint keineswegs überzogen. Zumindest für die Lebensstil- und auch Milieuansätze in den 1980er Jahren war die These der Entkoppelung von Lebensbedingungen und Lebensstilen stark vorherrschend. Inzwischen haben realistischere Sichtweisen (Unterschiede im Lebensstil hängen stark mit Unterschieden in den Lebensumständen zusammen) – und die Berücksichtigung von Kohorten – der Prägung von Generationen durch die Zeitläufe – sowie des Lebenszyklus zu differenzierteren Einschätzungen geführt.

Max Weber benutzte den Begriff der Lebensführung als charakteristisches Merkmal eines Standes. Ein Stand hat eine spezifische Lebensführung, z. B. typische Formen des Konsums, bestimmte Werte, und durch die Art und Weise der Lebensführung versichert man sich der Zugehörigkeit zu einer bestimmten Gruppe, deren Anspruch auf soziale Anerkennung so auch nach außen demonstriert wird. Der Einzelne versucht also, durch seinen Lebensstil in seinem Milieu Identität zu finden, und er grenzt sich durch seinen typischen Lebensstil nach außen, von anderen Gruppen, ab. Bei Weber (wie auch bei Bourdieu) ist die Lebensführung mithin sozialstrukturell verankert – in vielen Konzepten der 1980er Jahre kommt sie eher aus dem Kontext der amerikanischen Marktforschung und ist oft theoretisch anspruchslos.

Bereits beim Ansatz von Bourdieu waren kulturelle Aspekte der Lebensführung (der Habitus bzw. die Struktur von ökonomischen, kulturellen und sozialen Kapitalien) als Moment für die Zugehörigkeit zu Schichten gesehen worden und es waren die lebensweltlichen Handlungspraktiken, die gesellschaftliche Gruppen in ähnlicher sozialer Lage unterscheiden.

Die Sinus-Milieus in Deutschland 2007
Die sogenannten Sinus-Milieus des gleichnamigen Heidelberger Forschungsinstituts sind eine sehr bekannte und sehr prominente Variante des Milieukonzeptes. Es wurde in den 1980er Jahren in der kommerziellen Markt- und Wahlforschung entwickelt. Methodisch wird nach Unterschieden von ‚subkulturellen Einheiten' in der Gesellschaft gefragt. Zu solchen Einheiten gehören methodisch Unterschiede zwischen Gruppen in den Wertorientierungen und Lebenszielen, in den Einstellungen zur Arbeit, Beruf, Freizeit und Konsum, zu Familie und Partnerschaft, zu politischen Grundüberzeugungen und Lebensstilen. Im Selbstverständnis von Sinus rücken der Mensch und das gesamte Bezugssystem seiner Lebenswelt ganzheitlich ins Blickfeld und bilden die Grundlage abgrenzbarer Milieus.

Die Sinus-Milieus haben den Vorteil, dass sie aufgrund repräsentativer Umfragen – auch wenn die methodischen Details aus Marktgründen als Betriebsgeheimnis gehütet werden – und zudem aufgrund der stetig wiederholten Fortschreibungen die qualitativen und quantitativen Veränderungen der deutschen Milieus seit 20 Jahren – seit den 1990er Jahren auch in Ostdeutschland – empirisch sichtbar gemacht haben (vgl. Becker/Nowak 1982). Auch wenn man insgesamt diesen Ansatz als kultursoziologisch verkürzt bezeichnen muss, weil es weniger um Sozialforschung als um Marktforschung geht, sollen die wichtigsten Ergebnisse hier doch angesprochen werden, weil sie Längsschnitt-Aussagen und Ost-West-Vergleiche erlauben. Zudem sind sie bei Michael Vester und seiner Arbeitsgruppe zum Ausgangspunkt der Verbindung von Milieu- und Klassenanalyse gemacht worden.

Im Folgenden werden die Grundaussagen der Sinus-Darstellung (S. 128) interpretiert. Die empirischen Befunde zeigen, dass das Gefüge sozialer Milieus in Deutschland zu einem guten Teil von der Schichtstruktur abhängig ist. Es gibt typische Unterschicht-, Mittelschicht- und Oberschichtmilieus. Welche Werthaltungen und Mentalitäten ein Mensch aufweist ist also auch eine Frage seiner Einkommenshöhe, seines Bildungsgrades und seiner beruflichen Stellung. Hierbei können Milieuunterschiede Schichten im Alltag trennen. In der Regel finden sich innerhalb der einzelnen Schichten mehrere Milieus nebeneinander. Bestimmte soziale Milieus erstrecken sich auch senkrecht über Schichtgrenzen hinweg.

Neben der Schicht bestimmt unter anderem auch die Kohorte die Zugehörigkeit von Menschen zu bestimmten Milieus: Die ältere Generation, die in Zeiten materiellen Mangels und autoritärer Ordnung aufgewachsen ist, hat sich meist andere Mentalitäten bewahrt als Menschen im mittleren Alter, die im Wohlstand oder in der 1968er Zeit ihre wichtigsten Prägungen erfahren haben. Folglich unterscheiden sich soziale Milieus horizontal vor allem nach dem Grad ihrer Traditionsverhaftung bzw. ihrer Modernität. Die einzelnen Milieus sind in unterschiedlichem Maße vom Wertewandel erfasst (weg von den alten Pflicht-, hin zu neuen Selbstentfaltungswerten).

In der Abbildung (Sinus Milieus 2007) sind auf der waagerechten Achse die Grundorientierungen eingetragen, mit den Extremen traditionell/konservative sowie materielle bzw. postmateriell-moderne Orientierungen. Die senkrechte Achse stellt den Zusammenhang der Milieus mit der Schichtstruktur her und zeigt, in welchen sozialen Lagen die verschiedenen Milieus verankert sind. Deutlich wird zunächst zweierlei: im oberen Bereich haben sich andere Milieus herausgebildet als in der Mitte, und in der Mitte andere als in der unteren Ebene. Zugleich haben sich auf denselben Ebenen des Schichtgefüges unterschiedliche Milieus entwickelt, wobei die Pluralisierung in der gesellschaftlichen Mitte deutlich weiter vorangeschritten ist als oben und unten. Es gibt typische Unterschicht-, Mittelschicht-, und Oberschichtmilieus. Welche Werthaltungen und Lebenseinstellungen ein Mensch aufweist, ist durchaus mitbestimmt von seiner Einkommenshöhe, seinem Bildungsgrad und seiner Berufsstellung. Aber diese schichtungsrelevanten Lebensbedingungen geben keineswegs zureichend Auskunft über die Milieuzugehörigkeit. Innerhalb der einzelnen Schichten finden sich in aller Regel mehrere Milieus nebeneinander. Zum Teil erstrecken sich soziale Milieus auch senkrecht über Schichtgrenzen hinweg. Horizontal unterscheiden sich die sozialen Milieus nach dem Grad ihrer Traditionsverhaftung, nach dem Grad des Wertewandels von „alten" hin zu „neuen" Werten. Die Angehörigen z. B. des traditionsverwurzelten Milieus weisen Mentalitäten auf, die dem Bewahren, dem Festhalten am Bewährten, den Pflichten der Menschen und ihrem Eingebundensein in Regeln und moralische Normen großes Gewicht beimessen. Dem entgegengesetzten Pol nahe stehen Milieus, in denen die Menschen jeweils Neuem nachstreben und sich als Einzelne relativ losgelöst von Bindungen und Zugehörigkeiten empfinden.

Die einzelnen Milieus veränderten sich seit den frühen 1980er Jahren, als ihre Untersuchung begann, in ihrer Größe und teilweise auch in ihren Eigenschaften. Dabei wuchsen im allgemeinen die „moderneren", individualisierteren Milieus, dagegen haben die traditionelleren Milieus, wo die Einzelnen stärker in Gemeinschaften und ihre Rahmungen und Normen eingebunden waren, meist an Größe verloren. Besonders stark gewachsen sind das „postmaterialistische", das „Hedonistische", und das „konsummaterialistische Milieu". Sehr geschrumpft und in den letzten Jahren verschwunden ist dagegen das „traditionelle Arbeitermilieu".

Die Zugehörigkeit zu einem sozialen Milieu muss nicht lebenslang andauern. Durch Umbrüche im privaten und beruflichen Leben, durch den Wechsel von Sozialkontakten sowie durch die damit in Verbindung stehenden Einstellungsänderungen können sich die Werthaltungen der Menschen von einem Milieu zum anderen bewegen. Zum Teil stellen Differenzierungen zwischen den Milieus aber auch generationelle Unterschiede dar, so z. B. in den Milieus der mittleren Mittelschicht, wo das traditionsverwurzelte Milieu die ältere Generation, die sogenannte bürgerliche Mitte die mittlere Generation und die Experimentalisten die junge Generation darstellen. Hinter diesen Strukturveränderungen im Milieugefüge stehen die gesellschaftlichen Entwicklungsprozesse der Individualisierung, der Pluralisierung und der Entkoppelung von Mentalitäten und Lebensbedingungen. Aber auch Veränderungen materieller Lebensbedingungen infolge neuer Technologien und ökonomischer Umbrüche haben zum Milieuwandel beigetragen.

In der Unterschicht zeigen sich ähnliche Strukturen, aber auch Differenzierungen in der sozialen Lage. So konzentrieren sich z. B. die Lebensziele der Milieuzugehörigen des traditionsverwurzelten Milieus auf ein gutes Einkommen, einen sicheren Arbeitsplatz und ein gesichertes Alter. Man will bei Freunden, Kollegen und Nachbarn anerkannt sein. Bescheidenheit und Anpassung an die Notwendigkeit gelten als Tugenden. Die Lebensweise ist nüchtern und pragmatisch, einfach und sparsam solide, handfeste und haltbare Produkte werden bevorzugt. Prestigegüter werden abgelehnt. Gegenüber modischen Neuerungen besteht Skepsis. Die Angehörigen dieses Milieus sind meist Facharbeiter oder angelernte Arbeiter, zum Teil auch Rentner. Ihre soziale Lage ist überwiegend geprägt durch Hauptschulabschluss und anschließende Berufsausbildung sowie kleine bis mittlere Einkommen. Die Angehörigen des konsummaterialistischen Milieus wollen vor allem Anschluss an den Konsumstandard der breiten Mittelschicht halten. Sie wollen anerkannt werden, dazugehören zur Normalität und Bürgerlichkeit. Weitergehende Lebensziele sind häufig Träume von einem Leben mit viel Geld, Luxus und Prestige. Die faktische Lebensweise ist gekennzeichnet durch Spontankäufe, rasches Aufgreifen von Moden und Trends. Man lebt von der Hand in den Mund und häufig über seine Verhältnisse. Die Zukunft wird verdrängt, die Daseinsvorsorge ist oft ungenügend, man konzentriert sich auf die Gegenwart. Merkmale der sozialen Lage sind eine geringe formale Bildung, häufig auch geringe Einkommen. Stark vertreten sind hier un- und angelernte Arbeiter sowie Arbeitslose. Die Angehörigen des hedonistischen Milieus wollen das Leben genießen, intensiv leben, Spaß, Kommunikation und action haben. Die Werte und Ziele dieser Menschen richten sich daher auf Freiheit und Spontaneität. Sicherheit und Geborgenheitsbestrebungen werden hier krass abgelehnt. In der tatsächlichen Lebensgestaltung fallen das Leben im Hier und

Jetzt, der Mangel an Lebensplanung, der spontane Konsum und der unkontrollierte Umgang mit Geld auf. Die Freude am guten Leben, am Luxus und Komfort dominiert. Man demonstriert Unangepasstheit und zelebriert den Protest als Stil. Die soziale Lage der meist jungen Mitglieder, darunter viele Schüler und Auszubildende, Arbeitslose, an- und ungelernte Arbeiter sowie ausführende Angestellte mit Jobbewusstsein, lässt sich charakterisieren durch eine häufig geringe, oft abgebrochene formale Bildung und meist kleinere bis mittlere Einkommen.

Auch die ostdeutsche Milieustruktur hat sich in den 1990er Jahren modernisiert und differenziert. Die erheblichen Unterschiede zum Westen schwächen sich allmählich ab. Fünf der 11 Ostmilieus haben sich inzwischen angeglichen und vier weitere nähern sich ihren westdeutschen Pendants immer stärker an. Lediglich das „bürgerlich-humanistische Milieu" – und das „DDR-verwurzelte Milieu" sind noch Ost-spezifisch. Seit einigen Jahren hat Sinus die Unterscheidung zwischen Ost und West aufgegeben.

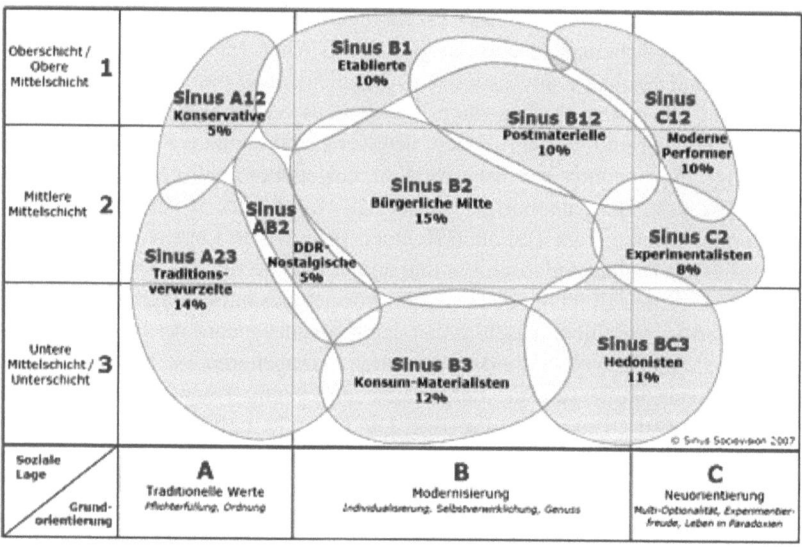

Quelle: www.sinus-sociovision.de

Fragen zur Vertiefung
- Skizzieren Sie Grundzüge einer Theorie der Schichtung!
- Wie unterscheiden sich Klassen von Schichten?
- Was sind kulturalistische Ansätze in Bezug auf Lebensstile?
- Was sind Merkmale von Milieus?

Literatur zur Vertiefung
- Rainer Geißler, Die Sozialstruktur Deutschlands. Zur gesellschaftlichen Entwicklung mit einer Bilanz zur Vereinigung. 4. überarb. Aufl., Wiesbaden 2006, Kap. 5: Soziale Klassen und Schichten – soziale Lagen – soziale Milieus: Modelle und Kontroversen: S. 93-120.
- Stefan Hradil, Soziale Ungleichheit in Deutschland. Wiesbaden 2005. Kap. 5.8: Gruppierungen im Gefüge sozialer Ungleichheit: Modelle und Befunde zu sozialen Klassen, Schichten und Lagen: S. 353-376.
- Hans-Ulrich Wehler, Deutsche Gesellschaftsgeschichte Bd. 5: 1949-1990, München 2008, Kap. IV: Strukturbedingungen und Entwicklungsprozesse der sozialen Ungleichheit, Teil A: Die Bundesrepublik: S. 108-124.

7 Michael Vesters relationale Milieutheorie

Das Milieumodell von Vester (1993, 2001) verknüpft die Sinus-Milieus mit den sozialkritischen Fragestellungen der traditionellen Ungleichheitsforschung. Es bezeichnet Milieus als Gruppen mit ähnlicher Alltagskultur; sie „sind die Nachfahren der früheren Stände, Klassen und Schichten" – im Zentrum der Analyse stehen daher nicht nur die Mentalitätsunterschiede, sondern auch vertikale Unterschiede zwischen den Milieus, Ab- und Ausgrenzungen, soziale Benachteiligungen und Ungerechtigkeiten. Es sind lebensweltliche Traditionslinien, die sich nach dem Stil und den Prinzipien ihrer alltäglichen Lebensführung unterscheiden, welche Milieus ausmachen. Gleichwohl sind die großen Milieus heute immer noch durch erhebliche Kulturschranken und gegenseitige Vorurteile voneinander getrennt. Für die Bundesrepublik kommen Vester u.a. zu dem Ergebnis, dass sich die Milieus erheblich differenziert und modernisiert haben im Lauf der deutschen Nachkriegsgeschichte. Die Gegenwart charakterisieren sie als eine *ständisch geschichtete dynamische Klassengesellschaft*. Hier wird das theoretische Bemühen deutlich, unterschiedliche theoretische Ansätze in der

Geschichte der Soziologie (Karl Marx, Max Weber, Pierre Bourdieu) aufzugreifen und weiterzuführen.

Theoretisch bauen die Autoren auf Pierre Bourdieus Studie „Die feinen Unterschiede" auf; empirisch stützen sie sich auf die Sinus-Milieus. Sie gehen über ihre Referenzen jedoch dann hinaus, wenn ihnen Grenzen erreicht scheinen. Bourdieu wird dann verlassen und ergänzt durch flexiblere Ansätze von Geiger, Weber, Merleau-Ponty und auch Thompson, wenn aktuelle Fragen wie z.B. der Wertewandel, die Modernisierung der Berufsstruktur oder der intergenerationelle Wandel des Habitus es erforderlich machen.

Relationale Klassentheorie

Die Milieus werden nicht aus bestimmten materiellen Lagen oder Berufsstellungen abgeleitet, wie in der Schichtentheorie oder der marxistischen Tradition. Auch die entgegengesetzte modernisierungstheoretische Auffassung wird nicht geteilt, dass dank der Optionssteigerung durch Wohlfahrtsstaat und Wohlstand die Individuen ihren Lebensstil und ihre Milieus mehr oder weniger frei wählen könnten. Modernisierung und sozialer Wandel werden nicht als Anpassung der Individuen an veränderte gesellschaftliche Verhältnisse interpretiert, sondern als aktive Auseinandersetzung im sozialen Feld, von Akteuren *und* Strukturen. Die Ungleichheitslinien im sozialen Raum sind dabei in einer Wechselwirkung von ökonomischen Strukturen und den Praxen der Akteure bestimmt. Die Position in den Feldern und der Ort im sozialen Raum, dem jemand zugehört, stehen nicht fest, sondern werden ständig konstruiert, oder anders gesagt, sie sind umkämpft. Das Verhältnis der einzelnen gesellschaftlichen Gruppen zueinander, das Verhältnis einzelner Gruppen zur gesamtgesellschaftlichen Entwicklung, die interne Dynamik in den Milieus sind Aspekte einer sozialen Topologie. Gesellschaftstheoretisch impliziert dieser Ansatz, dass gesellschaftliche Entwicklung ein Feld von Auseinandersetzungen darstellt.

Das aktive und gestaltende Moment steht im Vordergrund. Vester bezieht sich hier auf den lebensweltlichen Klassenbegriff der englischen New Left, der die Identität der Arbeiter aus ihrer eigenen Alltagskultur und der Praxis (den Auseinandersetzungen in den verschiedenen gesellschaftlichen Feldern) verstehen will und Klassen als historische Sozialmilieus interpretiert (Handeln entwickelt Struktur). Entsprechend werden die sozialen Milieus als sich selbst reproduzierende und auch selbst verändernde Beziehungszusammenhänge verstanden, die sich als Teile größerer Milieukonstellationen verhalten und sich historisch immer wieder auf neue ökonomische und politische Bedingungen umstellen müssen – und dies mehr oder minder erfolgreich auch tun. Milieus sind Gruppen mit ähnlichem Habitus, die durch Arbeits- oder Lernzusammenhänge, Nachbarschaft und Verwandtschaft zusammenkommen und eine ähnliche Alltagskultur entwickeln (Vester u.a. 2001: 24). Als Habitus wird ähnlich wie bei Bourdieu die innere und äußere Haltung eines Menschen verstanden, die sich in Geschmack und Mentalität äußert. Zum Habitus gehört auch eine „Ethik der alltäglichen Lebensführung", der das praktische Handeln folgt. Der Habitus hat Bezüge zum Feld beruflicher Positionen. Wichtig ist auch die sozialhistorische Genese der Milieus in den Klassen, Ständen oder Schichten im 19. Jahrhundert, die grundlegende Einstellungen und Mentalitäten (Habitus, Bewältigungsformen) durch alle ihre Modernisierungen hin bis heute prägen.

Vester versteht seine Analyse als eine relationale Klassentheorie, in Anlehnung an Bourdieu und die Klassentheoretiker. Relational (im Unterschied zur Substanz) meint, dass nicht durch feststehende Eigenschaften, sondern erst in den sozialen Beziehungen der Herrschaft und der Arbeitsteilung deutlich wird, wie sich die Gesellschaft in soziale Gruppen aufteilt und wie diese zueinander stehen. Der relationale Ansatz erklärt also die Eigenschaften der Akteure aus ihrer relativen Stellung im Kräftefeld sozialer Beziehungen (insofern ist es eine Feldtheorie).

Dieses Konzept geht also nicht von einer dualen Klassenspaltung wie im orthodoxen Marxismus aus, sondern davon, dass der Normalfall in relativ stabilen, wenn auch nicht gleichgewichtigen Klassenkompromissen bestehe. Der englische Sozialhistoriker Thompson hat für die Entstehung der englischen Arbeiterklasse im 19. Jahrhundert gezeigt, dass der Wandel der Klassenbeziehungen als ganzer, der zu einer Destabilisierung der Klassenarrangements zwischen den oberen Klassen und den respektablen Volksklassen beitrug, der Antrieb der Volks- bzw. Arbeiterbewegung gewesen ist. Erst die gemeinsame Erfahrung der Deklassierung in den verschiedensten Feldern der Gesellschaft ließ die große und kämpferische, aber gleichwohl befristete Koalition der verschiedenen und heterogenen Gruppen der ersten Arbeiterbewegung entstehen (vgl. Vester 1970; Thompson 1987).

In der Studie sollen einerseits Klassen- und Schichtenstrukturen wie auch andererseits Mentalitäten und Lebensstile im Hinblick auf die Entstehung und Entwicklung gesellschaftlicher und politischer Konfliktlinien aufeinander bezogen werden. Das nach wie vor in den Sozialwissenschaften offene Verhältnis zwischen Klassen und Mentalitäten soll sowohl theoretisch wie auch empirisch geklärt werden. Diese Klärung soll sowohl eine aktuelle Gegenwartsdiagnose erstellen wie auch die historische Entwicklung von Klassen, Schichten, Mentalitäten und Milieus verfolgen.

Die Analyse zielt auf die Fragen, wie sich Rahmenbedingungen der einzelnen Milieus ökonomisch und gesellschaftlich verändern und wie die Angehörigen der Milieus damit umgehen, d.h. wie sie sich auf die veränderte Situation einstellen und welche Handlungsstrategien sie entwickeln, sowie ihre Wahrnehmung und

Einschätzung der Situation. Der theoretische Grundgedanke ist also, dass sich die Bewältigungsmöglichkeiten und die Bewältigungsstrategien lebensweltspezifisch entwickeln und lebensweltspezifisch betrachtet werden müssen. Theoretisch wird keineswegs vorausgesetzt, dass die Lebensbedingungen das Denken und Verhalten der Menschen prägen oder prägten („Was immer das heißen mag"). Vielmehr soll geklärt werden, wie sich Klassenstrukturen und Mentalitäten zur Entstehung gesellschaftlicher wie politischer Konfliktlinien verhalten. Ein wichtiges Ziel der auch empirischen Studie[1] war die Untersuchung der Veränderung sozialer Milieus und deren Mentalitäten durch den sozialstrukturellen Wandel der Nachkriegszeit. Die Milieus ihrerseits sollten möglichst präzise hinsichtlich ihrer Position im Feld der sozialen Ungleichheit bestimmt werden. Die Erforschung von neuen, veränderten, sozialen und politischen Spannungslinien und Konfliktfeldern in der Gesellschaft stellt ein weiteres Forschungsinteresse dar. Auf diese Weise sollen empirisch und theoretisch die Relevanz von Klassen und Schichten für die Bildung sozialer Milieus, für ihre Mentalitäten und ihre gesellschaftlichen Positionierung in und politischen Orientierungen *überprüft* werden. „Die Untersuchung ist die bisher einzige Überprüfung der populären These, dass sich die Großgruppen der früheren Klassengesellschaft durch den Wertewandel und die Individualisierung aufgelöst hätten" (Vester u.a. 2001: 11). Es wird aufgewiesen, dass die einzelnen Milieus d.h. Bevölkerungsgruppen sich konstituieren bzw. verändern, indem sie in unterschiedlicher Weise mit neuen Gegebenheiten und Anforderungen umgehen, die durch die Modernisierung entstehen und an sie herangetragen werden. Vester interpretiert dies als Absage an den alten Determinismus von Klassen- und Schichtentheorien. Zugleich spricht er sich gegen den postmodernen Voluntarismus (alles ist allen möglich) aus.

Schon in der Analyse der 1990er Jahre kommen Vester u.a. zu dem Ergebnis einer Vertiefung gesellschaftlicher Spaltungen, die bereits einige Gruppen von der Teilhabe an der ökonomischen und wohlfahrtsstaatlichen Entwicklung abkoppelt. In der Auseinandersetzung mit der veränderten gesellschaftlichen Entwicklungsdynamik bilden sie unterschiedliche Bewältigungsmuster aus. Die Mehrzahl der unteren und ein erheblicher Teil der mittleren Arbeitnehmermi-

---

1 Methodisch gründet sich das von 1998 bis 1995 an der Universität Hannover durchgeführte Forschungsprojekt in drei große Befragungsformen mit qualitativen und quantitativen Befragungen. Qualitative Befragungen führte die Forschergruppe als narrative Interviews in Oberhausen, Reutlingen und Hannover durch. Zudem wurden anhand von offenen biografischen Zwei-Generationen-Interviews der Zusammenhang und die Veränderung zwischen elterlichen Herkunftsmilieus und den Milieumentalitäten der Kinder aus der Perspektive des Generationenwechsels untersucht. Als drittes Standbein wurde durch eine große repräsentative Befragung in Westdeutschland Typologien von Milieus und politischen Lagern erstellt, die mittels Faktoren- und Clusteranalysen gruppiert wurden. Insgesamt wurden diese Typologien in einem Raumbild der westdeutschen Sozialstruktur geordnet; vgl. Vester u.a. 2001: 211ff.

lieus ist von den ökonomischen Veränderungen in Richtung einer postfordistischen Ökonomie und den damit verbundenen sozialpolitischen Entwicklungen eines Umbaus des Sozialstaates betroffen und droht auf die Verliererseite zu geraten. Damit zeichnen sie ein Bild der deutschen Gesellschaft, das aus der Wahrnehmung der Betroffenen von zunehmender Unsicherheit der Lebenslage, der biografischen Perspektiven, von Dequalifizierungs- und Deklassierungsprozessen gekennzeichnet ist. Auswirkung dieser Situation ist die Herausbildung einer verstärkten neuen Trennungslinie zwischen den „respektablen Milieus" der kleinbürgerlichen und der facharbeiterischen Mittelschichten und den „verachteten" Milieus. Sie stellen in diesem Zusammenhang empirisch eine Zunahme von Abgrenzungsbemühungen, Diskriminierungen und Vorurteilen fest, die mit der steigenden Unsicherheit und der eigenen Positionsgefährdung, vor allem der „Mitte", begründet werden (Vester u.a. 2001: 88). Die Diskurse um die Unterschicht knüpfen an diese Entwicklung einer schärfer gezogenen sozialmoralischen Abgrenzungslinie an.

In der Sicht Vesters haben die Auseinandersetzungen um die Deutungshoheit der gesellschaftlichen Modernisierung und die Entwicklung hegemonialer Konzepte dazu in den oberen Milieus ihren Ausgangspunkt. Seit den 1990er Jahren habe sich hier eine „neoliberal orientierte Koalition" zwischen dem konservativ-technokratischen und postmodernen Milieu herausgebildet, die die Semantik der Selbstführung vertritt und „die Sparpolitik und die sozialen Einschnitte mit der Einführung eines autoritären Chefprinzips verbinden möchte" (Vester u.a. 2001: 39). Hiermit werden die Deutungsmuster bestimmter Milieus auf die ganze Gesellschaft verallgemeinert und eine symbolische Neuformatierung von Herrschaft und Deutung der Sozialstruktur beansprucht. Freilich hängt der Erfolg dieses hegemonialen Diskurses davon ab, ob sein Inhalt durch die Mehrheit der Gesellschaft, insbesondere die modernisierten Mittelschichtenmilieus, übernommen werden kann. Das scheint bei näherer Betrachtung fraglich, zumindest so umkämpft, dass sich ein übergreifendes, anerkanntes und „Führung" tatsächlich organisierendes hegemoniales Projekt wohl kaum ausbilden wird. Vielmehr scheint es so, als würde die Gesellschaft symbolisch tief greifend und dauerhaft in verschiedene Lager gespalten, so dass sich die Abgrenzungslinien verschärfen.

Neoliberale, z.B. Noltes, Ansätze, können vor diesem Hintergrund als Versuch gewertet werden, den symbolischen, ideologischen Herrschaftsanspruch in einer Weise zu entwerfen und auszuformulieren, dass die ontologisierende und moralisierende Deutung sozialer Ungleichheit führende Gruppen (von Gestaltern und Gewinnern der Modernisierung) zusammenbinden kann, den Mittelschichten eine Perspektive eröffnet – und den Verlierern der Unterschicht jede Argumentation nimmt.

Zur Typologie der deutschen Milieus

Die Untersuchungen der Arbeitsgruppe um Michael Vester seit den 1990er Jahren erlauben eine differenziertere ökonomische und räumliche Einteilung des sozialen Raumes als bei Bourdieu. Die empirischen Analysen machen erhebliche Veränderungen in den Lebenslagen und Bewältigungsmustern der unteren Schichten deutlich, auch wenn diese für Vesters Arbeitsgruppe nicht im Mittelpunkt stehen und man die Aussagen dazu aus verstreuten Textstellen zusammentragen muss. Zugleich wird eine empirisch begründete sozialstrukturelle Einschätzung der Mittelschichten gegeben, aus der eine tiefe Ambivalenz beträchtlicher Gruppen der gesellschaftlichen Mitte gegenüber den gegenwärtigen Modernisierungsschüben der Gesellschaft deutlich wird. Die Analyse zeigt die Begrenztheit der Ressourcen (der Kapital- und Habitusausstattung im Sinne Bourdieus) einiger Gruppen für die neuen Anforderungen und macht von daher die verstärkten Bemühungen zur Abgrenzung nach unten nachvollziehbar.

In der Landkarte der sozialen Milieus auf Seite 137, die hier in großen Linien umrissen werden soll, lassen sich drei große Traditionslinien sozialer Milieus erkennen. Bei den oberen Milieus handelt es sich einmal um die Traditionslinie von Macht und Besitz (oben rechts angeordnet), um die akademische Intelligenz (halb links oben angeordnet), sowie um das Avantgardemilieu der Künstler und Intellektuellen. In der Mitte lässt sich die Traditionslinie der Facharbeiter und praktischen Intelligenz (halb links in der Mitte) sowie die ständisch-kleinbürgerliche und die unterprivilegierte Traditionslinie erkennen (Mitte rechts und unten). Ohne eigenständige Tradition gelten das Avantgardemilieu oben und das hedonistische Milieu, das sich über die gesamte Mitte erstreckt. Sozialstrukturell und analytisch kann hier gefragt werden, ob die Bedeutung und Funktion dieses Milieus für kulturellen und sozialen Fortschritt und Veränderung bei Vester angemessen thematisiert wird, denn hier gelten nur die Jugendlichen und jungen Leute der angrenzenden Milieus als Mitglieder.

Vertikal (Herrschafts- oder Machtachse) ist der soziale Raum einerseits durch die Linien der Distinktion und Prätention unterteilt, mit denen sich die oberen Milieus abgrenzen. Die „Grenze der Distinktion" verläuft zwischen den führenden und den mittleren Milieus und zeigt eine gewollte symbolische Abhebung der führenden Milieus vom Rest der Gesellschaft. Die vertikale Achse bildet das mehr oder weniger von sozialen Chancen, Wohlstand (und die damit verbundenen Vorteile und Nachteile der Lebenslagen), gesellschaftlichem Einfluss und Macht ab. Es gibt andererseits seit langem auch eine untere Scheidelinie, die „Grenze der Respektabilität", die die mittleren Milieus von den untersten Milieus trennt (und derzeit unsicher oder diffus wird): Für die mittleren Milieus besteht die Respektabilität in einem gesicherten und anerkannten sozialen Status, der auf geordnete und stetige Arbeits- und Lebensverhältnisse gegründet und in einer bestimmten Leistungs- oder Pflichtethik verinnerlicht ist. Die Kultur der unterprivilegierten Milieus ist dagegen auf eine Situation sozialer Unsicherheit und Abhängigkeit abgestimmt, die die Betroffenen wenig beeinflussen können. Dementsprechend werden drei Stufen der Typologie von Milieus unterschieden: die hegemonialen Milieus, die respektablen Volks- bzw. Arbeitnehmermilieus und die unterprivilegierten Volks- oder Arbeitnehmermilieus. Jede dieser drei Stufen ist wiederum nach verschiedenen Traditionslinien unterteilt. Daraus ergibt sich in den Bildern des sozialen Raums eine vertikale Struktur mit drei Stufen, und auf jeder Stufe etwa drei horizontal nebeneinander liegende kulturelle Traditionslinien. Diese horizontale Raumachse differenziert die Milieus nach ihren Einstellungen und Mentalitäten. Ihre internen Unterschiede werden an den Einstellungen zur Autorität festgemacht, von autoritärer bis zur avantgardistischen Grundeinstellung. Die Milieus unterscheiden sich also auf der gleichen Ebene durch unterschiedliche Werteinstellungen. „Für die einen ist eher Hierarchieglaube, für die anderen eher Eigenverantwortung der leitende Wert" (Vester u.a. 2001: 29). Die jeweiligen Trennungslinien sind empirisch und historisch (d.h. durch die Weitergabe zwischen den Generationen sowie die Neujustierungen durch die gesellschaftlichen Entwicklungen) bestimmt. Bei den führenden Milieus trennt sich das Milieu der humanistischen Intelligenz, das seine Position vor allem auf Bildung stützt, vom Besitzbürgertum, das vor allem durch materiellen Besitz charakterisiert ist. Bei den mittleren Volksmilieus findet Vester die Linien der „jugendkulturellen Avantgarde", der Facharbeit und praktischen Intelligenz sowie die ständisch-kleinbürgerliche Traditionslinien. Die unterprivilegierten Milieus differenzieren sich nach verschiedenen Formen der Anlehnung an höhere Milieus, ein Teil ist durch Hilflosigkeit und Ohnmacht gegenüber anderen Milieus und durch riskante Bewältigung der aktuellen Entwicklung geprägt (vgl. auch Hradil 2003: 46).

Auf einer dritten Zeitachse (die in der Darstellung nicht enthalten ist) werden bei Vester die Milieuveränderungen durch den Wandel der Generationen und die Modernisierung der Sozialstruktur abgebildet. Die wichtigsten Veränderungen in der Nachkriegszeit bestehen für alle Milieus in den Verschiebungen zwischen den 1980er zum Ende der 1990er Jahre vom autoritären zum autonomieorientierten Pol des sozialen Raumes, vor allem aufgrund der Bildungsexpansion, der Veränderungen der Geschlechterrollen und der Modernisierung der beruflichen Positionen. So ist z.B. das sogenannte traditionelle Arbeitermilieu zugunsten des neu entstandenen leistungsorientierten Arbeitermilieus stark geschrumpft. Dieses modernisierte Milieu ist derzeit das größte Einzelmilieu in der deutschen Sozialstruktur (vgl. Vester 2008: 88). Die Traditionslinie des kleinbürgerlichen Milieus hat sich insgesamt weniger modernisiert, ist aber auch stark geschrumpft. Auf der untersten Stufe zeigen sich deutliche Zeichen einer Veränderung, insofern diese Milieus von der Modernisierung bedroht sind und in unterschiedlichen Bewältigungsformen und z. T. auf neue Weise reagieren. Erstaunlicherweise ist diese Struktur auch international in ihren Grundmustern gleich (vgl. Vester u.a. 2001: 52-54). Modernisierungen der Mentalitäten finden hauptsächlich innerhalb der Traditionslinien, durch den Generationenwechsel, statt. Milieu-Mobilität, insbesondere der Wechsel in andere Milieus durch Aufstieg und Abstieg, ist nur für kleinere Gruppen von höchstens 5% nachweisbar, insbesondere im liberalen intellektuellen Milieu.

Im „goldenen Zeitalter" hat sich insgesamt das Verhältnis von Ökonomie und Kultur, von Lebensweise und Bürgerstatus verschoben. Die steigende Produktivität und das Wirtschaftswachstum ließ die bürgerlichen Gesellschaften den Charakter einer Ökonomie des Mangels für die Mehrheit verlieren. Damit verlor aber auch die autoritäre, disziplinierende, restriktive Kultur und Moral der Mehrheit ihre frühere geschichtliche Basis und auch ihre Legitimation. Das Aufkommen hedonistischer (auf Selbstverwirklichung, Glück, Spass, Erlebnis bezogener) Werte und die Veränderungen der Lebensweisen der Menschen – quer durch alle Milieus – gründen sich auf diese Entwicklungen. Zugleich mit diesen kulturellen Veränderungen hat die Kompetenzrevolution durch veränderte Bildung und Ausbildung und die Autonomie der Frau dazu beigetragen, dass die Gehorsamsmoral in den Hintergrund getreten ist und das Streben nach Selbstverwirklichung, Unabhängigkeit von Zwängen und Autoritäten, aber auch Toleranz und soziale Akzeptanz an Boden gewonnen haben – quer durch alle Milieus sicherlich sehr unterschiedlich – aber als deutlicher Trend von Entwicklungen hin zu moderneren Einstellungen und Mentalitäten in den Lebenswelten und auch in der Demokratie.

Lebensweltspezifische Bewältigungsstrategien
Die Umstellung auf neue ökonomische und gesellschaftliche Bedingungen, auf die Flexibilisierung der Lohnarbeit, die Ausdehnung der Zone der Gefährdung, die Arbeitslosigkeit und die Stagnation beziehungsweise der Rückgang des Einkommens stellt für fast alle gesellschaftlichen Milieus eine große und epochale – bezogen auf die bisherige Entwicklung in der Nachkriegszeit – Herausforderung dar. Es zeigt sich, dass die Umstellung den einzelnen Milieus und ihren Mitgliedern in unterschiedlichem Maße möglich ist. Wir betrachten im Folgenden diese Umstellung für die mittleren und unteren Milieus, die zusammen knapp vier Fünftel der Bevölkerung ausmachen. Nach ihrer Lebensführung und Alltagskultur unterteilen sie sich in verschiedene einzelne Milieus. Diese Unterteilungen richten sich wesentlich nach der Art ihres Bildungskapitals, das wiederum von den kulturellen Traditionen des jeweiligen Milieus abhängt. Dabei lassen sich hauptsächlich drei große Milieu- beziehungsweise Mentalitätstradi-

Zur Theorie und Empirie der Unterschichten in Deutschland

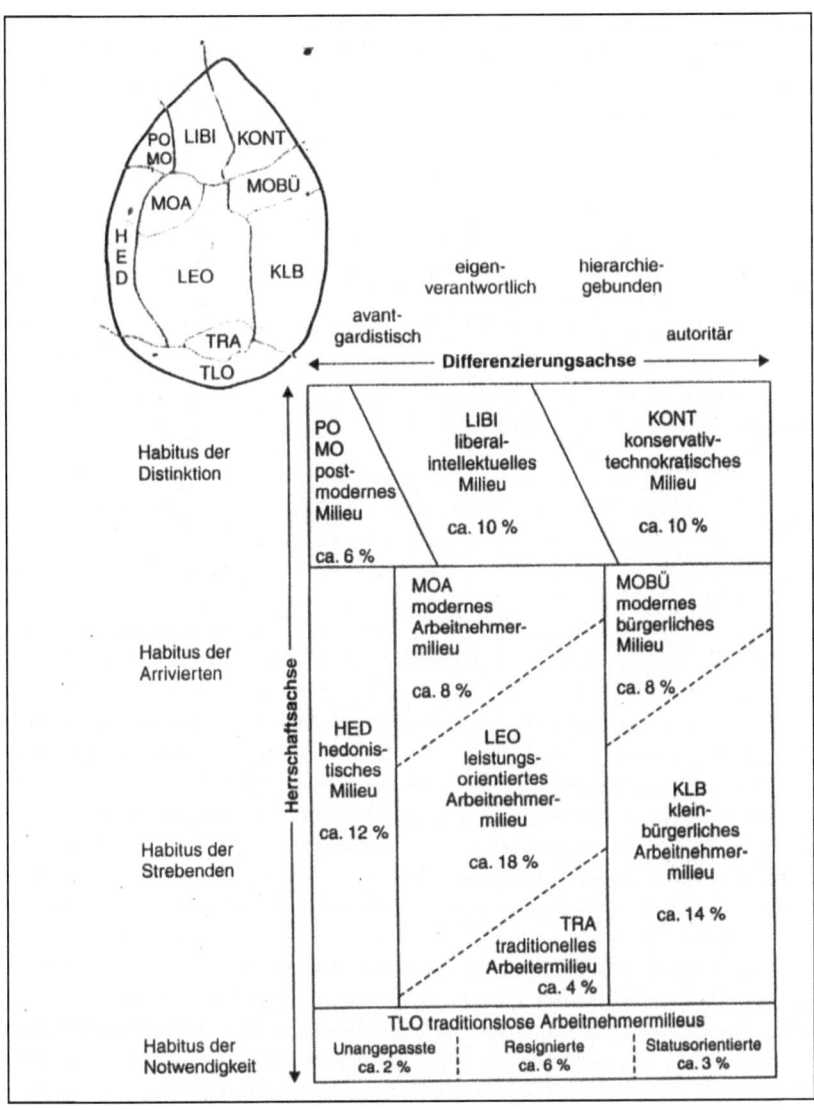

Habitus ist ein zentraler Begriff *Bourdieus* und bezeichnet die Gesamtheit der psychischen Dispositionen von Menschen oder Gruppn – ihre Orientierungen, Einstellungen, Wahrnehmungs-, Denk- und Beurteilungsschema. Der Habitus steuert die tägliche Praxis der Individuen und ist sozialstrukturell geprägt („Klassenhabitus")

Quelle: Vester 2001

tionen unterscheiden, die in sich weiter unterteilt sind: Die Traditionslinie der Facharbeit und praktischen Intelligenz (circa 30%), die eigenverantwortliche und qualifizierte Facharbeit leistet und daher weder im Betrieb noch in der Gesellschaft als Untertanen behandelt werden möchte. Ferner die Traditionslinie der kleinbürgerlich ständischen Milieus (etwa 25%), hierzu gehören Arbeiter und Angestellte, für die Pflichterfüllung und die Einordnung in Hierarchien wichtig sind und für die sie im Gegenzug Fürsorge und soziale Verantwortung von den Vorgesetzten, Unternehmern und Politikern erwarten. Drittens die Traditionslinie der Unterprivilegierten (circa 11%), mit eigenen geschichtlichen Wurzeln, deren Mitglieder aufgrund geringerer Qualifikation teils auf flexible Gelegenheitsarbeit, teils auf Routinetätigkeiten in Industrie und Dienstleistungen verwiesen sind. Da diese Jobs sich nicht zu hoher Identifikation und Mitverantwortung eignen, wird die Arbeit eher instrumentell, als Mittel zur Sicherung des Lebensstandards gesehen.

Eine eigenständige Struktur bilden die erlebnisorientierten Jugendmilieus, die relativ groß (12%) sind, aber keine eigene Traditionslinie verkörpern; sie bestehen aus Jugendlichen und jungen Leuten der ersten beiden großen Linien, die sich in der jugendtypischen Phase der Rebellion und des Austestens gegen die Leistungs- und Pflichtethik der Eltern befinden.

Insgesamt kommen die hedonistisch orientierten Milieus in der Analyse von Vester etwas kurz. Das postmoderne Milieu der Oberschicht ist der Nachfahre des alternativen Milieus, das aus den Protestbewegungen und dem Kulturbruch seit 1968 entstanden war. Im Vordergrund stehen hier die Ansprüche der Selbstverwirklichung und Persönlichkeitsentfaltung, der Individualität und Authentizität. Vester u.a. interpretieren die realistische Wende und den Schrumpfungsprozess – das Milieu ist bis Anfang der 1990er Jahre auf 2% geschrumpft, dann als eigenständiges Milieu verschwunden und als kritisches Ferment im „Postmodernen Milieu" aufgegangen. Sozial mischen sich hier Aufsteiger von Kultur- und Medienberufen, Unternehmen der neuen Technologien und symbolischen Dienstleistungen, die kulturell ihr Verständnis als ästhetische Avantgarde und habituell ihr Bedürfnis nach Erlebnis, Abwechslung und Konsum eint. Übergreifend erscheint der Drang nach Autonomie und Unabhängigkeit von Hierarchien, die sich mit unkonventionellen Karrieren, in bestimmten Lebensphasen auch mit Jobben unter Qualifikationsniveau verbinden (Vester u.a. 2001: 509f.).

Das hedonistische Milieu, das die Mittel- und die Unterschicht überstreicht, wird hauptsächlich durch die verlängerte Jugendphase infolge der Bildungsreformen und der Verlängerung der beruflichen Ausbildung erklärt. Entsprechend hat es keine eigene Traditionslinie. Gekennzeichnet ist es durch einen starken Antikonformismus und Individualismus, der mit dem Abgrenzungsstreben des

Jugendalters gedeutet wird. Die Leistungsmoral und die Leistungsorientierung der Traditionslinie der Arbeiter und die Pflichtmoral der Traditionslinie der Kleinbürgerlichen werden abgelehnt. Die Mitglieder des hedonistischen Milieus definieren sich überwiegend als Gegenteil der angepassten Normalbürger. Während dies auf den ersten Blick dem Bild der Erlebnisgesellschaft zu entsprechen scheint, zeigt sich bei näherem Betrachten, dass die Selbstverwirklichung mehrheitlich in Freizeit und Konsum, nicht in der Arbeit angestrebt wird. Ironisch sprechen Vester u.a. von „Freizeithedonisten" (522). Die starke Abgrenzung von den Herkunftsmilieus verdecke eine innere Bindung an deren Werte, auf die in späteren Lebensphasen dann wieder zurückgegriffen wird.

Entsprechend seiner vertikalen Ausdehnung schließt das Milieu fast alle sozialen Lagen ein, von privilegierten bis zu prekären Positionen. Es wäre sicher interessant, der Frage nachzugehen, wie sich die unterschiedlichen Mitglieder des hedonistischen Milieus mit den Krisen und Gefährdungen ihrer Bezugsmilieus auseinandersetzen. Es könnte sein, dass sich hier Spannungsfelder fänden, die vor allem in der unterschiedlichen Auseinandersetzung dieser überwiegend jungen Menschen mit den Gefährdungen des kleinbürgerlichen, des facharbeiterlichen oder des unterprivilegierten Milieus vorliegen.

Bei der Betrachtung des kulturellen und habituellen Wandels in der Nachkriegszeit hatten Vester u.a. unter Rückgriff auf Merleau-Pontys Konzept der Öffnung des sozialen Raumes und auf die Thesen des Birminghamer Centre for Contemporary Cultural Studies (CCCS), dass die Bricolage des jugendlichen Lebensstils klassenspezifisch verlaufe, die These einer Habitus-Metamorphose entwickelt. Sie besagt im Großen und Ganzen, dass die Lebensstile, Mentalitäten und der Habitus der jüngeren Generation nicht frei gewählt sind, sondern sich relational in der Auseinandersetzung sowohl mit der Habitusstruktur des Herkunftsmilieus wie auch der hegemonialen Kultur entwickelt habe (Vester u.a. 2001: 206ff.). Jedes Milieu habe auf seine eigene Art und Weise und mit jeweils typischen Variationen – seinen Habitus-Dispositionen entsprechend – auf die Erweiterungen der Lebensbedingungen in der Nachkriegszeit reagiert. Auch die Zugehörigkeit zu weltanschaulich-gesellschaftspolitischen Milieus, wie sie Rainer Lepsius als z. T. klassenübergreifende Konstellationen beschrieben hatte, gelten als wichtiger und anhaltend wirksamer Faktor.

Das traditionslose Arbeitnehmermilieu – die Unterschicht
Für die unteren und einige der mittleren Milieus verändert die Modernisierung seit den 1980er, verstärkt aber in den 1990er Jahren die Grundlagen ihrer gesellschaftlichen Position und stellt auch die sozialmoralischen Grundlagen des überkommenen lebensweltlichen Selbstverständnisses in Frage (sozial den Lebensstandard und den Status sowie die Zukunft der Kinder, kulturell und

symbolisch die bisherige soziale Identität und auch die Lebensweise und Zukunftsperspektiven). Es werden sehr viele jener Selbstverständlichkeiten infrage gestellt, die sich in der Epoche der Nachkriegszeit herausgebildet haben. Für die unterste Gruppe, das traditionslose Arbeitermilieu, werden durch den zunehmenden Verlust von Normalarbeitsverhältnissen Umstellungen und Anpassungen erforderlich, die die bisherigen Grundlagen dieser Lebenswelt obsolet machen, nämlich dass Arbeit Anerkennung und Auskommen gewährleiste. Das gesamte Milieu gehörte zu den Gewinnern der fordistischen Phase. Sowohl in der alten Bundesrepublik wie auch in der DDR seit den 1950er Jahren hatte es dauerhafte Beschäftigung in industrieller Arbeit und einfachen Dienstleistungen gefunden, war über das Normalarbeitsverhältnis integriert, hatte darüber gesellschaftliche Anerkennung erlangt und über die relative Wohlstandssteigerung auch bei Lebensstandard und Konsum partizipiert. Gegenwärtig ringen die unterprivilegierten Milieus am stärksten um den Anschluss an die „respektable" Gesellschaft, also um ein – wie bisher – geregeltes, planbares Leben in geordneten, überschaubaren, und nicht zuletzt vorzeigbaren Verhältnissen. Erkennen lässt sich eine Differenzierung dieses Milieus, schärfer noch als bei den mittleren, in Verlierer und noch Kämpfende. Ein Teil hat bereits Abstiegs- und Ausschlussprozesse erfahren und ist von wiederholter Arbeitslosigkeit betroffen, oft verbunden mit prekärer werdenden Beschäftigungen. Ein weiterer Teil ist bereits resigniert, da aufgrund lang dauernder Abstiegsprozesse relativ chancenlos auf dem Arbeitsmarkt (z.B. langzeitarbeitslos), oder auch als Jugendliche ohne Aussicht auf den Einstieg in den Arbeitsmarkt. In bestimmten strukturschwachen Regionen, vor allem Ostdeutschlands, gibt es für diese Teilgruppe kaum eine Perspektive, in Westdeutschland liegt regional auch eine ethnische Unterschichtung vor (die milieutheoretisch gar nicht untersucht ist). Generell ist dieses Milieu, das sich über Jahrzehnte vor allem durch einfache industrielle und Dienstleistungs-Arbeitsplätze gesichert gesehen hatte, besonders durch die Entwertung einfacherer Arbeit, den Arbeitsplatzabbau in diesem Segment sowie die Auslagerung gering qualifizierter Arbeitsplätze in Niedriglohnländer betroffen. In Ostdeutschland wirkte sich die allgemeine Deindustrialisierung sehr stark auf dieses Milieu aus. Das Milieu besteht sozial keineswegs nur aus wenig qualifizierten Personen, auch wenn diese überwiegen, sondern schließt auch Berufspositionen mit mittleren oder höheren Standards ein. Diese Mobilität wird erklärt mit den für den Habitus der Traditionslosen zentralen Strategien der Nutzung von Gelegenheiten und der flexiblen Anlehnung an Mächtigere, die durchaus Aufstiege in Richtung höherer Milieus und sozialer Lagen möglich machen.

Insgesamt reagieren die Angehörigen dieses Milieus mit Strategien der Anpassung an die neuen Anforderungen von Flexibilität, Prekarität und Unsicherheit. Sie suchen dem sozialen Abstieg durch das vermehrte Sich-Einlassen auf

Gelegenheitsjobs, geringfügige Beschäftigung und Niedriglohnarbeit zu entgehen. Aktiv werden milieutypische Tugenden und Ressourcen des Überlebens mobilisiert: die gegenseitige Hilfe, die Kombination verschiedener Erwerbstätigkeiten, die Nutzung von Gelegenheiten, das rasche Dazulernen und das planende Haushalten. Sie sind sich, wie alle Angehörigen des Milieus, der ständigen Gefahr bewusst, von der Mehrheit der Gesellschaft stigmatisiert zu werden. Sie tun daher viel, um einem Absinken vor allem auch ihrer Kinder in einen deklassierten Lebensstandard und in die soziale Ausgrenzung vorzubeugen. Sie haben keine Vorbehalte, auch einfache und gering bezahlte Arbeiten anzunehmen (in Niedriglohnbereichen, geringfügigen Beschäftigungen, Bereichen extremer zeitlicher und körperlicher Belastung, mit Überstunden usw.). Viele befinden sich dadurch ebenso im beruflichen und erwerbsbiografischen Stress, wie die übrigen Arbeitnehmermilieus.

Das Milieu insgesamt habe, so Vester u.a. (2001: 92ff., 522ff.), Bewältigungsstrategien entwickelt, welche die Stärke dieses Milieus ausmachen, nämlich flexibel auf die sich wandelnden Anforderungen zu reagieren. Einerseits wird versucht, durch Anlehnung an höhere Milieus mehr soziale Anerkennung zu gewinnen. Andererseits gelten innerhalb des Milieus die gesellschaftlich wenig respektierten Eigenarten als wichtig: die Fähigkeit zu Spontaneität und Improvisation, die Flexibilität bei der Suche nach Gelegenheiten, das Gefühl für herzliche menschliche Beziehungen, das körperliche oder sportliche Können und die Fähigkeit, mit chaotischen Bedingungen und Schicksalsschlägen umzugehen. Gegen die Gefahr der Destabilisierung entwickeln viele Traditionslose Strategien des Mithaltens, die auch in den mittleren Milieus ihren Platz haben. Hierzu stützen sie sich nicht auf Maximen einer innengeleiteten Moral, sondern auf außengeleitete Formen des Selbstzwangs und vor allem der Anlehnung an stabile Lebenspartner, Arbeitskollektive, staatliche Maßnahmen und Hilfen usw. Dies entspricht den historischen Wurzeln der Traditionslosen in den unterständischen dörflichen und städtischen Milieus der vorindustriellen Zeit, deren Bewältigungsformen weniger auf Leistung setzten als auf das Glück: auf Protektion oder Almosen, eine günstige Gelegenheit oder eine gute Heirat. Diese Muster der Lebensführung seien auf die geringeren Qualifikationen und die prekären sozialen Lagen abgestimmt. Die Mithaltestrategien sind teilweise zirkulär begründet: Initiativen der Bildung, Leistung, Politik usw. gelten z. T. als vergebliche Mühen, die nicht aus der benachteiligten Lebenslage herausführen können. Soziale Ungleichheit und Hierarchien werden hingenommen – von den „Anlehnungsstrategien" wird gleich berichtet.

Innere Differenzierung der „Unterschicht"
Insgesamt haben sich drei verschiedene Untergruppen herausgebildet, so dass die vorstehenden Aussagen nicht für alle Traditionslosen gleichermaßen gelten. Aus milieutheoretischer Sicht hatte der relative Aufstieg des sogenannten „*traditionslosen Arbeitnehmermilieus*" in der Nachkriegszeit zu einer Ausdifferenzierung dieses Milieus beigetragen. Ein erheblicher Anteil hat Elemente aus mittleren Milieus, „höhere" Werte und Lebensstile sowie auch aus den in der Nachkriegszeit neu entstandenen „hedonistischen" Milieus, die sich durch die Betonung von Lebensgenuss sowie die Abgrenzung zu den „biederen" Milieus auszeichnen, übernommen und mit seinen eigenen Traditionslinien verbunden, und zwar einerseits mit einer mehr hedonistisch-modernen (die „Unangepassten") und andererseits mit einer mehr kleinbürgerlich-tradionellen (die „Respektablen") Ausrichtung. Generell spielen Konsum und Lebensgenuss, Teilhabe an Stabilität und soziale Anerkennung über Arbeit als Lebensziele für diesen relativen Aufstieg eine entscheidende Rolle (Vester u.a. 2001: 522ff.). Beide Teilgruppen sind sich seit den 1990er Jahren der Bedrohung durch sozialen Abstieg und Reproletarisierung bewusst und aktivieren ihre milieuspezifischen Stärken der flexiblen Anpassung an die Gegebenheiten, der flexiblen Nutzung von Solidarität in den Netzwerken des Milieus und der Selbsthilfebereitschaft, die Kombination verschiedener Erwerbstätigkeiten, die Nutzung von Gelegenheiten und das planende Haushalten.

Die Respektablen
Eine Gruppe wird von Vester u.a. die „Respektablen" genannt und umfasst etwa 30% des traditionslosen Arbeitnehmermilieus. Hier lehnt man sich an die kleinbürgerlichen Werte der Respektabilität und Pflicht an. Das Ziel eines angenehmen Lebens im Kreis einer möglichst intakten Familie und Verwandtschaft rechtfertigt es, sich anzustrengen und beruflich hoch zu arbeiten. Im Vertrauen auf die eigene Leistungsfähigkeit werde die Zukunft eher zuversichtlich gesehen und die mit Anstrengungen erworbene Sicherheit soll nicht durch ein Ausbrechen aus dieser Ordnung aufs Spiel gesetzt werden. Frauen sollen ihre „Erfüllung" in erster Linie in der Familie finden; der Neigung, für ein aufregendes Leben „auf Sicherheit zu pfeifen", darf nicht nachgegeben werden. (Vester u.a. 2001: 524).

Die Unangepassten
Eine weitere Gruppe umfasst etwa 20% dieses Milieus und wird als die „Unangepassten" charakterisiert. Sie haben sich stärker an die Werte des hedonistischen Milieus in der gesellschaftlichen Mitte angelehnt. Lebensgenuss und die Teilhabe an Konsum stehen hier im Vordergrund. Im Unterschied zu den

Respektablen wird eher gegenwartsorientiert gelebt, und man hätte dazu gerne mehr Ressourcen und Mittel. Der Gegenwartsbezug und die Ausrichtung auf Lebensgenuss sind hier wichtiger als die kleinbürgerlichen Strategien, etwa durch Sparen und Fleiß zu Besitz zu kommen. Auch die kleinbürgerliche Bindung – wie bei den Respektablen – der Frau an den Herd und das Heim ist hier wenig akzeptiert, allerdings eher aus hedonistischen Motiven, sie wird nicht mit einem modernisierten Frauenbild begründet. Generell ist eine kulturelle Öffnung ebenso wenig gegeben wie ein sozialkritisches Engagement.

Aus der Sicht von Vester u.a. zeigen diese beiden Gruppen Erfolge der Integration dieses Teilmilieus in die Arbeitsgesellschaft der fordistischen Ära, die heute durch neoliberale Deregulierung wieder infrage gestellt werden: sie haben von der Verbindung relativ sicherer und auskömmlich bezahlter Arbeitsplätze und der Sozialstaatlichkeit (in Ost und West) profitiert. Die Strategien der Anlehnung an höhere Milieus hätten sich als „sinnvolle Stabilisierung erwiesen" (Vester u.a. 2001: 525). Von diesem Milieu sind etwa 40% an- und ungelernte Arbeiter und ebenfalls etwa 40% Angestellte mit geringer oder mittlerer Qualifikation, die vor allem in der Industrie und in bestimmten Teilen des öffentlichen Dienstes Arbeitsplatz-Sicherheit gefunden hatten. Es sind die ökonomische Krise und deren politische Regulation, die eine Destabilisierung des Gleichgewichts der Lebensorientierungen im traditionslosen Milieu herbeigeführt haben.

Die Resignierten
Die größte Gruppe der Traditionslosen, etwa 50%, sind die „Resignierten", die seit den 1980er Jahren mehr und mehr angewachsen ist. Sie glauben nicht mehr an den Erfolg der Strategien der Respektabilität und sind kollektiv zu entmutigt, um auf andere Strategien zu setzen. Sie sehen für sich in der Gesellschaft keine Perspektive und müssen sich ohnmächtig darein schicken. Einerseits handelt es sich um Arbeitslose (vgl. Kronauer u.a. 1993), die die Erfolglosigkeit ihres Bemühens um Wiedereingliederung realisieren müssen und aufgrund ihrer Ressourcen auch tatsächlich kaum Aussichten haben. Eine wichtige andere Teilgruppe sind benachteiligte junge Menschen: Jugendliche und junge Erwachsene an den Übergängen in Ausbildung oder in Erwerbsarbeit, die ähnlich chancenlos sind. Diese erfolglosen Teile des Milieus geraten in Abwärtsspiralen der Resignation und auch der Anomie. Vester u.a. weisen eher nebenbei auf anomische Entwicklungen eines Teils der Resignierten hin (2001: 94), indem sie Erwerbstrategien außerhalb der Normen nennen wie Schwarzarbeit und Schattenarbeit, aber auch Delinquenz: „Die Normabweichungen schlagen sich auch in der Statistik des Strafvollzugs nieder, in der eine andere kleine Teilgruppe des Milieus erheblich über dem Durchschnitt für kleinere Delikte liegt."(a.a.O.). Es ist bedauerlich, dass

das empirische Material eine nähere Untersuchung des offenbar breit gefächerten Spektrums von Bewältigungsstrategien innerhalb des Milieus nicht erlaubte.

Wichtig ist auch ein weiterer Hinweis, dem genauer nachgegangen werden müsste: Die Werte der Resignierten sind genau entgegengesetzt denen der Respektablen. Vester und seine Gruppe vermuten daher, das ein Teil der Resignierten aus früheren Respektablen besteht, deren Strategien an äußeren Schwierigkeiten bereits gescheitert sind – also die Opfer der Modernisierung der letzten 20 Jahre. Ein anderer Aspekt kommt hinzu, wenn man die Entwicklung vor allem in Ostdeutschland betrachtet.

Wachsende Unterschicht als Schmelztiegel
In Ostdeutschland umfasste das traditionslose Arbeitnehmermilieu Ende der 1990er Jahre etwa 11%, 2006 etwa 20% der Ostdeutschen. Sie arbeiteten zu DDR-Zeiten einerseits in den Problemindustrien (Textil und Braunkohlechemie), für deren veraltete Anlagen an- und ungelernte Kräfte gebraucht wurden, die für ihre materielle Absicherung gesundheitlicher Risiken und monotone Tätigkeiten in Kauf nahmen. Auf der anderen Seite waren die Arbeitsplätze bei Post, Bahn und Stadtgastronomie bevorzugt. Nach der Wende sind viele Milieuangehörige arbeitslos oder prekär beschäftigt. Viele sahen sich nun auf staatliche Versorgung angewiesen, manche machten auch mit ihren flexiblen Talenten im Westen ihr Glück. Vor allem für viele Frauen konnte der Verlust des Arbeitskollektivs und der Kinderbetreuung eine Spirale materieller und moralischer Destabilisierung einleiten.

Das traditionslose Arbeitnehmermilieu wird seit den 1990er Jahren nicht nur in Ostdeutschland offensichtlich vergrößert durch absteigende Angehörige der mittleren Milieus, die mit ihrer Erwerbstätigkeit auch ihre Statuspositionen verloren haben und in niedrigere Milieus absinken.

Offenbar haben vor allem die sozialpolitischen Zuspitzungen der Aufgabe einer lohnbezogenen Arbeitslosenhilfe zugunsten einer Grundsicherung – die Einführung von Hartz IV – und in Ostdeutschland die Reduktion der Arbeitsförderungsmaßnahmen nach 2005 zu dieser Vergrößerung des traditionslosen Milieus beigetragen. Gegenwärtig ist es zum größten Teilmilieu in Ostdeutschland geworden, das etwa 1/5 der Bevölkerung Ostdeutschlands umfasst. Das Anwachsen dieses Milieus geht offensichtlich vor allem auf die Eingliederung abgestiegener mittlerer Milieuangehörigen zurück, die in der Nachwendezeit ihre erwerbsbiografische und berufliche Verankerung verloren haben. Diese Abstiegprozesse haben sich vor allem seit Anfang des neuen Jahrtausends offensichtlich verstärkt. Wissenschaftlich bisher nicht untersucht ist, welche Auswirkungen diese neuen Amalgamierungen für die Milieustrukturen und die Entwicklungen bzw. Veränderungen von Mentalitäten und Bewältigungsmustern gehabt haben und haben und wie sie sich in die künftige Entwicklung des Milieus niederschlagen. Vor allem in Ostdeutschland entwickelt sich gegenwärtig das traditionslose Arbeitnehmermilieu (die „Unterschicht") zu einem Schmelztiegel von gesellschaftlichen Gruppen mit unterschiedlicher Geschichte und Flugbahn (vgl. dazu ausf. Hofmann/Rink 2006, insbes. 280ff.).

Zusammenfassung
Zugespitzt formuliert, lassen diese Analysen den Schluss zu, dass wir vor allem hinsichtlich des traditionslosen Arbeitnehmermilieus epochale Veränderungen des Status, der Position und symbolischen Geltung einer gesellschaftlichen Gruppe beobachten. Sozialhistorisch hatten sich in der Nachkriegszeit, milieutheoretisch betrachtet, die Grundlagen der bisherigen Lebensweise der unteren Schichten gravierend verändert. Erstmals seit dem 19. Jahrhundert hatten sie in der fordistischen Epoche Sicherheit ihrer Erwerbsarbeit und darüber gesellschaftliche Integration in Lebensweise und Konsum erreicht; dies gilt für Ost- und Westdeutschland. Sie haben sich auch begrenzt an Mentalitäten und Lebensweisen höher positionierter Gruppen orientiert und angepasst. Aus milieutheoretischer Sicht (vgl. Vester u.a. 2001) hatte der relative Aufstieg des sogenannten „traditionslosen Arbeitnehmermilieus" in der Nachkriegszeit zu einer Ausdifferenzierung dieses Milieus beigetragen. Ein erheblicher Anteil hat Elemente „höherer" Werte und Lebensstile übernommen und mit seinen eigenen Traditionslinien amalgamiert, mit einer mehr hedonistisch-modernen (die „Unangepassten") und einer mehr kleinbürgerlich-tradionellen (die „Respektablen") Ausrichtung. Die gegenwärtige ökonomische und sozialpolitische Entwicklung lässt in Folge u.a. der Rationalisierung der Produktion und der globalen Verlagerungen einfache Arbeitsplätze im Industrie- und Dienstleistungsbereich zunehmend überflüssig und auch qualifizierte unsicher werden (vgl. Castel 2000). Für die Milieus der unteren Mitte und der unteren Schichten führt diese Entwicklung tendenziell zu einer Re-Prekarisierung, für die Teilgruppe der geringer Qualifizierten, der Un- und Angelernten sogar an die Grenze der Entkoppelung oder darüber hinaus. Diese sozialhistorische Trendwende führt sicher nicht zu Formen der Vergangenheit zurück, doch ist die gegenwärtige Entwicklung nicht wirklich erforscht. Möglicherweise zeigen Nachrichten aus der Unterschicht Teilaspekte von Desintegration und Anomie, die kleine Teilgruppen und nicht die Milieumehrheit betreffen. Vor allem die Teilgruppen der Unangepassten und der Respektablen sind sich seit den 1990er Jahren der Bedrohung durch sozialen Abstieg und Reproletarisierung bewusst und aktivieren ihre milieuspezifischen Stärken der flexiblen Anpassung. Befristete Beschäftigungen, geringe Absicherungen, Maßnahmen der Arbeitsförderung, häufige Jobwechsel und

Arbeitslosigkeitsphasen, prekäre Beschäftigungen mit flexiblen Arbeitszeiten, prekäre Selbstständigkeit, Ich-AGs, regional mobile Leiharbeit usw. laufen auf eine neue Form der Arbeit hinaus, die im Gegensatz zum fordistischen Normalarbeitsverhältnis steht. Diese flexiblen Bewältigungsformen bedeuten mithin den Weg in die Stufen der Gefährdung, der Entkoppelung, die Informalität und die prekäre Existenz. „Der arbeitsmarkt- und sozialpolitische Kurs zielt auf eine systematische Abdrängung in die Informalität" (Groh-Samberg 2006: 256).

Da eine Umstellung der überkommenen Bewältigungsmuster und Positionierungsstrategien durch die veränderten ökonomischen und politischen Anforderungen auch von den Milieus der Mittelschicht gefordert wird – das traditionelle Arbeitermilieu, das kleinbürgerliche Milieu und das leistungsorientierte Arbeitermilieu – verstärken sich offenbar die Abgrenzungslinien zwischen den gesellschaftlichen Gruppen, vor allem die der Respektabilität. Nicht nur bildet sich das um, was „unten" ist. Auch die Konstruktion des „unten" durch die Milieus, die sich als bislang respektabel, nun aber gefährdet sehen, wird schärfer gezogen (vgl. z.B. die Berichte in Keller 2005, Schultheis/Schulz 2005; ähnlich Hofmann/Rink 2006). Die Unterschichtendebatte nimmt diese Entwicklung auf.

Sozialhistorisch greifen nun die mittleren, die respektablen Volksmilieus auf alte Topoi der Distinktion von innen und außen zurück, die nun in neuer und modernisierter Form ausgestaltet werden: als Unterschichtendiskurs. Schon während der Entstehung der bürgerlichen Gesellschaft war die Trennlinie entlang ständischer Ehre gezogen. Die Zugehörigkeit zu einer durch geachtete Arbeit, Fleiß, Mühe und geregelte Lebensführung gekennzeichneten ehrbaren Welt bedeutete eine wichtige Linie der Abgrenzung nach unten und oben. Respektabilität markierte schon im 19. Jahrhundert die (Nicht-)Zugehörigkeit zu einer nach Ständen, Berufen und konventioneller Lebensführung geordneten sozialen Welt, und diese Konstruktion begleitete die Geschichte der unteren Schichten. Während der langdauernden gesellschaftlichen Übergangsepoche haben vor allem jene unterbäuerlichen und unterständischen Schichten Stigmatisierung auf sich gezogen, die ohne (alten oder neuen) festen Beruf, auch ohne ausreichendes Land, angewiesen blieben auf eine flexible Kombination von kleiner Subsistenzwirtschaft, zusätzlichen Verdiensten und anderen Formen des Überlebens. Schon damals ging es z.B. um die angeblich mangelnde Arbeitsmoral und fehlende Disziplin der ökonomischen Haushaltsführung, die ungezügelte Vermehrung (Sexualität) usw. – in der Geschichte der neuzeitlichen Armenfürsorge und Sozialdisziplinierung lässt sich das näher verfolgen (vgl. Sachße/Tennstedt 1982/1998). Freilich war auch damals dieser Begriff der Unterschichten nur auf *einen* Diskurs der Abgrenzung bezogen, wie die historische Forschung zeigt. Die Geschichte der Unterschichten in der Neuzeit ist sehr komplex, weil ein Teil der unterständischen und der unterbäuerlichen Schichten wertemäßig und kulturell dazugehörte. Zum Teil gilt das selbst für Randgruppen. Umgekehrt waren verachtete Schichten, wie Henker, Abdecker usw. nicht unbedingt schlecht gestellt, sondern z.t. wohlhabend. Die Unterschichten machten im 19. Jahrhundert die Mehrheit aus. Unterschichten sind schon dort ein heterogenes Konglomerat aus verschiedenen sozialen Gruppen mit ganz unterschiedlicher Flugbahn (vgl. Friedeburg 2002, Kocka 1990, Mooser 1984, Engelsing 1978).

Mit der Industrialisierung in der zweiten Hälfte des 19. Jahrhunderts beginnt die allmähliche Absorption durch die Industrie. In der Nachkriegszeit, dem „goldenen Zeitalter" (Hobsbawm 1997) geschieht eine historische Zäsur, die der Historiker Mooser als Ende der agrarischen Verwurzelung der Mehrheit der Arbeiterschaft (auf dem Land und in den Kleinstädten) beschreibt. Die Symbiose von ländlicher Subsistenzökonomie und kapitalistischer Lohnarbeit als jahrhundertealte soziale Formation verschwindet. Burkhard Lutz analysiert diese Symbiose zugleich als Bewältigungsform, denn die ländliche Unterschichtenökonomie ermöglichte eine soziale Abfederung der Risiken der Lohnarbeiterexistenz (vgl. Lutz 1984, Chassé 1988). Die Verallgemeinerung gewinnorientierter Wirtschaftsweise in der fordistischen Entwicklung hat diese Verzahnung beendet und damit zugleich den sozialen und kulturellen Anschluss an die Modernisierung durch Integration gefördert (Groh-Samberg 2006: 243). Damit waren die „Unterschichten" für einige Jahrzehnte nahezu verschwunden, sie waren erwerbsmäßig und hinsichtlich der Lebensweise integriert.

Mit der Entwicklung zur Re-Prekarisierung verschärfen sich innerhalb der Arbeitermilieus die Abgrenzungen und Konflikte zwischen den Traditionslinien der Respektabilität und der Informalität.

Ähnlich wie in den Studien von Michael Vester findet sich auch in anderen Forschungen keineswegs eine moralisierende Diagnose von Personen, deren Ausschließung mit Selbstausschließung begründet wird. Vester können wir hier so zusammenfassen, dass seine Analyse der unteren Schichten alles andere als eine Selbstausschließung aufgrund von kultureller Verselbstständigung ergibt. Vielmehr zeigen sich die verschiedenen Bewältigungsformen der Teilgruppen der Unterschicht als durchaus widersprüchlich, insofern sie sowohl flexible Anpassung wie auch anomische Verhaltensweisen andeuten. Auch andere Studien, die sich hier gegen den Unterschichtsdiskurs anführen lassen, zeigen ein durchaus anderes Bild. Das Forschungsprojekt von Steiner/Pilgram (2002) etwa versucht eine Perspektive der Betroffenen einzunehmen, die die Praktiken benachteiligter Menschen in ihrer Widersprüchlichkeit nachvollziehbar werden lassem, als "Gleichzeitigkeit der befreienden, widerständigen Momente und der Mitarbeit an der Fremddisziplinierung durch Selbstdisziplinierung" (so Cremer-Schäfer 2005: 153ff.; 2006a: 63). Hier werden also die kreativen Momente von Bewältigung und die Widerspenstigkeit gegen Situationen des Ausschlusses wahrgenommen, um die Formen der individuellen und kollektiven Verarbeitung von Situationen sozialer Ausschließung und auch zur strategischen Nutzung wohlfahrtsstaatlicher Leistungen deutlich zu machen. Dabei zeigt sich im Übrigen, dass der Sozialstaat begrenzt zur Nutzung einer gewissen Sicherheit wie auch „begrenzten Befreiungen von Abhängigkeit" (a.a.O.) wichtig ist.

Die deutschen Milieus der Mitte
Die Veränderungen der Ökonomie und des Wohlfahrtsstaates betreffen die Mitte der Gesellschaft als Gefährdung der erreichten relativen Sicherheit, des gesellschaftlichen Status und als Bedrohung des Abstiegs; dies soll im folgenden im Nachvollzug der Analysen von Vester u.a. zu den großen „Volksmilieus der Mitte" deutlich gemacht werden. Am gesellschaftlichen Rand – der Unterschicht – sind diese Trends, wie wir gesehen haben, Prekarität und Unsicherheit, längst angekommen.

Der Weg der flexiblen Anpassung und Reprekarisierung ist den mittleren, „respektablen" Volks- bzw. Arbeitnehmermilieus aus den verschiedensten Gründen nicht möglich, deren Ehre (soziale Identität) in ihrem Arbeitsethos, ihrer Unabhängigkeit und ihrer Beständigkeit und Zuverlässigkeit liegt. Das wird im Folgenden genauer zu betrachten sein.

Wie erwähnt, lassen sich in der Mitte hauptsächlich zwei große Milieu- bzw. Mentalitätstraditionen unterscheiden: die Traditionslinie der Facharbeit und der praktischen Intelligenz (circa 30%), die eigenverantwortliche und qualifizierte Facharbeit leisten und daher weder im Betrieb noch in der Gesellschaft als Untertanen behandelt werden wollen. Ferner die Traditionslinie der kleinbürgerlichen Milieus (etwa 25%), hierzu gehören Arbeiter und Angestellte, für die Pflichterfüllung und die Einordnung in Hierarchien wichtig sind, für die sie im Gegenzug Fürsorge und soziale Verantwortung von den Vorgesetzten, Unternehmern und Politikern erwarten.

Beide heben sich ab von der Traditionslinie der Unterprivilegierten (circa 12%), deren Mitglieder aufgrund geringerer Qualifikation teils auf Routinejobs in Industrie und Dienstleistungen, teils auf flexible Gelegenheitsarbeit verwiesen sind. Die Differenz liegt in der Bedeutung der Arbeit: da diese Jobs sich nicht zu hoher Identifikation und Mitverantwortung eignen, wird die Arbeit eher instrumentell, als Mittel zur Sicherung des Lebensstandards gesehen.

Die kleinbürgerlichen Milieus
Für die kleinbürgerlichen Milieus, immerhin etwa 1/4 der deutschen Bevölkerung, beruht die Respektabilität auf der beruflichen Ehre: der pflichtbewussten Einordnung in Autoritätshierarchien und auf fachlichem Können, zu viel Eigenverantwortung ist hier eher hinderlich. Nach dem Grad der Modernisierung

lassen sich zwei Teilmilieus unterscheiden, die auch stark generationelle Unterschiede markieren.

Das ältere (traditionelle) kleinbürgerliche Arbeitermilieu verfügt über ein begrenztes aber solides, jedoch wenig modernes Bildungskapital, das überwiegend aus dem Hauptschulabschluss und einer abgeschlossenen Fachausbildung besteht. Im Unterschied zum parallelen traditionellen Arbeitermilieu, das den höheren Ebenen in der Gesellschaft eher misstraut, bringen die Kleinbürgerlichen den Menschen mit höherem Status besondere Ehrfurcht entgegen. Die eigene Respektabilität wird vor allem durch einen sicheren und gemehrten materiellen Wohlstand ausgedrückt. Er soll die Zugehörigkeit zum gehobenen Mittelstand nach innen und außen demonstrieren. Das Milieu kennzeichnet eine zuverlässige, oft restriktive, Moral, die auf die historische Herkunft in der traditionellen Gesellschaft des Mangels und der Klassenschranken verweist. Im betonten Statusstreben und im Stolz auf das Erreichte klingt auch eine innere Unsicherheit an: nämlich die Furcht, dass das Erreichte erneut infrage gestellt werden könnte. Deswegen wird besonderer Wert auf den äußeren Eindruck gelegt, man exponiert sich nicht gerne, man gibt sich mit seinem Platz in der sozialen Ordnung zufrieden und man will das Beste aus den Dingen machen. Dazu gehört, dass traditionelle Werte wie Disziplin, Ordnung, Pflichterfüllung und Verlässlichkeit hochgehalten werden.

Das kleinbürgerliche Milieu ist durch eine mittlere Position in hierarchischen Gefügen gekennzeichnet, wobei sich eine selbstbewusstere und eine subalterne Stufe unterscheiden lassen.

Traditionelles Fachkönnen und eine eigenverantwortliche, handwerklich solide Arbeit mit einem anerkannten Status kennzeichnet die erste, selbstbewustere Gruppe, die aus kleinen Selbstständigen (besonders Bäcker, Fleischer, Tischler und Landwirte) sowie aus industriellen Fachleuten (Bergleute, Schweißer, Schlosser, Mechaniker, Meister und Ingenieure) mit entsprechenden Positionen innerhalb betrieblicher Hierarchien besteht.

Eine zweite Teilgruppe nimmt eher subalterne Positionen ein; wie etwa die kleinen und mittleren kaufmännischen Angestellten in Büro- und Verwaltungstätigkeiten und die kleinen und mittleren Beamten. Auch bei den Frauen, die in der Landwirtschaft, in der Textilindustrie, in sozialen Berufen und in der Hauswirtschaft die klassischen (schlecht bezahlten) Frauen-Tätigkeiten ausüben, fehlt das selbstbewusste Element weitgehend. In diesen drei Berufsfeldern geht es eher darum, diszipliniert und zuverlässig zu arbeiten, und beim Aufstieg, sich lieber den Erfordernissen anzupassen, um sich dann „nach oben zu dienen", als auf seine Fähigkeiten zu setzen. Bei allen Angehörigen dieses Milieus hat die Arbeit einen hohen Stellenwert, hauptsächlich unter dem Gesichtspunkt des Status und der sozialen Einordnung, nicht dagegen als Feld der Selbstverwirklichung. Im Vordergrund steht das Streben nach einer guten Stellung, die dem Einzelnen und seiner Familie eine geachtete soziale Position und materielle Sicherheit verschafft. Diese Position zu bewahren oder sogar auszubauen erfordert eine Mentalität der Pflichterfüllung. Die Verantwortung gilt stärker der eigenen Familie, die nach dem kleinbürgerlichen Ideal als der Hort der Geborgenheit gilt, richtet sich weniger nach außen und kaum auf die lokalen Vergemeinschaftungsformen. Der gesellschaftliche Interessenhorizont ist eher eng, die soziale Verantwortung ist erfüllt, solange alles seine Ordnung hat und jeder seine Aufgaben erfüllt. Verantwortung wird zur eigenen Entlastung auch gerne an Vorgesetzte oder die betriebliche Interessenvertretung delegiert, aber eher passiv ausgestaltet.

In Bezug auf die geforderten Umstellungen hat die subalterne Teilgruppe dieses Milieus, bestehend aus kleinen und mittleren Angestellten sowie Frauen in verschiedensten untergeordneten Berufspositionen, deren geringe Qualifikation unselbstständiges Verhalten nahe legt, die geringsten Chancen, sich auf die neue Flexibilität einzustellen.

Selbstbewusster und deswegen leicht chancenreicher ist die Gruppe der kleinen Selbstständigen, Meister, Vorarbeiter und Techniker. Jedoch wird ihr Fachkönnen, auf das sich ihr Selbstbewusstsein gründet, durch den Strukturwandel häufig entwertet. Beide Gruppen des „traditionellen kleinbürgerlichen Milieus" sind seit den 1980er Jahren in einer tief greifenden Krise. Sie können sich nur umstellen, wenn sie ähnlich hierarchisch eingebettete Positionen finden. Mit ihren bescheidenen und nun auch unsicheren Lebensstandards sehen Sie sich von der Modernisierung der Wirtschaft und der Lebensstile abgehängt und ihre Pflichttreue wenig belohnt. Das verarbeiten sie vor allem in autoritären Ressentiments gegen alles Moderne, gegen die Jugend, gegen die Ausländer und auch gegen die Politiker.

Die jüngere Fraktion des Milieus hat auf eine modernere Ausbildung gesetzt und ist in entsprechend besser gesicherte Positionen aufgestiegen. Sie bildet eine neue Gruppe der ständischen Traditionslinie, das *moderne kleinbürgerliche Milieu*. Das „moderne kleinbürgerliche Milieu" ist durch die Übernahme verschiedener Elemente moderner Lebensstile aus der engen beruflichen, sozialen, traditionellen Orientierung ein wenig herausgetreten, obgleich auch diese jüngere und modernere Gruppe den insgesamt engen und unselbstständigen Habitus der Kleinbürgerlichen insgesamt bewahrt habe. Vester u.a. kommentieren, dass dieser Habitus die Gruppe nicht gerade zu den begehrtesten Arbeitskräften dynamischer Branchen mache (Vester u.a. 2001: 520). Das moderne kleinbürgerliche Milieu verfügt über solide Fachausbildung und vergleichsweise sichere Positionen in handwerklichen und kaufmännischen Berufen. Sie zeigen insgesamt mehr Kompetenz im Umgang mit Veränderungen und der Modernisierung als ihre Eltern und Großeltern. Entsprechend der besseren Ausbildung sind sie in gesicherte mittlere Angestellten- und Beamtenpositionen aufgestiegen. Dieses Teilmilieu hat seinen bürgerlichen Lebensrahmen durch Elemente der individuellen Selbstverwirklichung, des modernen Komforts und des Hedonismus kontrolliert modernisiert. Die Angst, das Erworbene mit anderen teilen zu müssen, äußert sich in Vorbehalten gegen Ausländer und im Wunsch nach starken Politikern. Insgesamt steht bei beiden Milieus der ständischen Traditionslinie eine eher autoritäre Krisenverarbeitung im Vordergrund. Die politischen Autoritätsvorstellungen sind am Verhältnis von Patron und Klient orientiert. Die politische Verdrossenheit beruht auf der Enttäuschung darüber, dass die Politiker den Bestandsschutz nicht mehr hinreichend sichern können, daher bilden diese Milieus der autoritären kleinen Leute den Kern des rechtspopulistischen Lagers, das die soziale Deklassierung durch die Modernisierungen fürchtet. Auch beim modernisierten jüngeren Teilmilieu finden sich in abgeschwächter Form Vorurteile gegen Randgruppen, sozial schwächere und Personen mit unkonventionellen Lebensstilen.

Mit der Modernisierung und Privatisierung der großen Unternehmen der Telekommunikation, der Post und der Personenbeförderung, generell mit den technologischen Innovationen im Arbeitsalltag und den damit einhergehenden Veränderungen der Betriebsorganisation veränderten sich die Arbeitswelten des kleinbürgerlichen Arbeitnehmermilieus. Die loyalitätsbezogenen Anforderungen traten zurück gegenüber den neuen Qualifikationen der technischen Intelligenz, Selbstständigkeit und Lernfähigkeit, die gerade die älteren kleinbürgerlichen Arbeitnehmer oft überforderten. So erklärt sich bei den unterprivilegierten und kleinbürgerlichen Milieus, deren Angehörige durch auch traditionelle Handarbeit, kleine Selbstständigkeit und untere und mittlere Angestelltentätigkeiten geprägt sind, die Selbsteinschätzung des drohenden „abgehängt Werdens" aus dem Bedeutungsverlust der Qualifikationen und dem Wandel der zugrunde liegenden Berufstätigkeiten. Die jüngeren Teile des modernisierten kleinbürgerlichen Arbeitnehmermilieus konnten sich dagegen besser umstellen und mit der Kombination von Pflichterfüllung, Verlässlichkeit und besserer Qualifikation neue Tätigkeitsfelder in modernisierten Unternehmen besetzen oder halten.

Bei den anderen mittleren Milieus (dem modernen und dem leistungsorientierten Arbeitnehmermilieu, die zusammen 1/3 der Bevölkerung umfassen) stehen dagegen strukturelle Gefährdungen im Vordergrund, vor allem durch ökonomische Rationalisierungen und die Shareholder-Mentalität einiger Unternehmensführungen.

Die Milieus der Facharbeit

Die *Facharbeiterische Traditionslinie* gründet ihre Respektabilität nicht auf Ein- und Unterordnung, sondern auf persönliche Autonomie, die erworben wird durch qualifizierte und eigenverantwortliche Arbeitsleistung, verbunden mit einer guten Ausbildung. Die große Mehrheit dieses Milieus hat sich in der Geschichte der Bundesrepublik nach Qualifikation und Lebensstil deutlich modernisiert. Sie unterteilt sich heute in drei – teils generationelle – Teilgruppen.

Die ältere Generation, das handarbeitende *traditionelle Arbeitermilieu*, folgt noch der klassischen Bescheidenheitsethik, die eine Überlebensstrategie unter den historischen Bedingungen des Mangels und der Einschränkungen darstellte. Diese Einstellung entspricht alten Gerechtigkeitstraditionen, die in selbstbewussten Handarbeiterberufen, in der Volksreligion und in den demokratischen Volksbewegungen gepflegt wurden. Die Alltagsmoral ist stark auf die Bedingungen sozialer Not und Unsicherheit ausgerichtet, missbilligt aber moralische Kompromisse mit den Herrschenden: der Obrigkeit gebührt keine Ehrfurcht, aber Konflikte mit ihr werden pragmatisch begrenzt, grundsätzlich gibt man sich so, wie man ist, man soll offen und ehrlich seine Meinung sagen. Dem entspricht ein besonderes Arbeits- und Gemeinschaftsethos. Dazu gehört der sorgsame Umgang mit dem Lebensnotwendigen, mit der Sicherung des Arbeitsplatzes, der Altersvorsorge, dem eigenen Arbeitsvermögen, den hart erarbeiteten Gütern. Zusammenhalt und Anerkennung in überschaubaren Gemeinschaften von Familie, Arbeitskollegen, Gemeinde sind wichtiger als individueller sozialer Aufstieg. Das Bewusstsein der eigenen Grenzen zeigt sich in der einfachen und nüchternen Lebensweise und darin, dass Selbstlob, Prahlerei, Prestigedenken, überzogene Ansprüche und modischer Konsum verpönt sind; Anerkennungsbedürfnis und Genuss haben ihren Ort und ihre Zeit in den Vergemeinschaftungsformen, also in der Familie, im Verein, beim Feiern usw., nach dem Motto „tags Arbeit, abends Gäste". Ihr Sinn ist es, die eigene Identität und Würde unter verschiedensten sozialen und politischen Systemen zu sichern. Die Devise „Arm, aber ehrlich" erlaubt eine Anpassung ohne Opportunismus. Dieses Milieu fühlt sich von der modernen Entwicklung abgehängt, die Qualifikationen sind durch neuere Entwicklungen überholt, es reagiert ebenfalls teilweise mit Vorurteilen gegen die Ausländer, die Jugend und die Politik.

Das leistungsorientierte Arbeitnehmermilieu

Das sogenannte „*leistungsorientierte Arbeitnehmermilieu*" besteht aus modernen, gut qualifizierten Facharbeitern und Fachangestellten der mittleren Generation. Es ist mit fast einem Fünftel das größte Einzelmilieu in Westdeutschland. Mit seinem teilweise asketischen Leistungs- und Verantwortungsethos repräsentiert es den Grundsatz der Nachkriegsgesellschaft: Leistung gegen

Teilhabe. Das Arbeitsethos der Leistungsorientierten beruht auf einer starken Leistungsmotivation und Identifikation mit der Arbeit. Sie haben deutlich mehr kulturelles Kapital als das parallele kleinbürgerliche Arbeitnehmermilieu, und, gestützt auf moderne Ausbildungen, meist Tätigkeiten gewählt, die Ihnen persönlich entsprechen oder die zumindest Aufstiegschancen bieten. Es wird bemüht, aktiv, umsichtig und kompetent gearbeitet, um beruflich voranzukommen; dabei stützt man sich auf persönliche Leistungsfähigkeit, auf das Fachkönnen, auf das Selbstbewusstsein und auf die Bereitschaft zur Konkurrenz. Interessante oder gut entlohnte Tätigkeiten sollen ein unabhängiges und gesichertes Leben, Selbstständigkeit, Anerkennung, Teilhabe am Konsum, vorzeigbare Erfolge ermöglichen. Von der Arbeit wird Herausforderung und Selbstbestätigung erhofft. Dafür werden erhebliche zeitliche Belastungen akzeptiert und man ist auch bereit, sich aktiv weiterzubilden.

Sozialhistorisch sind es die Nachfahren der alten Facharbeitermilieus, die einst den Kern der selbstbewussten und gut qualifizierten Arbeiterbewegung stellten. Genau diese Werte – Eigenverantwortung und Bildungsbereitschaft – haben die Umstellung auf die modernen Arbeiter- und Angestelltenberufe motiviert und auch erleichtert. Dabei handelt es sich um Umstellungen auf homologe Berufspositionen, die keinen anderen Habitus voraussetzen. Die Mentalitäten haben sich nur relativ geändert.

Beruflich liegen die Schwerpunkte dieses Milieus in drei Feldern mit recht guten Qualifikationen. Männlich ist das Berufsfeld der Metall- und Bauindustrie, besetzt von spezialisierten Facharbeitern und Meistern, Technikern und Ingenieuren. Als kaufmännische Angestellte, meist bei Banken und Versicherungen sowie sonstigen Dienstleistungen arbeitet eine weitere Gruppe, meistens Frauen. Berufe der alten Mitte (kleine und mittlere Beamte und Selbstständige) sind eine weitere Teilgruppe.

Hier zeigt sich ein Phänomen, das auch für andere Milieus gilt, nämlich dass sich innerhalb der Milieus eine geschlechtliche Segmentierung des Arbeitsmarktes findet. Während hier die Männer hauptsächlich bei den Facharbeitern, die Frauen hauptsächlich bei den qualifizierten Angestellten konzentriert sind, und sich im Mittelteil des Feldes eine gleichberechtigte Arbeitsteilung ausdrückt, bei der die mittleren Berufsgruppen beider Geschlechter sich sozialräumlich überschneiden, zeigt sich in anderen Feldern Chancenungleichheit. Trotz ähnlichen kulturellen Kapitals sind viele Frauen durch ein niedrigeres Einkommen unterhalb der Mittelzone positioniert.

Seit den 1990er Jahren lassen sich zwei Varianten in der Mentalitätsentwicklung dieses Milieus unterscheiden: Beide Gruppen, je etwa die Hälfte, orientieren sich stark an einer asketischen Leistungsethik und ordnen die Lebensbereiche Freizeit und Familie den beruflichen Erfordernissen unter. Doch nur die eine der beiden Gruppen, die „ungebrochen Asketischen", vertraut noch darauf, dass Leistung zur inneren Arbeitszufriedenheit und zu einem gerechten sozialen Aufstieg führt. Die andere Gruppe, die der „Geprellten", sieht dagegen den Ertrag ihrer Leistung durch die Erfahrung der wirtschaftlichen Krise bedroht. Sie befürchtet, sich trotz ihrer Leistungen nicht auf der Gewinnerseite der Modernisierung halten zu können und beklagt, dass Leistungsgerechtigkeit nicht mehr gelte. Vor allem die Veränderungen in Produktion und Organisation mittlerer und größerer Unternehmen führen zu Ausgliederungen von Facharbeitertätigkeiten der mittleren Ebene, die oft durch modulare Fertigungstechnik ersetzt wird. Ähnliches gilt für standardisierbare Bürodienstleistungen.

Das Vertrauen auf diesen Grundsatz ist also seit den 1980er Jahren tief erschüttert, der soziale Gerechtigkeitsvertrag nicht mehr in Ordnung. Nur etwa die Hälfte dieses Milieus glaubt noch, dass die asketische Leistungsethik noch zur inneren Arbeitszufriedenheit und zu einem gerechten sozialen Aufstieg führen könne. Freilich ist auch hier der Erfolg nicht selten nur durch Doppeleinkommen und den Verzicht auf die Familiengründung zu realisieren. Die andere Hälfte sieht sich um den Ertrag ihrer Leistung geprellt, sie fürchtet, durch die Flexibilisierung des Arbeitsmarktes auf die Verliererseite der Modernisierung zu geraten und dürfte inzwischen zur Mehrheit des Milieus angewachsen sein. Der Ärger wird nicht nach außen gelenkt, sondern begründet tiefe Zweifel daran, dass in der Gesellschaft Leistung sich noch lohnt und die Mächtigen nicht bevorzugt werden. Die politische Enttäuschung begründet eine tiefe Skepsis gegenüber der Politik und den großen linken und konservativen Ideologien. Das gesamte Milieu gehört zu den Vertretern der sozialen Toleranz und der Demokratie. Alle Menschen sollen nach ihren Werken beurteilt werden, unabhängig von Alter, Geschlecht und Herkunftsland. Die Enttäuschung mündet daher nicht in Vorurteile, sondern in Kritik an der herrschenden Wirtschaftspolitik.

Das moderne Arbeiternehmermilieu
Einem anderen Teil des Milieus (dem *modernen Arbeitnehmermilieu*) gelingt die Anpassung dank hoher Qualifikation und persönlicher Flexibilität besser. Die modernen Arbeitnehmer sind seit den 1980er Jahren neu entstanden, ein Milieu, das trotz hoher und moderner Berufsqualifikation die kulturellen Wurzeln seiner Herkunft nicht aufgegeben hat. Seine Angehörigen haben unter den Bedingungen vergrößerter sozialer Chancen das Verhaltensrepertoire des innengeleiteten traditionellen Arbeitermilieus weiter entwickelt, die Momente des Hedonismus und der Individualisierung integriert in die Ethik einer methodischen und realistischen Lebensführung: Man will sich leisten können, was einem gefällt, nicht im Sinne eines außengeleiteten Konsums, sondern einer autonomen Gestaltung, die zugleich im Rahmen des Möglichen bleibt; dieser Realismus

entspricht dem der Eltern. Beruflich besteht der Ehrgeiz, sich lebenslang fachlich weiterzuentwickeln und verantwortungsvolle Tätigkeiten auszuüben. Die Milieuangehörigen haben dank guter Qualifikationen gute Chancen und fürchten sich nicht vor Arbeitslosigkeit. Als Gruppe der weltoffenen praktischen Intelligenz sind sie besonders in innovativen Branchen und neuen Technologien sowie in Sozial- und Verwaltungsdienstleistungen tätig, häufig mit Fachhochschulabschluss (Sozialarbeit gehört eher zu diesem Milieu). Sie arbeiten bevorzugt als Fachhandwerker, als Fachleute in Schrittmacherindustrien und in technisch, sozial und pädagogisch interessanten Teilen des öffentlichen Dienstes. Auf das Vertrauen in die eigene Fachleistung – auch ein Erbe des traditionellen Arbeitsethos – stützt sich auch die Bereitschaft, sich häufiger im Leben einen neuen Arbeitsplatz zu suchen: Diese Mobilität und die Aufgeschlossenheit für Neues und auch unkonventionelle Lebensformen werden mit dem erebten Sinn für die eigenen Grenzen ausbalanciert. Zufriedenheit ist wichtiger als unermüdlicher Aufstieg. Neben dem Aufstieg muss Raum bleiben für vielfältige gesellige Beziehungen mit Gleichaltrigen, aber auch den Familien und den Netzwerken.

Das Milieu gehört ökonomisch eher zu den Gewinnern der Modernisierung und kann auch die Erfordernisse der Flexibilität, der Eigenverantwortung und des lebenslangen Umlernens gut erfüllen. Wichtiger als das Interesse am sozialen Aufstieg sind den modernen Arbeitnehmern die Beziehungen und die Werte ihrer Herkunftsmilieus, Selbstbestimmung, Selbstverwirklichung und soziale Mitverantwortung. Dazu gehört die Offenheit und Toleranz für vielfältige und unkonventionelle Lebens- und Politikformen. Das Milieu verbindet dies mit einer hohen Sensibilität für gerechte Verteilung materieller Güter und für soziale Solidarität. Die Bereitschaft zu sozialen, gewerkschaftlichen und politischem Engagement hat etwa die Hälfte des modernen Arbeitnehmermilieu von ihren Eltern übernommen. Sie wollen sich aber nicht von Politikern, Institutionen und Verbänden, deren Stil und Ansprüche sie als bürokratisch, autoritär und veraltet ablehnen, vereinnahmen lassen. Stattdessen engagieren sie sich erheblich in der politischen Partizipation von unten, an der Gewerkschaftsbasis in den Betrieben, in den Vereinen der Gemeinde, für Hilfs- und Bürgeraktionen. Der Zugang zu Problemen erfolgt nicht über intellektuelle Weltanschauungen, sondern durch Gefühle, Erfahrung und fachkompetente Kritik an sozialer Ungleichheit. Gesellschaftlich ist das Milieu von großer Bedeutung, weil es immer noch rasch wächst und weil zu ihm die wichtigsten Meinungsmultiplikatoren im Alltag gehören.

Gefährdung der bisherigen Bewältigungsmuster
Wie wir gesehen haben, hat jedes Milieu im Rahmen seiner Lebensweise – zu der die sinnstiftenden Vergemeinschaftungen durch Familie, Nachbarschaft,

Vereine und andere Gesellungsformen, die Vergesellschaftung durch Arbeitsteilung, aber auch Verbände und Parteien, die Lebensstile und Mentalitäten mit ihren Deutungs- und Handlungsmustern sowie auch übergreifende Integrationsideologien gehören – bestimmte Strategien, nach denen die Destabilisierung der angestrebten Lebensweise wahrgenommen und bewältigt werden können. In den oberen Milieus ist dies der Erwerb eines gehobenen Status, in den mittleren Milieus der Erwerb eines geachteten Status durch Leistung oder Pflichterfüllung, und in den unterprivilegierten Milieus die Vermeidung von Ausgrenzung durch flexible Anlehnungsstrategien. Die sozialen Arrangements der Gesellschaft und die Gliederung, die soziale Ordnung, bleiben nur so lange stabil, wie dieser Zusammenhang von Geben und Nehmen, von sozialem Verhalten und Anerkennung nicht in Schieflage gerät.

Stufenförmiger Aufbau des Integrationsprinzips „Leistung und Teilhabe"
Dieses Prinzip einer relationalen Ordnung der Gesellschaft und ihrer Kräfteverhältnisse war in der deutschen Nachkriegszeit stufenförmig aufgebaut worden (vgl. zum folgenden Vester 2001: 140ff.). Die konservativen Regierungen seit Adenauer entwickelten nicht nur die Kompromissfähigkeit zwischen den bürgerlichen Parteien, sondern auch mit der Arbeiterbewegung (Parteien und Gewerkschaften i.w.S.). Durch die konservative Arbeitnehmerpolitik konnten sich in den 1950er und 1960er Jahren die Arbeitnehmer die Teilhabe am Wirtschaftswunder durch Arbeitszeitverkürzung und höhere Lohn-, Konsum-, Sozial- und Bildungsstandards erkämpfen. Zugleich hat sich die Gesellschaft enttraditionalisiert durch das Schrumpfen des alten Mittelstands (der kleinen Landwirte, Kaufleute und Handwerker von etwa 25% auf knapp 5% der Bevölkerung), das Anwachsen des neuen Mittelstandes der Angestellten (von 20% auf fast 60%; sie wurde zu einer großen Arbeitnehmergruppe, die den alten ständischen Dünkel der Angestellten aufgab und sich an die industrielle Arbeiterschaft annäherte) und durch den Aufstieg der Arbeiter, die durch erkämpfte Rechte, hohes Fachkönnen und relative soziale Sicherheit die Standards der sozialen Mitte erreichten und die alten Merkmale der sogenannten Proletarität – d.h. unsichere Beschäftigungen, soziale Rechtlosigkeit und eher geringe Fachqualifikation – verlassen konnten. Insgesamt bauten sich die schroffen Klassenspaltungen aus der Zeit der Industrialisierung ab. Die Entproletarisierung war nicht rückwärts auf eine kleinbürgerliche oder mittelständische Einordnung gerichtet, sondern auf ein modernes Bewusstsein der „Meritokratie": Für die Bereitschaft zu hoher Arbeitsleistung wurde eine umfassende Teilhabe an den sozialen Chancen erreicht („Leistung gegen Teilhabe").

In einer nächsten Phase hat sich dann in der Regierung Brandt das westdeutsche Sozialmodell über die forcierte Durchsetzung sozialer Rechte wesentlich erweitert, indem die Verminderung sozialer Ausgrenzung, Rechtlosigkeit und Not und andererseits die Vermehrung der Teilhabe (fast) aller am Zuwachs von Einkommen, an Mitbestimmungsrechten, am Bildungssystem, und an der Sicherung bei Krankheit, Arbeitslosigkeit und Alter hinzukam. Dies wurde begleitet von einer Mobilisierung der Bildungsschichten und symbolisierte zugleich eine tolerantere, kulturell vielfältige Politik (außen- und innenpolitisch), die sich mit dem Kulturbruch verband, der durch die sozialen Bewegungen ab den 1968er Jahren mit vorangetrieben wurde.

Die nächste Phase war durch den Beginn neoliberaler Reformen (Leistungskürzungen im Sozialbereich, Einschränkungen von Anwartschaften usw.) geprägt, wobei die Regierung Kohl die Substanz des sogenannten „rheinischen Kapitalismus" nicht antastete (Mitbestimmung, Betriebsräte, Arbeitszeit, Lohnfortzahlung für Kranke).

Die Regierung Schröder hat dann vor allem mit Hartz IV neue sozialpolitische Strukturen umgesetzt, die vor allem die Statussicherung bei Risiken (vornehmlich der Arbeitslosigkeit) außer Kraft setzen.

Bewältigungsmöglichkeiten
Alle Milieus sind durch die Modernisierung der Gesellschaft zu Veränderungen und Anpassungen genötigt und sind in den zentralen Feldern der Vergemeinschaftung, der Arbeitsteilung, der Mentalitäten und der symbolischen Abgrenzung herausgefordert, was sie auf jeweils spezifische Weise zu bewältigen suchen. Diese Bewältigungsformen sind je nach Habitus und kultureller Tradition verschieden, so dass die gleiche objektive Situation auch verschieden verarbeitet wird. Die Bewältigungsformen werden aber durch die neuen Herausforderungen auch auf die Probe gestellt, und nicht alle Teile der Milieus können sie erfolgreich anwenden. Vielmehr teilen sich heute die Milieus in relative Gewinner und relative Verlierer. Insgesamt lassen sich drei in sich weiter differenzierte Grundmuster beobachten:
1. Die Milieus der Unterprivilegierten sind vor allem wegen der Globalisierung besonders von Dauerarbeitslosigkeit betroffen und durchweg mit der Gefährdung durch Entkoppelung konfrontiert. Nur ein Teil findet keine Bewältigungsmöglichkeiten. Viele greifen auf die überkommenen bewährten Bewältigungsmuster informeller Gelegenheitsarbeit, die Flexibilisierung und der Anpassung an sich bietende Gelegenheiten zurück und gehen damit den Weg in die Prekarität.
2. Dieser Weg ist den respektablen Volks- und Arbeitnehmermilieus nicht möglich, deren Ehre in ihrem Arbeitsethos, ihrer Unabhängigkeit und ihrer Be-

ständigkeit und Zuverlässigkeit als Grundlage des Habitus liegt. Diese Milieus teilen sich zunehmend in Gewinner und Verlierer, zwischen denen, die aufgrund besonderen Könnens oder Strebens dauerhaft oder immer wieder in etwas bessere Positionen gelangen können, und jenen, die Diskontinuität, Abhängigkeit und – auch vorübergehende – Arbeitslosigkeit als die Gefahr erleben, in die gering geachteten unterprivilegierten Milieus abzusinken.
3. Die oberen Milieus sind weniger von äußerer Not betroffen, aber der soziale Wandel bringt häufig relativen Verlust an Status und Einfluss mit sich, auf die die Milieus sehr empfindlich und mit vermehrten Konkurrenzkämpfen um soziale Vorteile, symbolische Geltung und politische Hegemonie reagieren.

Originaltext aus: *Alex Demirovic 2005: Politische Gesellschaft – zivile Gesellschaft. In: Sonja Buckel/Andreas Fischer-Lescano (Hrsg.): Hegemonie gepanzert mit Zwang. Baden-Baden: 21-42.*

„Der Neoliberalismus erzielt die größten Herrschaftseffekte dadurch, dass er die Subalternen damit konfrontiert, dass er eben keine Zugeständnisse mehr eingeht. Die Lohnabhängigen arbeiten länger und intensiver, sie verzichten auf Löhne, Gehälter und Zulagen, sie akzeptieren Einschnitte in ihre Rechte und kompensieren mit höheren Anteilen ihrer Einkommen sozialstaatliche Einschnitte bei Bildung, Gesundheit, Altersvorsorge oder öffentlichen Dienstleistungen. Dennoch wird seit 20 Jahren in immer neuen Runden von Seiten der Unternehmer noch weiterer Verzicht von den Arbeitenden gepredigt, während die Bereicherung der Reichen als Lohn für Verantwortung, Arbeit und Erfolg gepriesen, die Beschäftigten aber um die versprochenen Gegenleistungen in Gestalt von Arbeitsplätzen, Ausbildung, mehr Mitsprache und Demokratie oder ökologische Nachhaltigkeit gebracht werden. Im neoliberalen Verständnis gibt es keine ‚Gesellschaft', sondern nur nutzenverfolgende Individuen. Dieses Verständnis ist Teil des Willens, keine kollektiven Kompromisse eingehen zu müssen." (Demirovic 2007: 37f.)

Die Verletzung der grundlegenden Prinzipien sozialer Gerechtigkeit, die im goldenen Zeitalter gewachsen sind, wird auch von Vester politisch *und* lebensweltlich interpretiert. Sie wird relational und spezifisch an dem gemessen, was ein Milieu als Beeinträchtigung seiner gewohnten Lebensweise als ganzer hinnehmbar findet. Materielle Einschränkungen können durchaus als notwendig verstanden werden, aber sie müssen verhältnismäßig und zumutbar sein (Vester u.a. 2001: 156). Die lebensweltliche moralische Ökonomie (Thompson 1987, Vester 1970) wird in Frage gestellt, wenn die Strategien und sozialmoralischen

Maximen unwirksam werden, mit denen bisher Krisen und Destabilisierungen der Lebensweise bewältigt wurden.

Der Unmut beginne in der Alltagserfahrung und eine Mehrheit sehe heute das Gerechtigkeitsprinzip „Leistung gegen Teilhabe" verletzt. Der Konflikt wird darin gesehen, dass die Geltung und die Anerkennung der milieuspezifischen Bewältigungsformen gefährdet sind: Also etwa „dass Risiken unkalkulierbar werden, oder dass Menschen, die zuverlässig gelernt und gearbeitet haben, keinen sicheren und dauerhaften Arbeitsplatz bekommen können und auf die Gnade anderer angewiesen sind, während andere sich unverhältnismäßige Vorteile verschaffen können. Von diesen neuen sozialen Benachteiligungen sind wachsende Gruppen der gutausgebildeten sozialen Mitte betroffen" (Vester u.a. 2001: 156).

Die sozialen Arrangements der Gesellschaft und die Gliederung der sozialen Ordnung, bleiben nur so lange stabil, wie dieser Zusammenhang von Geben und Nehmen, von sozialem Verhalten und Anerkennung nicht in Schieflagen gerät.

Die hier von Vester u.a. angesprochenen sozialen bzw. moralischen Standards betreffen nicht ökonomische Quantitäten, sondern die Qualität der Lebensweise als ganzer. Insofern sind Arbeitslosigkeit und Armut, der Zwang zur Flexibilisierung nur die Spitze des Eisbergs. Die Milieus können sich sehr wohl umstellen – und haben sich auch umgestellt – auf das von der der Ökonomie geforderte Mehr an eigenverantwortlichem Handeln, an Bereitschaft zu beruflichem Umlernen, an Flexibilität. Allerdings ist dies nicht unbegrenzt möglich, sondern nur in einem bestimmten Korridor von Verhaltensstrategien, die den Milieus moralisch zumutbar und nach ihren Kompetenzen zu leisten sind. Aus der Sicht der Milieus entscheidend ist dabei, ob diese Bereitschaft auch gerecht und leistungsgerecht motiviert und belohnt und in ihren sozialen Risiken abgesichert wird. Das alte Sozialmodell der Bundesrepublik, das diese Motivation und Absicherung weitgehend geleistet hatte (das fordistische Modell der Integration), ist nach Einschätzung der meisten Bürger zwar nicht grundsätzlich überholt, aber es gilt doch als überholungsbedürftig. Vor allem in den 1990er Jahren ist allerdings die Skepsis quer über die großen Volksmilieus gewachsen, dass die abgeforderten Umstellungen gerecht seien. Im Grunde geht es darum, dass für eine große Mehrheit der Bevölkerung das (meritokratische) Gerechtigkeitsprinzip „Leistung gegen Teilhabe", das die Anerkennung der milieuspezifischen Bewältigungsmuster in der Nachkriegsgeschichte auf einen Nenner brachte, infrage gestellt wird.

Diese „Schieflagen der sozialen Gerechtigkeit" destabilisieren auch die relativen Positionen zwischen den sozialen Gruppen, also das Gefüge der Ordnung, der Distinktion und der eigenen sozialen Wertigkeit (Identität). Das Unwirksamwerden der bisherigen Bewältigungsmuster macht den Kern der Krise des

Selbstverständnisses der mittleren Milieus aus. Immer weniger können sie darauf vertrauen, dass ihre Leistungs- und Umstellungsbereitschaft ihnen die bisherigen Berufpositionen und Lebensstandards sichern kann. Neben den Facharbeitern und Fachangestellten sind es vor allem Frauen und Jugendliche mit guter Ausbildung, bei denen diese Skepsis wächst.

Die veränderten Rahmenbedingungen der sozialen Entwicklung in Deutschland stellen die bisherigen relativen Positionen im sozialen Raum in Frage. Eine Folge ist, dass sich vor allem zwischen den unterprivilegierten und den mittleren, respektablen Milieus, die Grenzlinie neu ausgestaltet und auch verstärkt, die den Unterschied zwischen „verachteten" und respektablen Gruppen in der Gesellschaft markiert. Dabei sehen sich alle Teilgruppen der unteren Milieus seit den 1990er Jahren der Gefahr gegenüber, von der Mehrheit der Gesellschaft stigmatisiert zu werden (Vester u.a. 2001: 91 f.). – und von der Politik erst recht.

Anders gesprochen liegt hier ein Problem der gesellschaftlichen und politischen Integration der mittleren Arbeitnehmermilieus und ein strukturelles Problem der Regulation vor, für das sich in der gegenwärtigen Konstellation keine Lösung abzeichnet. Die Krise der politischen Repräsentation wird als eine Folge dieser Problemstruktur betrachtet (Vester 2001, 160ff.).

Vester ist Politikwissenschaftler. Die großen Modernisierungsschübe der sozialen Milieus in der Nachkriegszeit, beschleunigt durch die partizipatorischen Bewegungen seit den 1960er Jahren, haben zu einer Kompetenzrevolution bei der Mehrheit der sozialen Milieus Deutschlands geführt. Heute stehen wir in seiner Interpretation vor der Alternative einer partizipatorischen oder einer gelenkten Demokratie. Er sieht gesellschaftspolitisch eine Gesamtkonstellation, die idealtypisch zwei verschiedene Entwicklungsrichtungen oder Szenarien möglich macht. „Nach dem ersten Szenario könnte eine (partizipatorisch gestaltete) Modernisierung des historischen Sozialmodells der BRD eine rechnerische Mehrheit finden, wenn die Politik sich einsichtig zeigte. Nach dem zweiten Szenario könnten sich die sozialen und partizipativen Spaltungen der Gesellschaft vertiefen, wenn sich die technokratisch-autoritären Fraktionen der Parteien, die dieser Einsicht fern stehen und für die Bürgerinnen und Bürger nur Kostenverursacher sind, weiterhin durchsetzen." (Vester 2008: 91). Die gegenwärtige Finanzkrise und Wirtschaftskrise von 2008/2009 könnte in seiner Sicht, wie seinerzeit im New Deal, die Gewichte wieder mehr zu Gunsten der partizipativen Kräfte eines modernisierten Wohlfahrtsstaates verschieben.

Fragen zur Vertiefung
- Lesen Sie bitte den Text „Klassen und Schichten im Schmelztiegel" in Rainer Geißler 2002: Die Sozialstruktur Deutschlands (S. 130-144) und interpretieren Sie die Sinus-Milieus im Vergleich zu den agis-Milieus von Michael Vester u.a.2001.
- Können Sie sich selbst einem Milieu zuordnen?
- Kann man die Einschätzung von Vester teilen, dass die kleinbürgerlichen Milieus aufgrund ihres Habitus „nicht zu den begehrtesten Arbeitskräften dynamischer Branchen" gehören?

Literatur zur Vertiefung
- Geißler, Rainer 2006: Die Sozialstruktur Deutschlands, Wiesbaden, Kap. 5.3 und 5.4 : „Schichten und Milieus" und „Klassen und Schichten im Schmelztiegel" (S. 106-120).

8 Die underclass Debatte und die aktuellen Verschiebungen der Diskussion um Ungleichheit und Unterschicht

Eine ähnliche Debatte wie in Deutschland um die Unterschicht, die ebenfalls auf eine Veränderung der Sozialpolitik zielte, ist bereits seit den 1980er Jahren in den USA geführt worden. Paul Nolte (2004: 58) und auch Heinz Bude (z.B. Bude/Willisch 2006: 7 ff.) verweisen beide auf diese Debatte, und sie übernehmen auch die zentralen Argumente einer Richtung – der neocons – aus dieser Diskussion, ohne dies deutlich zu machen.

Den wissenschaftlichen Einstieg stellt die Studie von William J. Wilson „The truly disadvantaged", erschienen 1987, dar. Ihm ist aber bereits eine politische und journalistische Kampagne aus dem Umfeld der neoliberalen „Think-tanks" vorausgegangen, und seine Studie stellt in gewisser Weise eine erste sozialwissenschaftliche Antwort dar, denn die Diskussion hatte bereits Züge eines „war against the poor" (so einer der kritischen Teilnehmer, Gans 1995) angenommen.

Zentraler Protagonist war neben Ken Auletta, dessen Beiträge in der Zeitschrift „New Yorker" 1982 als Buch „The underclass" erschienen, Charles Murray, ein Mitglied des Manhattan-Institute, mit dem Buch „Losing Ground" 1984. Sie behaupten die Existenz einer heterogen zusammengesetzten gesellschaftlichen Gruppe – die dann underclass genannt wird – die sich durch ein bewusstes Absetzen von den die Gesellschaft einenden Werten charakterisieren lassen und ein eigenes Wertesystem ausgebildet haben. Zu dieser underclass wurden Drogen- und Alkoholabhängige, Prostituierte, entlassene Strafgefangene, psychisch Kranke, Obdachlose, Wohlfahrtsbezieher, Schulschwänzer und illegale Einwanderer gerechnet – schon die Zusammenstellung ist wegen der unterschiedlichen Problem- und Lebenslagen abenteuerlich. Zum Inbegriff von „underclass" wurde aber die meist minderjährige, farbige alleinerziehende Mutter im Sozialhilfebezug, die von Ronald Reagan sogenannte „Welfare Queen". Underclass meinte also hauptsächlich, im Gegensatz zur anderweitigen Vielfalt, schwarz, weiblich, alleinerziehend, Hilfebezug. Die underclass zeichnet sich vor allem durch gemeinsame „bad values" aus (Gans 1995: 6). Die entscheidende Behauptung Murrays war schon 1984, dass die Abkehr vom Mainstream amerikanischer Wertvorstellungen sowie die Ausbildung eigenständiger subkultureller Einstellungen – von Murray als „culture of dependency" bezeichnet – eine Folge sehr großzügiger sozialstaatlicher Unterhaltsleistungen gewesen sei. Damit werde die underclass korrumpiert. Den Anstieg der Arbeitslosigkeit unter den Schwarzen erklärte Murray mit einem freiwilligen Rückzug aus dem Arbeitsmarkt, den Anstieg der Armut führte er auf die infolge der wohlfahrtsstaatlichen Leistungen schwindende Heiratsneigung sowohl von schwarzen Frauen wie Männern zurück.

In der amerikanischen Diskussion um diese Thesen wurde zunächst darauf hingewiesen, dass hinter dieser Position ein (neo-)konservativer und finanzstarker „Think Tank" stecke, eine Ideenschmiede der neokonservativen Politik, sehr einflussreich unter Ronald Reagan. Murray wurde nicht nur während des Schreibens finanziell unterstützt, sondern in die Vermarktung (Freiexemplare, Seminare mit Honorar für Multiplikatoren, Medien- und Öffentlichkeitsarbeit) wurden erhebliche Mittel investiert (Katz 1989: 152), so dass die rasche Verbreitung dieser Position auch als Ergebnis eines wohlsituierten Marketing gesehen werden kann. Wie die deutschen Vertreter sieht Murray das underclass-Problem in erster Linie als eine Frage der Einstellungen, der Moral, einer angeblich eigenständigen Kultur an.

Schnell wurde deutlich, dass empirische Begründungen bei Murray kaum zu finden sind. Seine zentralen Bezugnahmen auf die ökonomische und sozialstaatliche Entwicklung wurden rasch widerlegt. Die Arbeitslosigkeit stieg bei gleichzeitig fallenden Reallöhnen an, so dass sich Arbeit gegenüber Sozialhilfe- oder anderen wohlfahrtsstaatlichen Leistungen als bessere Alternative entwickelte. Auch wohlfahrtsstaatliche Leistungen gingen in Geldgrößen zurück. Die Geburten vor oder außer der Ehe stiegen generell in allen Bevölkerungsgruppen, keineswegs nur bei den Schwarzen, oder bei den sozialhilfebeziehenden jungen schwarzen Frauen an (vgl. ausf. Katz 1989: 153ff.). Freunde der Empirie, so könnte man lakonisch zusammenfassen, sind weder die amerikanischen noch die deutschen Vertreter der Unterschichten-These. Weder Nolte noch Bude haben eine Stütze in empirischen Fundierungen gesucht, geschweige denn gefunden. Die Studie von Wilson 1987 stellt der neokonservativen Position eine wissenschaftliche Analyse entgegen. Er untersucht Entstehung und Binnenverhältnisse in Schwarzen-Gettos des amerikanischen Nordens. Wilson stellt die Ausbreitung und Konzentration von Armut in bestimmten Stadtteilen der Großstädte im Nordosten und mittleren Westen fest. Vor allem in den früh industrialisierten Großstädten des Nordostens und Mittleren Westens gingen in den 1980er Jahren industrielle Arbeitsplätze für ungelernte Arbeitskräfte verloren; zugleich begünstigte der Aufstieg der schwarzen Mittelklasse deren Wegzug aus schwarzen Vierteln. 1980 lebten 38% der schwarzen Armutsbevölkerung in 10 Großstädten mit einer Armutsrate von mehr als 40% in bestimmten Stadtvierteln; zehn Jahre zuvor erst 22%; insgesamt 8 Mio. Personen. Alle diese Städte hatten einen Rückgang der industriellen Arbeitsplätze für an- und ungelernte Arbeitskräfte zu verzeichnen und zugleich einen Anstieg jener Minderheitenpopulation, die auf niedrig qualifizierte Tätigkeiten angewiesen ist. Besonders betroffen waren junge schwarze Männer. Ihre Beteiligung am Erwerbssystem ging stark zurück (Arbeitslosigkeit, unregelmäßige und prekäre Beschäftigung). Indirekte Folgen waren der Anstieg alleinerziehender Mütter, was Wilson mit der Unfähigkeit der Männer erklärt, eine Familie zu gründen und zu unterhalten. Die räumliche und soziale Verdichtung spitzte das Problem der Armut zu. Während in dieser Zeit die schwarze Mittelschicht aufstieg und wegzog, gingen dadurch soziale Kontakte verloren, die nicht nur Beschäftigungsmöglichkeiten einschlossen, sondern auch eine Lebensweise vermittelt hatten, die sich an den Normen des amerikanischen Mainstream orientierte. Wilson argumentiert mithin klassisch sozialwissenschaftlich. Er sieht im Wandel der Beschäftigungsstrukturen, der bestimmte Gruppen aus dem Beschäftigungssystem herausfallen lässt und der Entwicklung einer räumlichen Segregation wichtige Ursachen für die Entstehung einer underclass. Die soziale Isolation macht den Unterschied zu den Armen aus. Soziale Isolation meint zentral den Verlust von Kontakten zu Personen und Institutionen, die an der über reguläre Erwerbsarbeit vermittelten Lebensweise der Mehrheitsgesellschaft teilhaben bzw. teilhaben lassen. Sie ist also zugleich Ergebnis eines sozialräumlichen Konzentrations- bzw. Segregationsprozesses. Die Reduzierung der Kontakte hat, wie Wilson zeigt, häufig eine räumliche Dimension. Die engen sozialen Spielräume der Armen überschneiden sich mit einem verengten Bewegungsraum im eigenen Viertel. Diese räumliche Konzentration spielt eine ambivalente Rolle: Einerseits sind diese Viertel häufig stigmatisiert, was interne Konflikte und Abgrenzungen der Bewohner gegeneinander verstärkt. Auf der anderen Seite schützt die räumliche Distanz in einem gewissen Maß vor einer alltäglichen sozialen Konfrontation, die die eigene Lage nur schärfer hervorheben würde. Ferner hängen die Lebensbedingungen in starkem Maße von der räumlichen Struktur und sozialen Zusammensetzung ab. Viertel mit einer gemischten Wohn- und gewerblichen Nutzung eröffnen mehr ökonomische Möglichkeiten und lassen vielfältigere soziale Kontakte zu als monostrukturell aufs Wohnen ausgerichtete Viertel am Stadtrand.

Die mangelnde infrastrukturelle und sozialstaatliche Versorgung (Kindergärten, Schulen, Gesundheitswesen) – in den USA hängt die Qualität der kommunalen Infrastruktur stärker mit den lokalen Steuer- und Spendeneinnahmen zusammen – verschärft die Benachteiligung noch.

In Wilsons Sicht ist die ethnische Komponente (Rasse) sekundär gegenüber Klassen- und Schichtdifferenzierungen; die räumliche Segregation unterscheidet die underclass von anderen Formen von Armut (z. B. der Weißen).

Für Wilson ist underclass die heterogene Zusammenfassung von Individuen und Familien, die aus dem Beschäftigungssystem herausgefallen sind und einer sozialen Isolation durch räumliche Segregation unterliegen. Die Gettos sind zu einem Ort der underclass geworden, weil die vertikale Integration nicht mehr greift.

Kurz lässt sich Wilsons Position so zusammenfassen:

Der Begriff „underclass" beschreibt eine neue Qualität sozialer Spaltung unterhalb von Armut. In den USA wären dies segregierte Stadtviertel, im Vereinigten Königreich deindustrialisierte Krisenregionen, in Frankreich banlieus.

Kriterien:
1. dauerhafter Ausschluss vom Arbeitsmarkt
2. räumliche Ausgrenzung durch Segregation
3. Kumulation von Benachteiligungen (soziale Infrastruktur, Bildung)
4. Individuelle Reproduktion von Ausgrenzung. (vgl. Kronauer 2002: 72)

Anhand der amerikanischen Diskussion um underclass lässt sich aufzeigen, welche Funktion diese politisch, wissenschaftlich und medial geführten Debatten haben. Es geht um den Zusammenhang benachteiligter Bevölkerungsgruppen und die Neupositionierung des Sozialstaats. Schon Gans, einer der amerikanischen Kritiker der gesamten Debatte, weist auf die Stoßrichtung hin. Die Behauptung bzw. Konstruktion von underclass als einer Gruppe, die durch Sozialleistungen moralisch korrumpiert und zur Passivität degeneriert sei, habe konsequent Auswirkungen auf die Ausgestaltung der Sozialleistungen. Sie nehmen sie zu Unrecht in Anspruch, sie sind der Unterstützung unwürdig, sie müssten daher legitimerweise von sozialstaatlicher Unterstützung ausgeschlossen werden. Transferzahlungen sind deswegen keine Hilfe, sondern Teil des Problems.

Sozialleistungen sind keine Lösung des Armutsproblems, weil die Betroffenen sie nicht zur Problemlösung nutzen. Materielle Hilfe wird in diesem Zusammenhang grundsätzlich in Frage gestellt (Gans 1995: 59).
Mark Stern zeigt rückblickend den Zusammenhang der underclass-Debatte mit der Abschaffung der AFDC (Sozialhilfe) durch Clinton 1996. Die neoliberale Argumentation hat die Basis bereitet für die Beendigung wohlfahrtsstaatlicher Hilfe. Bill Clinton: „ending welfare as we know it". Nach 1996 ist die Zahl der Hilfebezieher in den USA deutlich zurückgegangen. Untersuchungen zeigen freilich, dass die Erfolgsquote des neuen Systems einer auf fünf Jahre pro Person begrenzten und auf Employability ausgerichteten Politik von „Fordern und Fördern", etwa beim Wisconsin-Modell, bei 10% liegt. Stern schließt mit den Worten: Die amerikanische Erfahrung lege, kurz gefasst, nahe, dass die Deutschen gut beraten sind, den Weg der underclass nicht weiter zu gehen. Sie zeige, dass die Lebensrealität der Armen immer Teil des Mainstream sei; nur in unseren begrenzten Vorstellungen sei es anders (Stern 2007: 54).

Verschiebungen im Diskurs um Ungleichheit und Ausschluss
Etwa Mitte der 1990er Jahre fand nicht nur in Deutschland, sondern auch europaweit eine Verschiebung der Diskurse über Armut, Benachteiligung und Sozialpolitik statt, bei der umverteilende und auf Chancengleichheit zielende Ansätze zunehmend von zwei anderen Ansätzen in den Hintergrund gedrängt wurden, nämlich einerseits einem auf Integration durch Arbeit (gleich welcher Art) setzenden, und andererseits einem von der underclass-Debatte gespeisten Ansatz, der stärker auf die Beeinflussung der Lebensführung zielt.

Im Kontext auch der Politik des dritten Wegs (Giddens 1997, 1998) fand die Vorstellung von Strategien des „workfare", die (bezahlte) Arbeit als Form gesellschaftlicher Integration ins Zentrum rücken, innerhalb der europäischen Union etwa ab der Mitte der 1990er Jahre im Kontext der ‚Welfare to Work' Strategien verstärkte Anwendung.

Bedeutsam wird diese Verschiebung der Diskurse deshalb, weil soziale Ungleichheit immer gleichsam doppelt existiert, wie wir in Abschnitt I diesen Buches gesehen haben: Einmal empirisch, gleichsam ‚objektiv', zugleich aber auch interpretiert in den jeweils spezifischen Formen der Deutung (oder Konstruktion), mit denen sie zu einem spezifischen sozialen und politischen Sachverhalt gemacht werden. Begriffe wie „underclass", „neue Unterschicht" oder „die Überflüssigen" sind Klassifikationsmetaphern (Neckel/Sutterlüty 2005) und auch Abgrenzungsmetaphern (Stern 2007: 53), mit denen „eine neo-soziale Ent- und Restrukturierung des wohlfahrtsstaatlichen Arrangements" diskursiv betrieben wird (Heite u.a. 2007: 56). Sie stehen für bestimmte Deutungen und Repräsentationen, mit denen bisher geltende Regeln der Zugehörigkeit und Solidarität aufgekündigt und Zugehörigkeit neu verhandelt und neu definiert werden soll.

Erinnerung: Ordinale und nominale Klassifikationen
Neckel/Sutterlüty (2005) unterschieden zwei verschiedene Semantiken sozialer Ungleichheit, die sie als graduelle und kategoriale Klassifikationen bezeichneten:
   Bei der graduellen Klassifikation werden Personen und Gruppen in Bezug auf quantitative Differenzen, d. h. mehr oder weniger ordinal bewertet. Sie setzt prinzipiell die gleiche Bezugsgröße zum bewerteten Merkmale voraus und nimmt „schwächere Gruppen zwar als unterlegen, nicht aber als minderwertig" wahr.
   Kategoriale Klassifikationen hingegen dienen zur qualitativen, nominalen Beurteilung von Andersartigkeiten im Sinne von gleich/verschieden. Sie beruhen auf sich wechselseitig ausschließenden Kategorien und ermöglichen, „bestimmte Akteure aufgrund der Zuschreibung unveränderlicher Zustände und essentialistisch gedeuteter Eigenschaften" abzuwerten.
   Mit diesen unterschiedlichen Klassifikationen sind sehr verschiedene gesellschaftliche und politische Implikationen verbunden. Neckel/Sutterlüty (2005: 410) formulieren, es mache „einen bedeutenden Unterschied, ob ‚Armut mit Klassifikationen verbunden wird, die Solidarität mobilisieren oder mit solchen, die zum Anlass von Diffamierungen werden".
   Das kann man am Beispiel des zeitweise als „Deutschlands prominentesten Arbeitslosen" bezeichneten *Henrico Frank* verdeutlichen, der durch seine öffentlichen Auseinandersetzungen mit dem damaligen SPD-Parteivorsitzenden Kurt Beck auf dem Mainzer Weihnachtsmarkt 2006 bekannt wurde: Für die erste Deutung stünde etwa, die strukturellen Zusammenhänge aufzuzeigen, die zu Arbeitslosigkeit führen. Demgegenüber ist es diffamierend, wenn Henrico Frank – gerade unter der Ausblendung der strukturellen Erzeugungszusammenhänge – als faul und arbeitsunwillig dargestellt wird.

Drei Diskurse sozialer Exklusion: SID, MUD und RED
Mit der britischen Soziologin Ruth Levitas lassen sich in der gegenwärtigen Debatte drei Formen der Deutung und der auch politischen Bearbeitung sozialer Exklusion unterscheiden, die Ruth Levitas (1998) RED, MUD und SID genannt hat und die einen Versuch der Systematik der aktuellen Diskurse über Ungleichheit darstellen (vgl. auch die Argumentation bei Klein/Landhäußer/Ziegler 2005, der ich hier im wesentlichen folge):
RED = ‚redistributionist, egalitarian discourse'
SID = social integrationist discourse
MUD = moral underclass discourse.

Diese Thematisierungsweisen sozialer Exklusion unterscheiden sich einerseits in der Auswahl und Interpretation der Merkmale wie auch andererseits der „Diagnose" bzw. Einschätzung und Ausdeutung des zentralen Mangels der ‚Exkludierten' (sie nutzen dabei ordinale oder nominale Klassifikationen).

RED = ‚redistributionist, egalitarian discourse'
Dieser Thematisierungskontext interpretiert soziale Exklusionsphänomene vor allem als zugespitzte Formen sozialer Ungleichheitsverhältnisse. Ungleichheit, Armut, Benachteiligung und Ausschluss werden sozialwissenschaftlich und innerhalb eines ethisch-moralischen Bezugsrahmens diskutiert, in dem Fragen des Bürgerstatus, der sozialen Rechte und sozialer Gerechtigkeit und Chancengleichheit bestimmend sind. Das Problem der Betroffenen wird darin gesehen, dass ihnen materielle, kulturelle und symbolische Ressourcen vorenthalten werden. Der Mangel kann daher nur mit Hilfe einer substantiellen Umverteilung von Ressourcen, durch Transfers, wohlfahrtsstaatliche Öffnungen von Lebenschancen und öffentliche Dienste gemindert werden (vgl. oben die Argumentation von Marshall 1992).

In der Sicht dieses Ansatzes (RED) basieren Ungleichheit und Ausschließung auf Prozessen sozialer Schließung. Bestimmte (relativ privilegierte) Gruppen profitieren vom leichteren Zugang zu wichtigen Gütern (ökonomisches, kulturelles, soziales, symbolisches Kapital), zu Ressourcen sowie Lebenschancen. RED interpretiert daher ‚Ausschließung' als ein graduelles Konzept. Ungleichheit und Exklusion gelten als Herrschaftsmodus im Kontext einer vertikalen Ungleichheitsstruktur, die vermittelnden Dimensionen sind die klassischen der Soziologie der Ungleichheit: Klasse, Rasse, Geschlecht.

- Ungleichheit und Armut gelten als wesentliche Ursache sozialer Exklusion
- RED zielt auf die Milderung von Armut durch wohlfahrtsstaatliche Leistungen
- soziale, politische, kulturelle und ökonomische Dimensionen von Teilhabe werden umfassend einbezogen
- beleuchtet die Strukturen und Prozesse, die Ungleichheit erzeugen
- impliziert eine Reduktion von Ungleichheit und eine Umverteilung von Ressourcen und Macht

SID und MUD
Für Ruth Levitas ist RED gegenwärtig, nachsichtig formuliert, ‚aus der Mode' gekommen – sie erklärt diesen Diskurs mit der Ära von ‚New Labour' für beendet. Gegenwärtig haben zwei andere Thematisierungsweisen Konjunktur, die

sich vom vertikalen Gesellschaftsmodell und seiner relationalen und umverteilenden Perspektive auf soziale Ungleichheiten grundlegend unterscheiden.

Die aktuell vorherrschenden Diskurse SID und MUD beruhen auf nominalisierenden Umdeutungen sozialer Ungleichheit und benutzen als Basis *horizontale* Gesellschaftsmodelle. Es geht darum, die Exkludierten zu integrieren – in einer besonderen Weise. Die Ansätze SID und MUD, auch in Mischformen, sind zur Zeit in einem hohen Maße Bestandteil des politischen und wissenschaftlichen, öffentlichen und medialen kulturalisierten Exklusions- bzw. Unterschichtdiskurses.

SID = social integrationist discourse
Der sozialintegrative Diskurs geht von der Konstruktion aus, dass es den Exkludierten primär an bezahlter Arbeit und zugleich den dazu erforderlichen Qualifikationen (Fähigkeiten und Fertigkeiten) mangelt. Integration soll durch die Beseitigung dieses Mangels erreicht werden. Der enge Zusammenhang dieser Annahmen mit der Programmatik des ‚aktivierenden Staats' liegt auf der Hand: SID, der erwerbszentrierte Inklusionsdiskurs, bildet die legitimatorische Basis der vorgeblich ‚fördernden' Aspekte der Aktivierung (Klein/Landhäußer/Ziegler 2005: 48).

Bei SID geht es hauptsächlich um die Inklusion der vom Arbeitsmarkt Ausgeschlossenen, die in erster Linie durch die Arbeitslosigkeit als abgekoppelt vom ‚Mainstream der Gesellschaft' wahrgenommen (oder gedeutet) werden. So verabschiedet sich etwa Giddens in dieser Weise vom Ungleichheitsdiskurs (RED): es gehe nicht „um Abstufungen von Ungleichheit, sondern um Mechanismen, die Personengruppen vom Mainstream abkoppeln" (1998: 104). Eine solche kategoriale Klassifikation unterscheidet zwischen dem ‚Mainstream der Gesellschaft' und den Abgekoppelten. Ausschluss erscheint hier nicht in erster Linie als Problem der Gesellschaft; das Problem erscheint auf Seiten der Ausgeschlossenen, nämlich nicht integriert, kein Teil der Gesellschaft zu sein. Das Problem wird technologisch gelöst, indem die „passenden" Qualifikationen und Kompetenzen vermittelt werden. In der Logik dieser Denkweise kommt den Screenings der betroffenen Gruppen und der Entwicklung der für die identifizierte Problemlage optimalen Version individueller „Work First"-Strategien entscheidender Stellenwert zu. Fragen nach Form und Qualität der Arbeit haben demgegenüber keine Bedeutung. Deutungen und Diskurse dieser Art sind politisch und gesellschaftlich attraktiv, weil die übergreifenden Veränderungen der Erwerbsarbeit, die Verschärfungen von Arbeitsbelastungen, die steigenden Anforderungen an Flexibilität und Mobilität, von Stress und Ungewissheit, die fast alle betreffen, in den Hintergrund treten und die Veränderungen der Machtverhältnisse im Betrieb nun gleichsam subjektiviert werden: falsche Arbeitnehmerqualifikation, mangelnde Flexibilität. SID unterstellt einen arbeitenden, flexiblen und mobilen ‚Mainstream', der zudem sozial, kulturell und geschlechtlich einheitlich gedacht wird.

Soziale Arbeit hat bei dieser Form der Thematisierung eine zentrale Bedeutung. Sie wird institutionell für zuständig erklärt, die Arbeitsfähigkeit von Menschen (wieder)herzustellen.

Neben der Arbeitslosigkeit wird ein weiterer zentraler Grund der Exklusion – und zum Teil auch der Grund für die Arbeitslosigkeit selbst – vor allem in der kulturellen Lebensführung verortet. Diese Form der Thematisierung kennzeichnet einen fließenden Übergang von SID zu MUD.

- Verdeckt Ungleichheitsverhältnisse, etwa die Ungleichheiten zwischen den erwerbstätigen Gruppen oder den Geschlechtern hinsichtlich bezahlter Arbeit
- Verengt die Debatte um Exklusion/Inklusion auf bezahlte Arbeit; prekäre Arbeitsverhältnisse und Arbeitsgelegenheiten werden nicht beachtet.

Typisch für diese Art der Thematisierung ist das Beispiel des angesprochenen *Henrico Frank*. Zentraler Fokus der medialen Debatte war das Merkmal seiner Arbeitslosigkeit und wie diese durch Modifikationen in der Lebensführung (waschen, Haare schneiden, rasieren) beendet werden könne.

MUD = moral underclass discourse
Der „moral underclass discourse MUD" gründet seine Sichtweise auf die Einstellungen, Werte und Verhaltensweisen der Exkludierten. Deren Entstehung wird der angeblichen Struktur der ‚Abhängigkeit' von wohlfahrtstaatlichen Versorgungsleistungen zugeschrieben. Kennzeichnend für diese Perspektive ist, die Exkludierten als eine „Underclass" anzusehen, die nicht durch ihre sozialstrukturelle Position, sondern durch ihre Lebensführung, ihre moralischen Werte, Einstellungen und ihre Alltagskultur bestimmt wird. Die Entkoppelung von gesellschaftlichen Verhältnissen und Lebenslagen einerseits, Lebensweisen und Mentalitäten andererseits hat offensichtlich Züge eines „blaming the victims". Denn dann erscheinen Moral und Lebensführung der solcherart problematisierten und konstruierten Gesellschaftsmitglieder als in höchsten Maße veränderungsbedürftig. Der „moral underclass discourse" transformiert nicht nur das Problem von Armut in das der Armen. Er interpretiert es zugleich verhaltensbezogen um, einerseits in das Problem der passiven Abhängigkeit von Transfers und andererseits in das einer normativen und kulturellen Abweichung. Dies leitet über zur Sozialstaatskritik: die wohlfahrtsstaatlichen Sicherungs- und Verteilungssysteme seien insgesamt zu jede Eigeninitiative lähmenden, passivierenden Strukturen geworden, so dass die Fähigkeiten zu Autonomie und

Selbsthilfe verloren gegangen seien und eine „Kultur der Abhängigkeit" entstanden sei. Typisch für die MUD-Perspektive ist, die eine Hälfte des Begriffs „underclass" zu übergehen, den Wortteil „Class", der auf die vertikale Ungleichheit und Benachteiligung dieser Gruppe im gesellschaftlichen Gefüge verweist. Entscheidend wird die zweite Hälfte des Begriffs, der Wortteil „Under". Für die Menschen am unteren Ende der Sozialstruktur wird ihre moralisch begründete Lebensführung zu jenem Kriterium, das über ihre Zugehörigkeit zur „Gesellschaft der Berechtigten" entscheidet.

- Die Ausgeschlossenen werden als kulturell verschieden vom Mainstream gezeichnet
- der Ansatz fokussiert auf Verhalten anstelle von Verhältnissen und Strukturen
- staatliche Leistungen seien schlecht und erzeugten Abhängigkeit
- hierbei wird aber persönliche ökonomische Abhängigkeit, wie etwa von Frauen und Kindern von Männern ausgeblendet
- andere Ungleichheiten innerhalb der Gesellschaft werden ignoriert.

Eine solche kategoriale und nominale Umdeutung sozialer Ungleichheit in die Ebenen von Kultur, Mentalität und Anerkennung lässt den Kern von RED untergehen: Ungleichheit als gesellschaftliches Problem der Verteilung materieller, kultureller, machtbezogener Ressourcen. Aufgerufen werden hier demgegenüber (sozial-)pädagogische Strategien, die Probleme kultureller Werthaltungen, Fragen der Selbstaktualisierung der Akteure sowie der Hervorbringung sozialer Subjektivität als ihren wesentlichen Gegenstandsbereich betrachten. So formuliert in diesem Zusammenhang Micha Brumlik (2006: 146) konsequent, dass „dort, wo es nicht um weitere Umverteilung von Geld, sondern um die mittel- und langfristige Änderung einer Kultur, also von Haltungen, Einstellungen und symbolisch artikulierten Lebensentwürfen geht, [...] die Politik ihr Recht verloren und die Pädagogik als Praxis der Veränderung von Bildungs- und Aneignungsprozessen an Boden gewonnen [hat]".

Am Beispiel von *Henrico Frank:* Hier wurde als wesentlicher Grund für die bestehende Arbeitslosigkeit und als Zeichen seiner Unwilligkeit zur Integration sein äußeres Erscheinungsbild herausgehoben. Die Diagnose von Kurt Beck: „So wie Du aussiehst, hast Du noch nie was geschafft." Die Problemlösung von Kurt Beck: „Wenn Sie sich waschen und rasieren, haben Sie in drei Wochen einen Job."

Vereinfachend gesagt unterscheiden sich die drei Ansätze dadurch, woran es den Ausgeschlossenen fehlt:
„In RED, they have no money;
in SID they have no (paid) work;
in MUD they have no morals", so Levitas.

Überprüft man zentrale Thesen dieser Diskurse anhand der aktuellen Forschungssituation, zeigt sich schnell, dass die Vertreter von SID und MUD „möglicherweise viele Freunde haben, die Empirie jedoch mit Sicherheit nicht dazu gehört" (Klein/Landhäußer/Ziegler 2005: 55ff.). In der Kritik des underclass-Diskurses führen Klein/Landhäußer/Ziegler zahlreiche aktuelle Forschungen an, auf die hier ausdrücklich verwiesen sei. U.a. wird argumentiert, dass sich starke, kausale Zusammenhänge zwischen einer ‚Wohlfahrtsabhängigkeit' der Herkunftsfamilie und dem Empfang von Wohlfahrtsleistungen der Kinder empirisch nicht finden, ein negativer Einfluss staatlicher Transfers auf die Arbeitsangebotsentscheidungen im unteren Einkommensbereich massiv überschätzt wird, ein dauerhafter Sozialhilfebezug vergleichsweise selten und die Mobilität aus dem Bezug sozialer Hilfen heraus hoch ist. Auch die Perspektive, die von einer moralischen und kulturellen Entkopplung einer bestimmten Gruppe von Menschen von einem „mainstream" ausgeht, ist empirisch mittlerweile vielfach widerlegt. Die zunehmende Verbreitung von prekären Erwerbsverhältnissen und Personen, die trotz Erwerbsarbeit nur als „Working poor" bezeichnet werden können, belegen eindringlich die Unzulänglichkeit einer Perspektive, die davon ausgeht, dass mit der Integration ‚in Arbeit' soziale Ungleichheit abgeschafft sei.

Henrico Franks angeblich persönliches Problem mit dem Arbeitsmarkt konnte inzwischen erfolgreich überwunden werden. Er hat einen – nicht über Kurt Beck vermittelten – „Traum-Job" beim Frankfurter Musiksender iMusic TV angenommen. Dieser möchte ihn unbefristet in der Musikredaktion mit Schwerpunkt Punkrock beschäftigen, wo er – parteiischen Presseberichten zufolge – auch unrasiert seine Arbeit erledigen kann.

Literatur zur Vertiefung

Zur Empirie von Benachteiligung und kulturalistischer Deutung:
- Klein, Alexandra/Landhäußer, Sandra/Ziegler, Holger 2005: The salient injuries of class. Zur Kritik der Kulturalisierung sozialer Ungleichheit. In: Widersprüche 26. Jg. Heft 98: 55-65.

Zur US-underclass-Debatte:
- Kronauer, Martin 2002: Exklusion. Die Gefährdung des Sozialen im hoch entwickelten Kapitalismus. Frankfurt/N.Y.: 52-71.

Zur französischen Debatte um l'éxclusion und l'éxclus:
- Kronauer, Martin 2002: Exklusion. Die Gefährdung des Sozialen im hoch entwickelten Kapitalismus. Frankfurt/N.Y.: 38-48.

Abgrenzung zur Systemtheorie:
- Kronauer, Martin 1998: Exklusion in der Systemtheorie und in der Armutsforschung. In: Zeitschrift für Sozialreform 44. Jg., H. 11-12: 755-768.

III Neue Regulationen?
Die Unterschichtendebatte im aktuellen Blick

Die bisherige Argumentation hat gezeigt, dass der Unterschichtendiskurs keineswegs nur aus sich selbst heraus zu verstehen ist – etwa als Information über eine sich neu herausbildende besondere Gruppe in der Gesellschaft – sondern im großen Rahmen der gesellschaftlichen und sozialstaatlichen Veränderungen der Gegenwart gesehen werden muss. Es ist deutlich geworden, dass der Unterschichtendiskurs vor allem auf die Mittelschichten zielt, denen eine neue Leitvorstellung der gesellschaftlichen Entwicklung und des individuellen Lebens angeboten werden soll. Alle gesellschaftlichen Gruppen und Milieus sind von der Dynamik der globalen Entwicklungen und den Machtverschiebungen betroffen und erhebliche Teile der Mittelschichten haben nachvollziehbare Probleme, sich auf die neuen Entwicklungen einzulassen. Der Widerstand, der daraus entsteht, äußert sich vielfältig und unter anderem in einer Wiederbelebung von Vorurteilen, Ressentiments, Abgrenzungen und einem Vertrauensverlust zur politischen Elite. Er ist aber in jedem Fall als Kampf, als Widerstand gegen die neuen neoliberalen Anforderungen des unternehmerischen Menschen und der Selbstführung einzuschätzen. Deswegen soll zunächst in diesem Schlussteil ein übergreifendes Konzept vorgestellt und diskutiert werden, das – stärker noch als bei Bourdieu oder Michael Vester – die Relationierung dieser Kämpfe in einem Konzept von Hegemonie erlaubt. Hier geht es also darum, einzuschätzen, wie sehr die neuen Anforderungen der Selbstverantwortung Kämpfe um die Führung und die Leitbilder der neuen gesellschaftlichen Entwicklung sind. In einem ersten Ansatz wird deswegen im Folgenden das regulationstheoretische Konzept der Hegemonie vorgestellt und diskutiert, inwieweit die milieutheoretischen Befunde als Auskünfte über die Kämpfe der verschiedenen Gruppen eingeordnet werden können. Vor diesem Hintergrund lässt sich dann nochmals ein Rückblick auf die Unterschichten-Debatte werfen, der eine hegemonietheoretische Einschätzung erlaubt. Für die Soziale Arbeit ist dabei wichtig, sich selber als Teil und Faktor in den hegemonialen Auseinandersetzungen um die gesellschaftliche Entwicklung zu sehen und dafür Zielvorstellungen und Strategien zu entwickeln. Dies ist eine komplizierte Diskurssituation, da hier noch vieles im Fluss befindlich ist und die verschiedenen Anforderungen an die Soziale Arbeit auch durchaus widersprüchlich erscheinen, weil in der aktuellen Phase der gesellschaftlichen Entwicklung das Konzept des sozialen Investitionsstaats in sich widersprüchlich ist.

Michael Foucault hat mit dem Konzept der Gouvernementalität einen produktiven Vorschlag zur Analyse der aktuellen Entwicklungen vorgelegt, an dem gegenwärtig in viele Richtungen weitergedacht wird. Hier wird ein machttheoretischer Anschluss an regulationstheoretische Überlegungen versucht.

Regulationstheorie
Die Regulationstheorie ist in den letzten Jahren zunehmend genutzt worden, um zur Selbstverständnisdebatte der Sozialen Arbeit beizutragen (Schaarschuch 1999, 2004, Anhorn/Bettinger 2005) und wird auch in abgewandelter Form verwendet (z.B. Böhnisch/Thiersch/Schröer 2005). Wie alle wissenschaftlichen Ansätze ist die Regulationstheorie nur im Plural zu haben: hier gibt es unterschiedliche Schwerpunktsetzungen und unterschiedliche Versionen, auf die hier nicht im Detail eingegangen werden kann. Es können nur einige Problempunkte angesprochen oder benannt werden, die für die Theoriebildung und natürlich immer auch für die Einschätzung der Gegenwart von Bedeutung sind.

Grundlagen
Die ab den 1980er Jahren in Frankreich, Deutschland und Großbritannien entwickelte Regulationstheorie ist zur Erklärung der Nachkriegsprosperität und ihrer Krise entstanden. Sie stellt als interdisziplinäre Gesellschaftstheorie ein Analyseinstrument bereit, das die historisch veränderlichen Formen der Integration, von Ungleichheit, von Benachteiligung und Ausschluss in dem Zusammenhang der jeweils spezifischen Strukturen von Produktion und Konsumtion, politisch-institutionellen Formen und sozialen Konfliktverhältnissen sieht. Sie interpretiert die Entwicklung kapitalistischer Gesellschaften – und damit der Strukturen von Herrschaft, Macht und sozialer Ungleichheit – nicht mehr, wie die ältere Klassentheorie, als ausschließlich in ökonomischen Sachverhalten begründet, sondern im Zusammenhang mit dem eigenständig verstandenen sozialen und politischen Handeln, was natürlich viele Fragen aufwirft. Die besondere Perspektive ist darin zu sehen, dass weder systemtheoretisch von einer Selbsterhaltung von Gesellschaft ausgegangen wird noch eine intentionale Steuerung der gesellschaftlichen Entwicklung unterstellt wird. Untersucht wird die Art und Weise der Reproduktion der fordistischen Gesellschaftsformation, ferner die Grenzen dieses Entwicklungspfades, seine Krise und die andauernden Prozesse der gesellschaftlichen Reorganisation. Das hierbei entfaltete Potenzial der Zeitdiagnose kann mit dazu beitragen, einige Probleme und Defizite der bisher diskutierten Theoriestränge zu überwinden, vor allem, weil der Blick stärker auf die durch Macht- und Herrschaftsverhältnisse strukturierte gesellschaftliche Ordnung und die damit verbundenen sozialen Kämpfe gerichtet wird. Die soziale Dynamik in der aktuellen gesellschaftlichen Veränderung ist gleichwohl ein Problem auch dieser Theorie geblieben.

Die Regulationstheorie fragt danach, wie „Gesellschaft als soziales System angesichts des Fehlens eines übergreifenden lenkenden Subjekts bzw. eines system-funktionalen Selbststeuerungsmechanismus überhaupt *möglich* ist" (Hirsch 1994: 157; H.i.O.). Das Problem der dynamischen Bestandserhaltung moderner Gesellschaften steht im Zentrum. Wie kann das Soziale, d.h. die Sicherung der materiellen Lebenserhaltung und des sozialen Zusammenhalts jeweils gewährleistet werden und was garantiert ihre relative Dauer? Kurz gesagt, strukturieren die unmittelbarer Erfahrung nicht zugänglichen sozialen Formen von Ware, Geld, Kapital, Markt und Staat die Dynamiken gesellschaftlicher Entwicklung und dominieren die Formen ihrer sozialen Wahrnehmung durch die Individuen. Dabei wird Gesellschaft als komplexe Interdependenz von ökonomischer, staatlicher und zivilgesellschaftlicher Sphäre verstanden, zugespitzt werden die ökonomischen Prozesse als in soziale Beziehungen, Strukturen und Machtverhältnisse eingebettet und geprägt interpretiert. Die komplexen Erklärungslinien dieses Konzepts können hier nur ansatzweise entfaltet werden (vgl. zum Überblick Schaarschuch 1990 und 2003, Hirsch 1990, 1998, 2002, 2005). Im Mittelpunkt steht die Entwicklung des Lohnverhältnisses. Regulation wird verstanden als die Form, „in der sich dieses Verhältnis trotz seines widersprüchlichen, konfliktiven Charakters reproduziert" (Liepitz 1985: 109). Entscheidend ist die Art der „Vermittlung", in der die verschiedenen – teilweise gegensätzlichen – Interessen in der Gesellschaft so verbunden, geformt, kanalisiert oder übergangen werden, dass die gesellschaftliche Struktur dynamisch gewährleistet und aufrechterhalten wird.

Die Regulationstheorie nimmt dabei eine analytische Unterscheidung zwischen Akkumulationsregime und Regulationsweise vor. Unter Akkumulationsregime werden die spezifisch unterschiedlichen Strategien der Kapitalverwertung und Mehrwertproduktion, die Organisation des Arbeits- und Produktionsprozesses, die nationalen und internationalen Formen von Produktion und Handel, die spezifischen Konsummuster und die damit verbundenen Konkurrenzverhältnisse und internationalen und nationalen Konfliktverhältnisse verstanden. Verkürzt geht es um das relative Entsprechungsverhältnis zwischen den materiellen Produktionsbedingungen und dem gesellschaftlichen Verbrauch. Diese Konzeption des Akkumulationsregimes macht deutlich, dass im Rahmen der Produktionsweise die jeweiligen sozialen, institutionellen und auch politischen Verhältnisse grundlegend, d.h. konstitutiv, auf die Reproduktion einwirken, insbesondere auf die Entwicklung der ökonomischen Strukturen.

Der Prozess der Gestaltung der sozialen und politischen Verhältnisse sowie ihre institutionelle Verfestigung wird als Regulationsweise bezeichnet. Regulation bezieht sich auf das Lohnverhältnis im weiten Sinne – die Reproduktion der Arbeitskraft einschließlich der Haushaltsformen, der Familienbeziehungen und der Kindererziehung (Kindergarten, Schule und Hochschule) – die sich darauf beziehenden Formen der Politik, die Lebensstile und Milieus, die Konsumformen und die Konsumgewohnheiten; ferner auf die Unternehmensformen (Formen der Konkurrenz und Kooperation, Formen der internen Organisation), die Geld- und Kreditbeziehungen, auch die verschiedenen Aspekte der Staatstätigkeit (rechtliche, ökonomische, ideologische) und Staatsintervention sowie zuletzt die internationalen Strukturen.

Liepitz fasst diese Begrifflichkeit wie folgt zusammen: Der Begriff Regulationsweise meint „die Gesamtheit institutioneller Formen, Netze, expliziter oder impliziter Normen, die die Vereinbarkeit von Verhältnissen im Rahmen eines Akkumulationsregimes sichern, und zwar sowohl entsprechend dem Zustand der gesellschaftlichen Verhältnisse als auch über deren konfliktuelle Eigenschaften hinaus" (Lipietz 1995: 121). Zur Regulationsweise gehören das komplexe Feld der gesellschaftlichen Organisationen und Institutionen einschließlich der staatlichen Apparatur, die darin materialisierten ideologischen Orientierungen und Subjektprägungen und auch die generalisierten Vorstellungen von Ordnung und von der Entwicklung der Gesellschaft. Letzteres lässt sich als ein Machtdispositiv ansehen, im Zuge dessen soziale Zugehörigkeiten, Ausschluss- und Einschlussprozesse festgelegt und symbolisiert werden. Die Diskussion um die Unterschicht gehört zweifellos in diesen Zusammenhang. Regulation bezieht sich also auf einen Herrschaftszusammenhang (die Überordnung und Unterordnung gesellschaftlicher Gruppen und das damit verbundene Abstufungssystem von Lebenschancen und Zukunftsperspektiven usw.), der sowohl auf Zwang wie auf Konsens – dies sicherlich in wechselnder Kombination – beruht. In diesem Zusammenhang kämpfen auch neoliberale Konzepte von Selbstführung um Geltung, da sie eine (legitime) Vorstellung von der Ordnung und der Entwicklung der Gesellschaft anbieten und sie durchsetzen möchten. Regulation vollzieht sich durch Auseinandersetzungen und Kämpfe zwischen Akteuren.

Staat
Die Regulationstheorie hat auch die Bedeutung des Staates neu zu verstehen gelehrt. In der marxistischen Tradition galt der Staat als Überbau, der die Ökonomie – die Basis – herrschaftstechnisch und rechtlich zu sichern hat. Theoretisch steht der Staat somit außerhalb der Ökonomie und ist funktional auf sie bezogen. Diese mechanische und deterministische Auffassung des Staates kann die dynamische Stabilität kapitalistischer Gesellschaften nicht erklären.

Die neuere Regulationstheorie verlässt diese Auffassung, sie hält sie für analytisch falsch.

In Anlehnung an Gramsci und staatstheoretische Positionen entwickelt die Regulationstheorie eine neue, differenzierte Sicht des Staats: Er gilt einerseits nicht als unmittelbar von Interessen bestimmt, sondern der Staat ist konstitutive Bedingung des Kapitalverhältnisses (d.h. er schafft aktiv und garantiert die Voraussetzungen bürgerlicher Produktion: Eigentum und gleichgeltende Restriktionen für alle (Rechtsförmigkeit) als notwendiges Moment von Produktion und Reproduktion der Gesellschaft, Geld), er ist zugleich formal autonom als Institution (vordergründig nicht unmittelbar an Klasseninteressen gebunden, durch Steuern unabhängig finanziert, eigenständige Rekrutierung seiner Bürokratie).

Damit ist der Staat – wie auch die Ware, das Geld, das Kapital usw. – eine „besondere Form sozialer Beziehungen" (Holloway 1991: 229; zit. nach Hirsch 1992: 205), in der sich in einer besonderen Weise die Grundstruktur der (kapitalistischen, d.h. durch Geld und Markt bestimmten) Gesellschaft in einer Form der politischen Gemeinschaftlichkeit ausdrückt, die scheinbar über der Konkurrenz und den sozialen Auseinandersetzungen zwischen Interessengruppen steht. Analytisch muss sich sowohl der ökonomische wie der politische Zusammenhang der Gesellschaft in einer von ihr getrennten und ihr gegenübertretenden Instanz ausdrücken, weil eine allein marktbestimmte Reproduktion der Gesellschaft nicht möglich ist. Die Ökonomie beruht auf Naturbedingungen und auch auf sozialen Voraussetzungen – wie etwa der Kultur, der Wissenschaft, den lebensweltlichen Sozialbeziehungen, der Familie, dem Geschlechterverhältnis usw. – die sie selbst nicht gewährleisten kann, sondern benötigt. Mit anderen Worten erzwingen diese inneren Widersprüche des Kapitalismus „eine auf den materiellen Bestand, die Ordnung und den Erhalt der Gesellschaft insgesamt gerichtete und außerhalb des unmittelbaren Verwertungsprozesses stehende Tätigkeit. (…) ‚Markt' und ‚Staat' sind somit keine Gegensätze, sondern untrennbar aufeinander bezogen." (Hirsch 2005: 28).

In einer älteren Studie haben Lenhardt und Offe (1977) in Bezug auf das Problem Staatstheorie und Sozialpolitik dargelegt, dass „Sozialpolitik … die staatliche Bearbeitung des Problems der dauerhaften Transformation von Nicht-Lohnarbeitern in Lohnarbeiter" darstellt, indem sie etwa legitime (Hausfrau, Mutter, Kind, Rentner) und nicht legitime (Betteln, Landsstreicherei, arm sein) Formen der Arbeit und Nicht-Arbeit reguliert. Es ist das, was Esping-Andersen als Kommodifizierung und Dekommodifizierung interpretiert. Man muss diese Argumentation allerdings zuspitzen: Staatliche (Sozial-)politik ist so verstanden keineswegs eine Reaktion auf die Risiken der Lohnarbeiter-Existenz, sondern deren konstitutive Voraussetzung. Staatliche Tätigkeit, hier: Politik stellt eine Bedingung des Funktionierens bürgerlicher Gesellschaften dar, weil sie deren spezifische Strukturprobleme bearbeitet (Lenhardt/Offe 1977: 107).

Historisch geht die Besonderung des Staats gegenüber der Gesellschaft der Entwicklung kapitalistischer Verhältnisse voraus und bedingt diese, analytisch ist er als eigenständige verselbstständigte politische Form substantiell auf die bürgerliche Gesellschaft und ihre Widersprüche bezogen (Hirsch 1994). Die relative Trennung von Politik und Ökonomie (Staat und Gesellschaft) bedeutet, dass der Staat weder Instrument der Ökonomie noch seinerseits ein Subjekt ist, das in die Ökonomie steuernd und planend eingreift. Ferner ist der Staat nicht als eine Institution zu verstehen, die außerhalb der gesellschaftlichen Gruppen, Schichten und Klassen steht, sondern diese sind durchweg systematisch in den Staat einbezogen. Poulantzas interpretiert den Staat selbst als gesellschaftliches Verhältnis (Poulantzas 1978: 119). Das bedeutet, den Staat nicht außerhalb der gesellschaftlichen Kräfte- und Machtverhältnisse zu sehen, sondern ihn selbst als zutiefst widersprüchliche Form und Organisation von Kräfteverhältnissen zu betrachten. „Kurz, den Staat als materielle Verdichtung eines Kräfteverhältnisses begreifen, heißt, ihn auch als strategisches Feld und strategischen Prozess zu fassen, in dem sich Machtknoten und Machtnetze kreuzen" (Poulantzas 1978: 126). So kann der Staat das Feld werden, das die ökonomisch bestimmenden Klassen bzw. -fraktionen mittels des Staatsapparats organisiert und die Unterlegenen desorganisiert. Seine besondere materielle Gestalt (Parlamentarische Demokratie, staatliche Apparate i.e.S.) filtert, modifiziert, kanalisiert, verändert die die an ihn herangetragenen Interessen und Bedürfnisse zugleich. Sie werden von der politischen Form bestimmt (ausf. Hirsch 2005: 26ff.).

Hegemonie

Das auf den italienischen Philosophen Gramsci zurückgehende Konzept des integralen Staates greift auf den engen Zusammenhang von Zwang und Konsens in jedem Herrschaftsverhältnis zurück und bringt ihn auf die Formel der „Hegemonie, gepanzert mit Zwang" (Gramsci 1992: 783). Dabei meint „Zwang" die Souveränitätsmacht des Staates im engeren Sinn (Garantie des auf Recht gestützten Eigentums und des Gelds, staatliches Gewaltmonopol durch Armee und Polizei). Aber die Bedeutung des Staates ist mit dem Gewaltmonopol weit unterkomplex erfasst. Moderne Formen von Herrschaft lassen sich nicht auf Recht und Gewalt begrenzen, sondern umfassen Prozesse der Meinungs- und Willensbildung, das Entstehen von Bündnissen durch gemeinsam geteilte Überzeugungen, Diskurse, Aushandlungen, Kompromisse, aber auch das Übergehen mancher Positionen und die Stillstellung mancher Gruppen. Die moderne Gesellschaft beruht auf komplexen Machtformen. Der gesamte Bereich der Interessenentwicklung, -formulierung und -verallgemeinerung – auch durch Handeln und alltägliche Lebensführung, durch Erziehung, Bildung und Wissenschaft – gehört zu diesen Formen, für die Gramsci den Begriff der „Hegemonie" prägt. Regulation bedarf einer spezifischen Verbindung von Führung, Herrschaft und Zwang.

„Hegemonie" bezieht sich auf die Sphäre der weitgefassten società civile (meist mit Zivilgesellschaft übersetzt), die Gramsci als erweiterten Staat versteht. Im integralen Staat sind neben der eigentlichen politischen Institution mit der società civile verschiedene, meist als privat verstandene Gruppen von Akteuren und Institutionen ins regulative Geschehen einbezogen: z.b. Kirchen, Gewerkschaften, Vereine, Verbände, Medien, Interessenvertretungen, aber auch Schulen und Hochschulen, Wissenschaft und Kunst, Fernsehen, Film und Literatur, usw. Zur società civile gehört auch das Netz sozialer Milieus, kultureller Orientierungen, ebenso Lebenswelten; wie sie auch die Familie als Ort eines wichtigen Teils der Sozialisation und der Reproduktion von Arbeitskraft einschließt. Der integrale Staat in diesem weit gefassten Sinne übernimmt eine entscheidende Rolle nicht nur bei der politischen und gesellschaftlichen Vereinheitlichung der dominierenden Klassen, sondern er bezieht sich auch auf die unterlegenen, beherrschten Klassen. Er ist dabei durch den Widerspruch und den Gegensatz von Marktlogik und Logik von Staatsbürgerschaft geprägt. Dies eröffnet den Subjekten Spielräume für die Art und Weise ihrer Lebensgestaltung und ihrer Interessenformulierung und macht es möglich, dass hier auch nicht-ökonomische, kulturelle, ethnische oder religiöse sowie geschlechtliche Gegensätze und Konflikte ausgetragen werden, die keineswegs auf die Klassenverhältnisse zurückzuführen sind, sondern andere Ursprünge haben. Sie können regulierbar gemacht werden – nicht gelöst, aber mit der Entwicklung des gesamtgesellschaftlichen Zusammenhangs vereinbar werden. Wichtig ist dabei zu betonen, dass Hegemonie keineswegs Einheitlichkeit meint. Sie ist ein offener Prozess, der viele Akteure und Spielräume hat, sie ist aber zugleich ein Prozess der „diskursiven Mobilisierung, Spaltung, Dethematisierung und Kombination von Interessen" (Hirsch 1994: 208). Insofern ist sie „eine *temporäre Verfestigung* grundlegend prozesshafter sozialer Kämpfe" (Kohlmorgen 2004: 94, H.i.O.).

Zusammenfassend geht in Anlehnung an Gramscis Analyse aus den 1930er Jahren die Regulationstheorie davon aus, dass komplexe moderne Staaten und Gesellschaften nicht über ein organisierendes und regulierendes Zentrum verfügen (das man leninistisch erobern und besetzen könnte), sondern es sich bei dem Zentrum um ein weit gestaffeltes System aus mehreren Ebenen gesellschaftlicher und politischer Beziehungen handelt, in das alle Klassen einbezogen sind.

Regulation ist mit hegemonialen Projekten verbunden, u.a. mit Versuchen, verallgemeinerbare Vorstellungen von der richtigen Ordnung und Entwicklung der Gesellschaft durchzusetzen (z.B. „Wohlstand und Sicherheit" für den Fordismus, „Selbstverantwortung und Gemeinwohl" für den Postfordismus); sie müssen klassen- und gruppenübergreifend sein, um das Einverständnis herzustellen, dass die gesellschaftliche Entwicklung im allgemeinen Interesse sei und zugleich auch untergeordnete Teile der Gesellschaft einbeziehen oder neutralisieren. Diskurse in der società civile werden aufgrund der unterschiedlichen Interessenlagen und Interessen und der sozialen, auch öffentlichen Kräfteverhältnisse und -konstellationen durchweg vielschichtig, vielstimmig und plural geführt. Analytisch geht es innerhalb des hegemonialen Verhältnisses einmal darum, allgemein teilbare Wert- und Ordnungsvorstellungen von Struktur und Entwicklung der Gesellschaft zu entwickeln, plausibel zu machen und durchzusetzen. Das können durchaus bewusst-intentionale Versuche einer Gewinnung von Konsens und Einverständnis durch neue Modelle einer gesellschaftlichen Entwicklung sein, wie z.B. die in verschiedenen Varianten vertretenen neoliberalen Konzepte der Selbstführung, der Selbstverantwortung für das eigene Leben und der Sorge für das Gemeinwohl (1). Daneben müssen diese Strukturen auch politisch-gesellschaftlich in die Praxis (Lebensführung, Politik) auf überzeugende und wichtige, breitere Schichten oder Milieus einbeziehende Art und Weise umgesetzt werden bzw. umsetzbar sein. Sie müssen in die Lebensweise und die Bewältigungsmuster der verschiedenen gesellschaftlichen Gruppen und Milieus integriert werden und zu ihrer Verankerung durch entsprechende sozialstaatliche Rahmungen und Neuregelungen unterfüttert werden. Ein Beispiel wäre hier die Vereinbarkeit von Erwerbstätigkeit und Kindererziehung für Frauen (2). Drittens müssen institutionelle Regelungen für die gesellschaftlichen und politischen Aushandlungs- und Entscheidungsprozesse, einschließlich der institutionellen Umstrukturierungen, gefunden werden (3). Jessop weist hier auf die Organisation des Lohnverhältnisses, die Unternehmensformen, das Geldsystem, den Staat und internationale Regelungen als Grundstrukturen hin (Jessop 1992: 238). Die Veränderungen der staatlichen Regelungen regulieren und organisieren zugleich Einkommen, Lebensstile und Lebenslagen verschiedener Gruppen und befestigen soziale Relationen (vgl. Hirsch 2005: 97).

Hinsichtlich der Regulation geht es darum, die gesellschaftlichen Kräfteverhältnisse zu einer relativen Artikulation zu bringen, die soziale Kompromisse – einschließlich z.B. die Stillstellung von Gruppen durch materielle Gratifikationen, durch Formen der Delegitimation oder auch von Entmündigung – bedeutet und wichtige gesellschaftliche Interessengruppen zu einem jeweils dominanten „hegemonialen Block" zusammenschließt. Dieser kann zugleich konsensuell von den unterschiedlichsten Gruppen und Institutionen der Zivilgesellschaft mit getragen werden, wie Kirchen, Gewerkschaften oder Teilgruppen der Arbeitnehmer, Teilgruppen der Rentner u.ä.

Wenn es gelingt, gesellschaftliche Institutionen, aber auch die Verhaltensweisen, Mentalitäten und Erwartungshorizonte der gesellschaftlichen Gruppen sowie die Formen gesellschaftlicher Konfliktaustragung mit den jeweiligen Erfordernissen der Kapitalakkumulation kompatibel zu machen, dann stellt sich über diese Regulationsweise ein Entsprechungsverhältnis zu dem Akkumulationsregime her (Röttger/Wissen 2005: 214). In der Nachkriegszeit war dies etwa die Verbindung von hoch arbeitsteiliger Produktion mit Massenkonsum und der Abwesenheit von tarifvertraglichen Auseinandersetzungen.

Das Gelingen dieser Passung ist weder notwendig noch völlig kontingent. Es ist auch nicht das Ergebnis strategischen Handelns. Die Passung geht hervor aus einem grundsätzlich offenen Prozess sozialer Auseinandersetzungen, Kompromissbildungen und Neutralisierung unterlegener Gruppen. Alain Liepitz drückt die Offenheit in der Metapher aus, eine Regulationsweise sei letztlich immer eine historische „Fundsache" (Liepitz 1985: 114).

In gewisser Weise bedeutet diese Offenheit in der neueren Diskussion die Relativierung der Gleichgewichts- und Stabilitäts-Annahme der älteren Regulationstheorie. Es wird stärker betont, dass die Kapital- und Arbeitsverhältnisse strukturell der Regulation bedürfen, und ferner dass es lokale und regionale Modifikationen der Regulation gebe. Röttger/Wissen weisen darauf hin, dass diese Relationierung ein vertieftes Verständnis von Lokalisierungs- und Regionalisierungsprozessen ermögliche, weil nicht mehr die Vorstellung dominiere, Regulation geschehe in stabilen Phasen eher durch das Wirken von Strukturen, und in Krisenphasen eher durch Handeln. Wird der Prozesscharakter von Regulation hervorgehoben, erledigt sich diese Dichotomie (vgl. Röttger/Wissen 2005: 216). Auch die neuere Entwicklung einer sozialräumlichen Polarisierung könne dann als Teil eines veränderten Herrschaftsverhältnisses interpretiert werden.

Freilich muss betont werden, dass die aktuellen Formen der Regulation durchweg nicht mehr auf die Vereinheitlichung der Lebenslagen setzen. In den Varianten einer neoliberalen wie auch einer neokonservativen Ausrichtung wird die Entwicklung einer neuen Gesellschaftsformation vorangetrieben, die sich durch eine neue Qualität und ein neues Ausmaß an gesellschaftlichen Polarisierungs-, Spaltungs- und Fragmentierungsprozessen auszeichnet. Damit werden ökonomisch *und* sozialstaatlich Formen einer neuen selektiven Integration hervorgebracht und die Teilhabe bestimmter Personengruppen abgestuft zurückgenommen: an der Erwerbsarbeit, an Eigentum, an Sozialeigentum, an Einkommen, hinsichtlich von Wissen und Ausbildung und auch hinsichtlich von Anerkennung und Lebenschancen.

Fordismus
Fordismus bezeichnet die Form der gesellschaftlichen Entwicklung, die sich ab den 1930er Jahren beginnend mit Henry Fords Fließbandproduktion zunächst in den USA durchgesetzt hat und nach den 1950er Jahren in den übrigen hochentwickelten Ländern eine Epoche der bürgerlichen Gesellschaft prägte. Es war ein Entwicklungsmodell von höchster Produktivität und sehr großer Dynamik. Die Akkumulationsweise beruhte auf der hoch arbeitsteilig organisierten Produktion von standardisierten, mit der Zeit komplexeren Massenkonsumgütern durch

vergleichsweise niedrig qualifizierte Arbeitskräfte, was erhebliche Produktivitätssteigerungen ermöglichte. Die Reproduktion konnte über lange Zeit deswegen dynamisch verlaufen, weil mit dem stets erweiterten Warenangebot an Konsumgütern auch die Nachfrage expandierte. Die Arbeitskräfte wurden über die Steigerung der Lohneinkommen am Produktivitätszuwachs beteiligt, was den entsprechenden Massenkonsum unterstützte. Die Verallgemeinerung der Lohnarbeit durch die Auflösung des tradionalen Sektors, d.h. der nichtkapitalistischen Form des Wirtschaftens, substituierte die dort freigesetzten Beschäftigten. Der alte Mittelstand von Bauern, kleinen Handwerkern und Gewerbetreibenden verschwand und deren Tätigkeiten oder Produkte wurden von neuen industriell gefertigten Massenerzeugnissen oder kommerziellen Dienstleistungen ersetzt. Der vermehrte Konsum erweiterte die Märkte durch immer neue Bereiche kapitalistischer Produktion, von den nun in der Fabrik verarbeiteten Lebensmitteln bis zum Auto. So entstand eine Verklammerung von Konsum, Wachstum und Wohlfahrt: Die Löhne stiegen, dies verstärkte die Konsumgüternachfrage, was ein beständiges volkswirtschaftliches Wachstum ermöglichte, in dem die Löhne und Gehälter wieder stiegen, usw. Der Staat stärkte über Infrastruktur- und Konjunkturprogramme den ökonomischen Prozess. Seine Interventionen trugen dazu bei, dass der Verwertungsprozess von der Nachfrageseite her abgestützt wurde. Jessop hat für diese Form der politischen Regulation den Begriff des „keynesianischen Wohlfahrtsstaates" geprägt (Jessop 2007: 226ff.). Er bezeichnet ein hohes Maß der Staatsintervention in der Bildungs-, Forschungs-, Struktur- und Konjunkturpolitik und eine starke Regulation von Arbeitsmarkt und Sozialpolitik. Der Wohlfahrtsstaat betreibt keynesianisch die Vollbeschäftigung, indem durch antizyklische Programme und durch relative Umverteilung die Kaufkraft gesteigert wird; er entwickelt korporative Verhandlungssysteme von Unternehmen, Gewerkschaften und Staat zur Gestaltung des Lohnverhältnisses (in Westdeutschland z.B. Mitbestimmung, Lohnfortzahlung, Ausbau der sozialen Dienste; später – ab den 1970er Jahren – korporative Systeme der Frühverrentung und Abfindung arbeitslos werdender Bergbau- und Hüttenarbeiter), er unterstützt die Verallgemeinerung neuer Konsumnormen auch durch die Etablierung sozialer Bürgerrechte (Bildungsreform, BSHG, Umbau JWG) und wirkt dadurch auch in Richtung einer Verallgemeinerung bzw. Regulation neuer Lebensweisen (Urlaub, Konsum, Eigentum), die Lebenslagen sowie Mentalitäten in Richtung der bisherigen Mittelschichten mit verändern. In gleicher Richtung wirkte der staatliche Ausbau der Infrastruktur, der nicht nur keynesianische Impulse für das Wirtschaftswachstum durch die Modernisierungsprogramme im Wohnungsbau, Gesundheitswesen, Verkehrswesen und Bildungswesen bedeutete, sondern auch die Entfaltung einer neuen Lebensweise mit vorantrieb. Diese regulatorischen Strategien waren auch durch sozialen Bewegungen seit den 1968er Jahren abgerungen und beschleunigt und mündeten in einem Kulturbruch (vgl. Hobsbawm 1995: 402ff.).

Generell stand in dieser Epoche der zunehmende Wohlstand der breiten Mehrheit nicht im Gegensatz zur Rentabilität des Kapitals, sondern war die Grundlage für das ökonomische Wachstum. Man kann darin die materielle Grundlage des fordistischen Fortschritts-Paradigmas sehen, das sich auf den technischen Fortschritt, den sozialen Fortschritt und den staatlichen Ausgleich (der Defizite des Marktes) stützte (Liepitz 1991: 680f.).

Das wachstumsorientierte Fortschrittsverständnis, das diesem Entwicklungsmodell zugrunde lag, prägte auch die Handlungsorientierungen und Identitäten des sozialliberal geführten hegemonialen Blocks. Er bestand aus weltmarktorientierten Kapitalteilen, den neuen Mittelklassen und großen Teilen der Facharbeiterschaft sowie den entsprechenden politischen (auch gewerkschaftlichen) Organisationen. Der soziale Zusammenhalt dieses Blocks geschah über einen materiellen Ausgleichsmechanismus, den man den fordistischen Klassenkompromiss nennen kann, und der wie oben beschrieben funktionierte. Entscheidend war die Befriedung der sozialen Konflikte, vor allem zwischen Kapital und Arbeit, die win-win-Koalitionen möglich machte, da die hohen wirtschaftlichen Wachstumsquoten einen recht weiten Spielraum eröffneten, über den die Mehrheit der Erwerbstätigen materiell und ideologisch in den historischen Block eingebunden werden konnten. Die materielle Grundlage des gestiegenen Lebensstandards (Lohnsteigerungen, verbesserte Arbeitsbedingungen, wohlfahrtsstaatliche Absicherung) machte ein hohes Maß an klassenübergreifendem Fortschrittskonsens in der Zivilgesellschaft möglich: (ideologische) Vorstellungen über die tendenziell unbegrenzte Machbarkeit des technischen Fortschritts (die erst mit der Ölkrise von 1973 und der Studie des Club of Rome relativiert wurden), aber auch der Gestaltbarkeit der gesellschaftlichen Verhältnisse (vor allem der Chancengleichheit) sowie der sozialstaatlichen Absicherung aller Lebensrisiken.

Eric Hobsbawm beschreibt anschaulich und überzeugend den raschen Wandel der Sozial- und Klassenstrukturen, den er mit einer Revolution gleichsetzt. Die Lebensweisen, Wohnung, Konsum und Freizeit, die Familienverhältnisse, Kindheit und Jugend wälzten sich in einem recht kurzen Zeitraum grundlegend um, hinzu kam die kulturelle Revolution der sozialen Orientierungen (vgl. Hobsbawm 1995, 363ff. und 402ff.).

Trotz der Verallgemeinerung und sozialen Homogenisierung der Arbeiterschaft wurden freilich die sozialen Ungleichheiten und auch Ausgrenzungen nur abgemildert, in ihrer Form verändert und enttraditionalisiert. Dies betraf vor allem jene Gruppen, die nicht über das dominante Normalarbeitsverhältnis eingebunden waren, z.B. Frauen, Migranten, Alte.

Die Krise des Fordismus

Der Übergang zu einer nachfordistischen Entwicklungsform – für den sich mangels passenderer Charakteristika der Begriff Postfordismus durchgesetzt hat – ist inzwischen in der wissenschaftlichen Diskussion nahezu unbestritten. Die Regulationstheorie interpretiert das Ende der alten Konstellation in der Weise, dass sich auf mehreren Ebenen die inneren Widersprüchlichkeiten des Fordismus systematisch zugespitzt haben. Deutlich ist einerseits, dass die „enge Verbindung von Massenkonsum, Sozialstaat und Akkumulation, die das ‚goldene Zeitalter' des Fordismus gekennzeichnet hatte, zerbrach" (Hirsch 2002: 94), d.h. die weitere Entwicklung immer weniger tragen konnte.

Als ein Krisenfaktor für die Erosion des fordistischen Paradigma wird die Erschöpfung der Produktivitätsreserven der tayloristischen Arbeitsorganisation angeführt. Dabei verbinden sich technologische mit sozialen Grenzen (in den 1970er Jahren nahmen Streiks, Unzufriedenheit und Protest, Absentismus, Sabotage bei den europäischen Arbeitern zu). Als zweiten Krisenfaktor kann man Veränderungen im Akkumulationsregime ansehen, die zu einer sinkenden Profitabilität führten. In der langen Prosperitätsphase verschoben sich die Machtverhältnisse zu Gunsten der Beschäftigten und der Gewerkschaften, was zu einer Rentabilitätskrise führte. Hirsch weist auch auf die Bedeutung des kalten Krieges, der Systemkonkurrenz, als Hintergrund für Zugeständnisse zu Gunsten der Arbeiter hin – ein Aspekt, der nach 1989 zunehmend entfiel. Als weiteren Faktor lässt sich die Destabilisierung der internationalen Formen der Regulation ansehen, vor allem aufgrund der Schwäche der USA: das Ende der Golddeckung der Währung, die Aufgabe des Systems von Bretton Woods, die in der Folge zu einem enormen Bedeutungszuwachs des internationalen Finanzmarktes beitrug. Die Globalisierung der Wirtschafts- und Finanzbeziehungen verschärfte den Anpassungsdruck zu neuen Formen der internationalen und nationalen Regulation.

Aber neben den ökonomischen Faktoren traten auch soziale und kulturelle Widersprüche in den Vordergrund. Die ökologische Bewegung z.B. seit den 1970er Jahren richtete sich einerseits gegen das Leitbild eines umfassenden Konsums und machte auf die ökologischen und sozialen Folgen der Ressourcennutzung, Naturzerstörung und der zentralen Rolle fossiler Energieträger aufmerksam. Der soziale Rückhalt des fordistischen Entwicklungsmodells war vor allem nach 1973 im Schwinden.

Freilich verschoben sich mit der Krise des fordistischen Paradigma die gesellschaftlichen Kräfteverhältnisse. Die soziale Basis des hegemonialen Machtblocks verengte sich, weil unter der neuen neoliberalen Politik die Modernisierungsverlierer nicht mehr wohlfahrtsstaatlich aufgefangen wurden, sondern zunächst die sozial schwächeren Gruppen tendenziell aufgegeben wurden

(1980er und 1990er Jahre). Damit „vollzog sich die soziale Fragmentierung und Entsolidarisierung der Gesellschaft als ein schleichender, aber stetiger Prozess, der viele der vormals latenten Probleme manifest werden ließ" (Bieling 2000: 211). Durch die Umbrüche im Beschäftigungssystem nahm die Kluft zwischen Erwerbstätigen und Erwerbslosen, zwischen Männern und Frauen, zwischen den Generationen, zwischen den Regionen sowie auch zwischen den Ethnien vertieft zu.

Die postfordistische Epoche bedeutet mithin eine grundlegende Machtverschiebung zu Gunsten der Unternehmen und des nach 1989, dem Ende des Ostblocks, weltweit agierenden Kapitals. Diese Machtverschiebung forcierte die Deregulierung der Arbeit, die Auslagerung der Produktion in Billiglohnländer, den Umbau des Sozialstaats, und es entsteht eine Tendenz zum Unterlaufen oder zur Aushöhlung sozialer Rechte. Ungleichheiten und Armut nehmen zu. Soziale Probleme werden nicht mehr integrativ, sondern durch Ausschließung und per Zwang und später durch die sekundäre Integration des aktivierenden Staats „gelöst", Ungleichheiten und Ausschluss also hingenommen. Die Moralisierung sozialer Ungleichheit nimmt zu und dient der Stillstellung der Betroffenen, der Legitimation von Härte und von Strategien der Umerziehung und der Differenzierungen in der Integration.

Postfordismus
Als Kernmomente der postfordistischen Form gelten derzeit die hochflexible, technologisch innovative Ausdifferenzierung sowohl des produktiven wie des konsumptiven Sektors. Daher zeigen sich in den neuen organisatorischen Strukturen die angesprochenen Spaltungs- und Fragmentierungsprozesse zwischen dem Finanz- und Industriekapital, zwischen Kapital und Arbeit, zwischen den Gewinnern und Verlierern der Modernisierung und auch zwischen Erwerbstätigen und Erwerbslosen.

Akkumulationsregime: Die fordistische Arbeitsteilung wird durch flexiblere und dezentralisierte Formen des Beschäftigungsprozesses und der Arbeitsorganisation abgelöst. Sie stützen sich auf neue Basistechnologien, vor allem die Mikroelektronik, aber auch Gen-Technologie und Biotechnologie sowie neue synthetische Werkstoffe. Flexiblere, dezentralisierte Formen des Beschäftigungsprozesses und der Arbeitsorganisation kennzeichnen das neue produktive Paradigma. Vor allem die Querschnittstechnologie der Mikroelektronik verändert sämtliche Bereiche von Produktion und Verwaltung, Vertrieb und auch der Konsumtion und auch die Formen der innerbetrieblichen und zwischenbetrieblichen sowie globalen Arbeitsteilung erheblich. Es entstanden globale Netzwerke, die es möglich machten, grenzüberschreitende Wertschöpfungsketten unter flexibler Ausnutzung sozialräumlich unterschiedlicher Verwertungsbedingungen auszubauen. Im Arbeitsprozess werden Qualifikation und Gestaltungsmöglichkeiten der Beschäftigten einerseits aufgewertet, andererseits auch durch die veränderten Machtverhältnisse des Managements relativiert. Hinsichtlich des Arbeitskräftebedarfs polarisieren sich die Strukturen von Beschäftigung stärker aus, indem sowohl hochqualifizierte Arbeitskräfte wie auch ein kleiner werdendes Segment wenig qualifizierter Personen benötigt werden und zugleich flexibilisieren sich die Formen der Beschäftigung generell.

Die Internationalisierung der Produktion wird – vor allem seit dem Ende des Ostblocks – beschleunigt und vertieft durch liberalisierte Waren-, Kapital- und Finanzmärkte, wobei dem Finanzmarkt steigende Bedeutung zukommt, auch unter dem Aspekt kurzfristiger Profitmaximierung, etwa durch Shareholder-Strategien. Dies bedeutet eine stärkere Gewichtsverlagerung auf das globale Finanz- und Anlagekapital und eine zum Teil transnationale Regulation. Sie richtet sich stärker auf den Weltmarkt aus, während der Binnenmarkt an Bedeutung verliert. Dort spreizt sich der Konsum stärker auf in exklusive und preisgünstige Segmente.

Diese Strategien der *Regulation*, die sich seit den 1970er Jahren zunehmend in der internationalen Kapital- und Finanzbranche in Kooperation mit den Regierungen dominierender westlicher Staaten durchgesetzt haben, gründen auf einer sehr weitgehenden Deregulierung der Kapital- und Finanzmärkte, einer oft umfassenden Privatisierung öffentlicher Unternehmen, Versorgungseinrichtungen und sozialer Sicherungssysteme. So vergrößerte sich die Unabhängigkeit multinationaler Unternehmen von einzelstaatlichen Regulationszusammenhängen und auch nationalstaatlichen sozialstaatlichen Strukturen. Dies bedeutet: Der fordistische Zusammenhang von Massenproduktion und sozial- und wohlfahrtsstaatlich abgestütztem Massenkonsum wurde aufgelockert, die im Fordismus abgesicherten Arbeitsverhältnisse ausgehöhlt, und die Machtverhältnisse wie auch die Einkommensverteilung verschoben sich zu Gunsten der Unternehmen und auch des Kapitals.

Auch gewinnen kompetitive Momente an Relevanz, die auf die Wettbewerbsfähigkeit der nationalen Volkswirtschaften ausgerichtet sind: eine kostengünstige oder auch qualitativ hochwertige Produktion, generell die Stärkung der Standortfaktoren. Die Entwicklungen sind selbstverständlich begleitet und werden durchgesetzt durch Bedeutungsverschiebungen und Umbauten im System der Staatsapparate, zum Beispiel dadurch, dass die Institutionen, die auf eine verbesserte ökonomische Wettbewerbsfähigkeit auf den internationalen Waren-, Finanz-, Kapitalmärkten hinwirken, die übrigen Bereiche tendenziell dominieren. Es entstehen auch neue Formen der Staatsintervention, die sich auf die internationale Wettbewerbsfähigkeit richten.

Im Vergleich zur fordistischen Kompromissstruktur ist die neue hegemoniale Figur oder Konfiguration sozial exklusiver definiert, weil sich die Regulation nicht mehr auf Mechanismen des sozialen Ausgleichs stützt, sondern nur noch privilegierte Teilgruppen der Erwerbstätigen und Selbstständigen (die Modernisierungsgewinner) einbindet. Darüber hinaus scheint sich die Gruppierung des hegemonialen Blocks auch stärker auf eine transnationale Gruppe von hoch qualifizierten Dienstleistern, Facharbeitern und Führungskräften zu stützen.

Entsprechend entwickeln sich die Lebenslagen deutlich auseinander, viele werden zunehmend prekär. Die Entwicklung hin zu einer Homogenisierung der Lebenslagen, welche die fordistische Epoche bestimmt haben, kehrt sich offensichtlich um. Die regulatorische Entwicklung führt dazu, dass die Gesellschaft sich tendenziell stärker nach Lebenslagen und im Integrationsstatus polarisiert. Einerseits entsteht offensichtlich ein neues Segment der Bevölkerung, das durch die neue Ausrichtung des Sozialen auf eine „Integration in Arbeit zweiter Klasse" verwiesen wird. Generell nehmen auch im Bereich der Inklusion (bei Castel die Zone der Sicherheit und Gefährdung) die gefährdeten und prekärer werdenden Lebenslagen zu. Durch diese Entwicklung wird der Bürgerstatus, die sozialen Rechte, die in der Nachkriegszeit tendenziell allen zugänglich wurden, substantiell infrage gestellt.

Die Politiken der Aktivierung modifizieren gesellschaftliche Integration für bestimmte Gruppen zu einer (erzwungenen) sekundären Integration am Rande der Gesellschaft auf einem niedrigeren Niveau von Produktion (Zugang zum und Status im Arbeitsmarkt) und Reproduktion (Hartz IV). In diesen Zusammenhang gehört der neue Kontroll- und Disziplinierungsdiskurs gegenüber den Adressaten mit seiner moralisierenden Verantwortungszuschreibung, und dazu gehören auch die medialen und politischen Thematisierungen der Unterschicht.

Die sozialen Konsequenzen der neoliberalen Umgestaltung sind auch regulationstheoretisch wenig analysiert. Deutlich ist natürlich, dass soziale Probleme und Verteilungskämpfe die Fragen nach der Veränderung der Klassenstrukturen neu aufwerfen. Für die gegenwärtigen Entwicklungen, für die Prozesse des Ausschlusses und auch der Marginalisierung fehlen auch der Regulationstheorie deutliche Begriffe. Auch die zunehmenden symbolischen Abgrenzungen gegenüber Modernisierungsverlierern zeigen ja Prozesse der Fragmentierung zuvor homogenerer Gruppen an.

Möglicherweise besteht hier ein sozialtheoretisches Defizit des Regulationsansatzes, insofern der Zusammenhang von Akkumulationsregime und den Veränderungen der Sozialstruktur eher deskriptiv beschrieben wird, nicht aber handlungstheoretisch analysiert (vgl. Hirschs Diskussion von Giddens Struktur und Handlung, 2005: 43ff.) .

Vor allem die von Michael Vester ins Spiel gebrachten sozialmoralischen Grundlagen und Handlungsmotivationen scheinen mir in Bezug auf das Problem der Hegemonie unterbelichtet. Urry unterscheidet fünf Dimensionen der Klassenanalyse: Klasse als Ausbeutungsverhältnis, als Kraft gesellschaftlicher Entwicklung, als Set sozialer Organisationen, als räumliche Vernetzungsform und als Gruppe von Personen mit gleichen sozialen Eigenschaften (Urry 1995: 170).

Vester hat versucht, von Letzterem ausgehend, einen Rückbezug der Milieus zur gesellschaftlichen Entwicklung analytisch zu formulieren. Dabei sind allerdings auch die konkreten Ebenen der lebensweltlichen Spielräume und Autonomien nur unter dem Aspekt einer Modernisierung vor allem der kulturellen Kapitalausstattung in den Blick genommen und Potenziale, die sich jenseits dieser Perspektive möglicherweise zeigen, vernachlässigt worden. Auch bleiben aufgrund des primär politikwissenschaftlichen Erkenntnisinteresses – bei dem die Erklärung von Politikstilen und politischen Lagern aus Klassenverhältnissen und Mentalitätsgruppierungen im Vordergrund steht – viele andere sozialwissenschaftliche Fragen im Hintergrund. Immerhin zeigt diese Analyse die Herausbildung einer meritokratischen Milieuidentität, die im Übergang zum Postfordismus aufgrund ihrer auch sozialhistorisch begründeten Beharrungskraft ein sozialmoralisches Widerstandspotenzial gegenüber den Anforderungen der Modernisierung entfaltet. Vester zeigt deutlich, wie die neuen Formen der Klassenspaltung vor allem bei jenen gefährdeten Milieus der mittleren Schichten sich nur widersprüchlich in neue Formen der Hegemonie einpassen lassen, die stärker auf konkurrierende und ausschließende Formen der Regulation setzen.

Theoretisch gründet sich Michael Vesters Konzept zwar explizit auf Bourdieu, doch mit einem bedeutsamen Unterschied, der freilich, soweit ich sehe, nicht ausdiskutiert wird. In Anlehnung an E. P. Thompson und die englische New Left werden die Milieus als eigenständige Beziehungszusammenhänge verstanden, d.h. prinzipiell handlungstheoretisch konzipiert. Die Bevölkerungsgruppen entstehen dadurch und werden in spezifischer Weise politisch relevant, dass sie auf unterschiedliche Weise mit den neuen Gegebenheiten umgehen, die durch die Modernisierung geschaffen werden. Die Untersuchung macht deutlich, wie zentral soziale Milieus für die Klassenposition in der Gesellschaft sind und wie Milieugrenzen diese subtiler gewordenen Distinktionen und Distanzierungen zwischen Menschen bestimmen: auch dies könnte eine eigenständige Analyseebene regulationstheoretischer Handlungstheorie sein.

Schon Ende der 1980er Jahre hatte Birgit Mahnkopf eine stärkere Soziologisierung der regulationstheoretischen Analyse angemahnt. Der Anteil sozialer Triebkräfte an der gesellschaftlichen Dynamik werde nicht als konstitutiver Faktor in die Regulationstheorie einbezogen und generell sei eine historisch angemessene Handlungstheorie zu integrieren. Sie warf auch die Frage auf, „ob kapitalistische Gesellschaften zu ihrer Re-stabilisierung sozial-moralischer Ressourcen bedürfen und ob sie diese auf Dauer selbst reproduzieren können" (Mahnkopf 1988: 115). Auch kann man argumentieren, dass aktiver Konsens im Rahmen der Hegemonie ja kein Bewusstseinsphänomen sei, sondern es handele sich „um die Ausbildung alltäglicher Gewohnheiten und Denk- und Wahrnehmungsmuster, die eine Regelmäßigkeit einer Lebensweise und stabile Erwartungshorizonte konstituieren" (Demirovic 1992: 134), so dass die Hegemonietheorie Mikro- und Makroperspektiven zusammenführen müsse. Auch Bielings Vorschlag eines „moderaten sozialen Konstruktivismus" bezieht sich auf die Perspektive, soziale Interessen, Identitäten und Strategien als fortlaufend veränderbar zu begreifen und im Kontext auch der Rahmung und Begrenzung durch Institutionen zu analysieren (Bieling 2000: 218).

Postfordistischer Staat und Regulation
Auf der einen Seite werden durch die sozialpolitischen Reformen – vor allem die neu eingeführte Grundsicherung Hartz IV – die sozialen Belastungen nochmals verschärft. Während bisher die Ausgegrenzten politisch und ideologisch als Druckmittel der weiteren Deregulierung, Flexibilisierung und Informalisierung der Produktions- und Arbeitsbedingungen wirkten, wird nun der Druck erhöht in einen Niedriglohnsektor deregulierter und flexibilisierter Arbeit. Freilich nehmen hierdurch auch die Widersprüche und Spaltungen innerhalb der Erwerbstätigen und Erwerbslosen zu.

Auf der anderen Seite gewinnen Konzepte der Stärkung der Wettbewerbsfähigkeit über Investitionen in das Soziale an stärkerem Gewicht. Die Ordoliberalen der Chicagoer Schule kommen zu einer Neudefinition des Sozialen als einer Form des Ökonomischen, „wobei die Regierung selbst zu einer Art Unternehmen wird, dessen Aufgabe die Universalisierung des Wettbewerbs und die Erfindung marktförmiger Handlungssysteme für Individuen, Gruppen und Institutionen ist" (Lemke 2002: 248). Unter dem Schlagwort des sozialen Investitionsstaats wird diese neue Widersprüchlichkeit propagiert.

Unter dieser Perspektive richtet sich staatliche Politik zunehmend darauf, Standortvorteile als günstige Verwertungsbedingungen des Kapitals zu unterstützen und zu schaffen. Die Forschungs-, Technologie- und Infrastrukturpolitik wird deutlicher auf die Stärkung der Wettbewerbsfähigkeit ausgerichtet und orientiert sich an der Leitvorstellung der „wissensbasierten Ökonomie". Dazu gehört im weiteren Sinne der Ausbau und die Stärkung von Mobilität und Flexibilität fördernder Infrastruktur (wie z. B. die Politik der Vereinbarkeit von Familie und Beruf) ebenso wie die Förderung jener Infrastrukturen, welche die bildungsbezogenen, sozialen und kulturellen Ressourcen der Bevölkerung fördern und stärken – das Humankapital gilt selbst als wichtiger Wettbewerbsfaktor. Sozialpolitik bezieht nunmehr Bildung und Ausbildung ein und verändert sich zu einer neuen Wohlfahrtpolitik, die stärker auf die Anforderungen der Ökonomie ausgerichtet wird. Dabei sind die einzelnen Elemente dieses sogenannten Workfare- (anstelle von Welfare-)Regimes durchaus widersprüchlich, indem sie einerseits mit der Flexibilisierung des Arbeitsmarktes die herkömmlichen Absicherungen von Lebensrisiken abschmelzen und zugleich andererseits mit der Förderung der Beschäftigungsfähigkeit (Employability) sowohl die Lebenslagen größerer Bevölkerungsgruppen verschlechtern wie auch den Druck in Arbeit erhöhen. Mit diesen Entwicklungen verbunden ist die Verlagerung solcher regulatorischer Entscheidungen auf mehrere Ebenen – Bund, Länder, Kommunen, Institutionen, Regionen – auch unter Einbeziehung zivilgesellschaftlichen Engagements, so dass ein Mehrebenensystem von Politik bzw. lokaler Korporatismen und Regulationen entsteht, in dem auch nicht-staatliche Akteure und bürgerschaftliches Engagement systematisch einbezogen werden.

In der Politikwissenschaft wird diese Verlagerung zu indirekten Formen der Steuerung unter dem Label der *Governance* (anstelle von *government*) diskutiert.

Trotz all dieser Widersprüche erscheint bisher der aktuelle High-Tech Kapitalismus als stabil. Offensichtlich gelingt diese Stabilität *wegen* der sozialen, räumlichen und lebensweltlichen Fragmentierung, da so die Herausbildung von antihegemonialen Kräften und Blöcken erschwert wird.

Selbststeuerung und Fremdsteuerung
Nach Sennett beruht das Machtsystem, das hinter der umfassenden Flexibilisierung der gesellschaftlichen Produktion und Reproduktion steht, auf drei Elementen seiner Wirksamkeit: „dem diskontinuierlichen Umbau von Institutionen, der flexiblen Spezialisierung der Produktion und der Konzentration der Macht ohne Zentralisierung" (Sennett 1998: 59). Die beiden ersten werden in der Regulationstheorie ausführlich untersucht. Das dritte Element scheint für die Herstellung hegemonialer Strukturen sehr bedeutsam zu sein, ist aber in der Regulationstheorie weniger analysiert. Die Zentren der Macht und Verantwortung sind nicht mehr lokalisierbar, so dass die Entscheidungen oft leicht mit dem Verweis auf globale systemische Zwänge – die Allgegenwart der Macht bei Foucault – begründet und gegebenenfalls entschuldigt werden können (Bieling 2000: 230).

Das Projekt des Neoliberalismus wird bei Foucault als Regierungskunst verstanden, die in der Regulation der Gesellschaft durch Markt und Wettbewerb sowie durch ein Projekt von „Regierung und Führung" besteht, das die Menschen im Sinne einer moralischen Disziplinierung marktfähig machen möchte und dabei bis ins intime Leben eindringt. Versuche werden sanktioniert, alternative Lebenspläne zu leben. Die Spieler sind vorgeblich frei, das Spiel zu spielen – dass das Spiel mit Sanktionsdrohungen einhergeht, nicht nur zurück auf Los, wie beim Monopoly, sondern etwa mit dem Verlust des Arbeitsplatzes, der Lebensperspektive, der Teilhabemöglichkeiten, wird hier nicht thematisiert – aber die Spielregeln sind nicht änderbar.

In der in den letzten 10 Jahren zunehmenden Diskussion über Foucaults Ansatz wird diese Kombination von Eigenverantwortung und Herrschaft als „Regieren durch Aktivierung des Engagements" (Rose 2000: 86) bezeichnet. Regieren meint dabei nicht eine vom Staat eingesetzte Technik, sondern Foucault bindet mit dem neuen Begriff der Gouvernementalität regieren und Denkweise („gouverner" und „mentalité") zusammen, um deutlich zu machen, dass dieser Begriff nur eine Systematisierung einer entsprechenden Pragmatik (die sowohl Rationalitäten wie Technologien umfasst) bezeichnet, nicht aber etwa Konzept und Umsetzung. Theoretisch ist dies innovativ, weil die Verquickung von Selbsttransformationsprozessen mit Staatlichkeit untersucht wird. „Gouvernementalität der Gegenwart", so formulieren es die Herausgeber des gleichnamigen Sammelbandes, ist die „Macht, Subjekte zu einem bestimmten Handeln zu bewegen" (Bröckling/Krasmann/Lemke 2000: 29). Dabei sind die Subjekte nicht als Objekt gedacht, auf das die Regierungsmacht einwirkt. Sie sind von vornherein in eine Matrix von Macht verwoben. Es geht vor allem um „die Erfindung und Förderung von Selbsttechnologien, die an Regierungsziele gekoppelt werden können" (a.a.O.). Subjektivität wird daher nicht unterdrückt, sondern in ihrer Selbstproduktion geformt. In Foucaults Sicht geht die Macht von unzähligen Punkten und „von unten kommend" aus. Die Mikropraktiken durchziehen alle Kraftverhältnisse und gehen nicht von einzelnen Personen, Gruppen oder einem Zentrum aus, sondern sind Relationen zwischen Akteuren. Personen, Gruppen und Akteure sind immer schon Effekt der Macht. Die Arbeit am Selbst wird normativ im Subjekt verankert. Das neue Regieren geschieht über Verantwortungszuschreibung und Aktivierung des Engagements, wobei der Einzelne angehalten wird, dies als neue Autonomie zu begreifen. In diesem Zusammenhang lässt sich die neoliberale Macht vor allem als eine produktive, positive Macht interpretieren: Sie entwickelt ein Anreizsystem, das mit seinen stillen Mitteln (der Überzeugung, der Utopie, des Versprechens, der religiösen Aufladung) zum Mitspielen einlädt. Durch eigenverantwortliches Handeln lasse sich Autonomie gewinnen und zugleich das Gemeinwohl stärken, wobei parallel nicht erwünschtes Verhalten (die Unterschicht) als kulturell abweichend und moralisch unverantwortlich diskreditiert wird.

Während in der neoliberalen Argumentation Ökonomie und Politik theoretisch getrennt sind, zeigt Foucault in seinen späten historischen Arbeiten, dass diese Trennung selbst ein politischer und gesellschaftlicher Prozess ist. Wenn man die Gleichung eröffnet „mehr Markt = weniger Staat" wird das Verhältnis von Ökonomie und Staat einerseits statisch und andererseits rein quantitativ wie bei einem Null-Summen-Spiel betrachtet. Damit werden aber die qualitativen Veränderungen übersehen, welche die Gegenwart kennzeichnen. Diese freilich sind selbst ein politisches und gesellschaftliches Projekt, das sich regulationstheoretisch sinnhaft entschlüsseln lässt.

Thesen zur Unterschichtendiskussion
Nach dieser knappen Skizze des Regulationsansatzes und einiger Grundtendenzen der aktuellen Entwicklung soll nun ein regulationstheoretischer Blick auf die Unterschichtendebatte geworfen werden. Aus regulationstheoretischer Sicht sind einmal die Verschiebungen innerhalb der verschiedenen Gruppen der Erwerbstätigen sowie die zunehmenden Desintegrationsprozesse, die zu einer Infragestellung des bisherigen meritokratischen Konsenses führen, ein wichtiger Hintergrund. Zugleich erscheinen die Ausgegrenzten primär als Kostenfaktor, der über Hartz IV verstärkt mit Formen des Zwangs in die Arbeit abgebaut werden soll. Die Einführung dieser Grundsicherung beendet zugleich das Prinzip des Statuserhalts in der Arbeitslosenversicherung und bringt somit prinzipiell für alle Erwerbstätigen das Damoklesschwert der „Armutsrutsche" in Anschlag. Vor allem für die mittleren Milieus widerspricht diese sozialpolitische Institution der beruflichen Ehre und stellt daher eine eminente sozialmoralische Identitätsbedrohung dar. Vor diesem Hintergrund ist die Unterschichtendebatte ein hegemonialer Diskurs, der überaus vielschichtig ist.

Einmal ist das Konzept der Unterschicht das Gegenbild des Konzepts von citizenship, d.h. über diese Debatte werden wesentliche soziale Rechte ausgehebelt. Während das Konzept von citizenship sich mit sozialen Rechten und dem Leitbild von Integration befasst, geht es in der Unterschichtendebatte um Ausschluss von sozialen Rechten und generell um deren Relativierung und Umformulierung in vorbehaltliche Rechte.

Zugleich wird mit der Konstruktion der Unterschicht das Leitbild des flexiblen, selbstverantwortlichen Bürgers transportiert und der Mehrheit nahe gebracht. Es wird für eine neue Form der sozialmoralischen Selbstverantwortlichkeit plädiert, deren Gegenbild die Unterschicht abgibt.

Die medialen Konstruktionen der Unterschicht erzeugen Moralpaniken hinsichtlich der Gewalt, der Sexualität, der Kindesvernachlässigung usw., die sicherlich nicht nur auflagensteigernd wirken (was ja auch ein Faktor ist), sondern auch die Fraktionierungen in der Sozialstruktur verstärken. Insofern ist die Unterschichtendebatte ein Teil einer konkurrenten und Gruppen gegeneinander ausspielenden Hegemonie.

Offenkundig ist die Zielgruppe der Unterschichtendiskussion eher die Mittelschicht. Ihr wird eine Abgrenzungsfolie angeboten, mit der die eigene bedrohte soziale Identität und die gefährdete gesellschaftliche Position im sozialen Raum nach unten abgegrenzt werden kann. In den zentralen Topoi der Unterschichtendiskussion grenzt sich die verunsicherte Mittelschicht ab vom (konstruierten) Gegenbild dessen, was ihr Kapital ausmacht, nämlich Leistung und Pflichterfüllung. In einer Gesellschaft, deren bisherige Grundlagen infrage gestellt werden, und bei der sich in vielen Gruppen Unsicherheit und Angst um die eigene Zukunft verbreitern, werden zunehmend innere Feindbilder und kategoriale Abgrenzungen erforderlich, auch um die zunehmende Konkurrenz zwischen den Gruppen regulatorisch zu kanalisieren.

Zugleich wird mit der Unterschichtendiskussion über die Neuprogrammierung von gesellschaftlicher Entwicklung verhandelt. Es geht dabei um die Fragen, wie die Entwicklung in der Zukunft gestaltet werden soll und welche Anforderungen an die Milieus und an die Subjekte gestellt werden sollen. Dabei verändert sich – teils deutlich, teils kaum merklich – der Begriff des Sozialen.

Die Unterschichtendebatte trägt dazu bei, die aktivierende Sozialpolitik als Neujustierung von Rechten und Pflichten zu legitimieren: Durch die Politik des „Förderns und Forderns" können Einstellungen und Kultur der *unwürdigen Armen* angegangen werden. Die Mitglieder der Unterschicht werden dabei entmündigt, indem ihnen die Kompetenz zu selbstverantwortlichem Handeln abgesprochen wird.

An die große Mehrheit der Gesellschaft und auch an die von Unsicherheitsstrukturen bedrohten Teile der Mittelschichten richten sich Politikformen regulatorischer Selbstführung. Hier wird weitgehend auf Formen direkter Kontrolle verzichtet, freilich bleibt der Albtraum der „Armutsrutsche" Hartz IV bei längerer Arbeitslosigkeit (die Anforderung, alles bisher lebensgeschichtlich zur Vorsorge privat Erreichte vor dem Bezug von Grundsicherungsleistungen zu verwerten und einzusetzen) als Gespenst des sozialen Abstiegs im Hintergrund. Ein System von Versprechungen, Rahmungen und Anreizen zur selbstverantwortlichen Lebensführung soll die Individuen dazu bringen, sich marktkonform um Qualifikation, Gesundheit, Beziehungen und Familie und andere Aspekte der Lebensführung selbst zu sorgen und dies im Sinne des Arbeitskraftunternehmers (vgl. Voß/Pongratz 1998) selbst zu gestalten. Dabei wird auf die Verknüpfung von Freiheit und individuellem Handeln gesetzt.

Der in der Unterschichtendebatte nicht zu übersehende Bezug auf und Appell an die Eigenverantwortung, durch die sich die mündigen Bürger von der kulturell unwürdigen Unterschicht abgrenzen, befördert diese innengesteuerte Regierung durch Selbstführung.

In der Unterschichtendiskussion liegt eine Konstruktion von Armut und Ausgrenzung vor, die hegemonial werden möchte, es aber wohl noch nicht ist. In der Abgrenzungsfolie der Unterschicht wird implizit eine neue Leitvorstellung der gesellschaftlichen Entwicklung transportiert, nämlich die des selbstverantwortlichen und dabei zugleich auf das Gemeinwohl verpflichteten Individuums. Dieser hegemoniale Diskurs, der von den führenden sozialen Milieus der Oberschicht ausgeht und um die Deutungshoheit der gesellschaftlichen Entwicklung wirbt, will sowohl die Mittelschichten konsensual zusammenführen wie die Unterschichten gesellschaftlich und politisch isolieren und (argumentativ) still stellen. Dabei geht es um einen milieu- und schichtenübergreifenden Konsens hinsichtlich der gegenwärtigen gesellschaftlichen Form der Modernisierung, der implizit davon ausgeht, dass ein Teil der Milieus aus Einverständnis folgt, während die Unterschicht durch sozialstaatlichen Druck und pädagogische Bevormundung dazu gebracht werden muss. Freilich kollidiert diese hegemoniale Deutung (diese Konstruktion) mit der moralischen Ökonomie der großen Volksmilieus, sowohl der kleinbürgerlichen wie der facharbeiterischen Traditionslinie und ist daher umkämpft.

Diese Auseinandersetzung um die Konstruktionshoheit hat auch für die Soziale Arbeit große Bedeutung, weil mit der kulturalistischen Deutung von Armut eine Sozialpädagogisierung sozialer Probleme verbunden ist, die der Sozialen Arbeit nicht nur eine weitere, neue, sondern auch eine qualitativ veränderte, nämlich paternalistische Aufgabe der Umerziehung auferlegt.

Deutlich ist auch, dass der gesamte Diskurs auf eine Neuausrichtung der Sozialpolitik zielt, die man als Selbstverantwortung für die eigenen Bewältigungskompetenzen im Rahmen einer investiven Gesellschaft und eine sozialstaatlich nunmehr daran gebundene und darüber abgestufte Solidaritätsverpflichtung bezeichnen kann. Das impliziert eine starke Verknüpfung von Arbeitsmarkt- und Sozialpolitik.

Hegemonial wird die Umverteilung von Ressourcen abgelöst durch eine Lebensführungspolitik (Einstellungen, Haltungen, Mentalitäten, Lebensstile und Lebensentwürfe). An die Stelle von in Rechten begründeten materiellen Leistungen treten materielle *und* sozialpädagogische Leistungen, die vom Verhalten (auch symbolischen) der Betroffenen abhängig gemacht werden und zur Durchsetzung bestimmter Formen der Lebensführung auf disziplinierende und repressive Instrumente zurückgreifen. Damit wird die Teilhabegarantie durch soziale Rechte abgelöst von einer neuen Form der Inklusion, die an Leistungsnachweise oder symbolische Formen der Arbeitsbereitschaft gebunden wird. Für die Gesamtheit der benachteiligten Gruppen – Kinder, Jugendliche und Erwachsene – bedeutet diese Inklusion zugleich ein Leben in Prekarität und Armut. Insofern wird das Ziel der Inklusion keinesfalls aufgegeben, sondern in Richtung einer moralisierend legitimierten *sekundären* Integration transformiert. Die politischen Transformationen zielen auf eine kollektive Regulation und Beschränkung der Lebensführung benachteiligter Gruppen, deren Konsequenzen jene subjektiv bearbeiten und aushalten müssen.

Soziale Arbeit und die Reformulierung des Sozialen
Selbstverständlich ist die Soziale Arbeit in die innere Widersprüchlichkeit der wohlfahrtsstaatlichen Regulation einbezogen. Sie ist auf vielen Ebenen mit den neuen Formen sozialstaatlicher Führung befasst.

Der Wohlfahrtsstaat, wie er sich in der Nachkriegszeit entwickelt hat, hat für Menschen umfangreiche Hilfestellungen in institutionalisierter Form entwickelt. Sie bestehen im Wesentlichen aus monetärer Absicherung (Versorgung, bisher außer der Sozialhilfe als Grundsicherung statuserhaltend konstruiert und an Erwerbsarbeit gekoppelt), sozialen Diensten und infrastrukturellen Angeboten (vom Kindergarten über Beratungsstellen bis hin zur Schule). Wenn Paul Nolte populistisch von der „fürsorglichen Vernachlässigung" spricht, und meint, dass die Institutionalisierung von großzügigen Sicherungssystemen Betroffene von eigenen Verantwortungen und Handlungen entlaste und somit ihre Abhängigkeit vom Sozialstaat schaffe oder befördere, spricht er sich für eine Neu-Formulierung des Sozialen aus. Damit ist die Soziale Arbeit im Kern betroffen. Ihr Verständnis des Sozialen, wie es sich auch in der wissenschaftlichen Diskussion der Konstitutionsphase der Sozialen Arbeit ab etwa 1970 herausgebildet hat, gründet auf Konzepten der sozialen Ungleichheit, von sozialen Problemen, benachteiligten Lebenslagen sowie der sozialen Gerechtigkeit und der Chancengleichheit.

Theoretischer (d.h. wissenschaftlicher) Hintergrund sind die sozialwissenschaftlichen Einsichten über die gesellschaftlichen Konstitutionsbedingungen und die Genese sozialer Probleme, die zwar häufig am Einzelnen in Erscheinung treten, aber komplex verursacht sind. Dies gilt in unterschiedlichem Maße für alle Arbeitsfelder der sozialen Arbeit, von der Jugenddelinquenz (die als jugendliches Austesten und Grenzüberschreitung nun gelassener gesehen wird, und nicht mehr lediglich kriminologisch interpretiert und polizeilich bearbeitet) bis zu überforderten Familien, vor allem Ein-Eltern-Familien (die unter den gegenwärtigen sozialstaatlichen Rahmenbedingungen Schwierigkeiten haben, die bisher auf zwei Personen verteilten komplementären Rollen der Erwerbstätigkeit, der Haushaltsführung und der Kinderbetreuung auszufüllen, und deren Bewältigungsmöglichkeiten infolge von Armut häufig sehr begrenzt werden).

Anders gesagt, hatte sich in der Nachkriegszeit gesellschaftlich und wissenschaftlich eine Perspektive durchgesetzt, die man als solidarische Regulierung des Sozialen bezeichnen kann. Lebensrisiken ebenso wie Risiken des Erwerbslebens werden nicht mehr als Produkte individueller Unvorsichtigkeit oder mangelnder persönlicher Vorsorge begriffen, sondern jetzt als ein den „kollektiven Anstrengungen sozialer und staatlich-politischer Akteure zugänglich" werdendes Problemfeld angegangen, was vor allem im Ausbau der sozialen Sicherung zum Ausdruck kommt (Kessl/Ziegler 2008: 101).

Gegenwärtig gehe es auch in Deutschland um veränderte Formen der Erzeugung und Regulation sozialer Ordnungen. ‚Das Soziale' in seiner bisherigen Gestalt wird grundlegend transformiert (Kessl/Ziegler 2008: 105f.). Die Frage nach gesellschaftlicher Solidarität wird auf eine veränderte Weise thematisiert und problematisiert und die bisher bevorzugte Antwort hat sich gewandelt. Sie heißt nun nicht mehr Wohlfahrtsstaat. Es geht also nicht um einen Rückzug des Staates, sondern um eine veränderte Wohlfahrt, in der „das Soziale in und an der Marktwirtschaft neu definiert und die Idee der Sozialbindung des Eigentums reinterpretiert (wird) - als gemeinwohlorientierte Nutzung der Rechte der Individuen über sich selbst" (Lessenich 2003: 91). Die neuen Rahmenbedingungen von Sozialpolitik werden mit dem „Rückzug" des Staates also nur unzulänglich erklärt. Sicherlich geht es auch darum, dass der Staat den Menschen nur noch in vielen Bereichen eine Grundversorgung und temporäre Nothilfen garantiert. Deutlich wird das beim Paradigmenwechsel in der Alterssicherung, die zunehmend auf eine staatliche Grundversorgung (wie z.B. in der Schweiz bereits umgesetzt) und ergänzende private Vorsorge zur Statussicherung umgestellt wird. Generell wird private Vorsorge zum Programm erhoben, und damit ist eine Verlagerung der Risiken auf die Einzelnen verbunden. Entscheidend ist aber die neue Ausrichtung auf Selbstverantwortung innerhalb des Gemeinwohls.

Soziale Arbeit hat sich sicherlich aufgrund der günstigen ökonomischen und sozialpolitischen Rahmenbedingungen der 1960er- und 1970er Jahre von der traditionellen Fürsorge emanzipiert. Freilich ist die Verallgemeinerung der Dienstleistungsstrategie – gegenüber der zuvor vorherrschenden Einkommensstrategie in der Sozialpolitik – keineswegs nur diesen Rahmenbedingungen zu verdanken, sondern in der Tat der veränderten Lebensweise geschuldet, die durch die Entstandardisierung der Lebensläufe und der Ausdifferenzierung von Lebenslagen den Ausbau eines komplexen sozialstaatlichen Dienstleistungssystems von personenbezogenen Unterstützungs-, Beratungs-, Hilfe- und auch Qualifizierungsleistungen erforderlich machte, das den monetären Leistungen zur Seite trat. Für dieses qualitativ historisch neue System hat sich eine Institutionalisierungsform entwickelt, die den Nutzern nicht mehr fürsorglich und paternalistisch, sondern dialogisch gegenüber trat: die Lebensweltorientierung. Die Sozialpädagogik, schreibt Franz Hamburger in seiner Einführung in die Sozialpädagogik (Hamburger 2003: 73), müsse innovativ sein, weil sie als Expertensystem für das Soziale vor die paradoxe Aufgabe gestellt werde, eine andere

Form des Dazwischentretens zwischen System und Lebenswelt zu entwickeln als Geld und Recht, da das sozialpädagogische Handeln nicht außerhalb der Lebenswelt stehe, die es zu stabilisieren und gleichzeitig zu verändern gelte (a.a.O.). In dieser Perspektive hat sich z.b. nicht nur die Jugendhilfe zu einem fachlich strukturierten und ausdifferenzierten Angebot im Spektrum sozialer Dienstleistungen entwickelt und damit einen Beitrag zur Durchsetzung sozialer Rechte geleistet. Die Besonderheit etwa der Jugendhilfe ist darin zu sehen, dass die Sozialpädagogik dieses Bereichs die obrigkeitsstaatliche Verklammerung von Tatbestand und Rechtsfolge verlassen hat zu Gunsten von Leistungsansprüchen, die auf Erziehung, Entwicklung, Bildung und Bewältigungsaufgaben zielen und mit partizipativen Verfahrensvorgaben zum Zu-Stande-Kommen von Dienstleistungen und Infrastrukturangeboten verbunden sind. Insgesamt drücken sich „sozialstaatliche Rechte in sozialen Leistungen und Interaktionsregeln, in Ansprüchen auf Ressourcen und Ansprüchen auf Kommunikation und Partizipation" aus (Müller 2006: 227). Diese neue Balance von Dienstleistungsansprüchen auf sowohl Ressourcen wie auch Partizipation – die in der Praxis der Sozialen Arbeit keineswegs als umgesetzt gelten kann – ist durchaus fragil und wird durch auch theoretische Neuprogrammierungen – z.B. evidenzbasierte, sozialraumorientierte, managerielle Ansätze – bedroht, die objektive Wahrheiten und einfache Lösungen für alle Beteiligten versprechen und „in der Konsequenz zu De-Professionalisierung, Ent-Fachlichung und Ent-Politisierung gesellschaftlich bedingter Verursachungszusammenhänge von sozialen Problemen" führen (2006: 234).

So gesehen, geht es einerseits um die Aufgaben der Sozialen Arbeit im Kontext einer Re-programmierung des Sozialen, bei der sich die Soziale Arbeit ihrer bisherigen Stärken und auch ihrer Funktionalität vergewissern muss. Für die Soziale Arbeit bedeuten diese Neuformatierungen des Sozialen eine problematische und ambivalente Aufwertung. Wenn nämlich Investitionen in Menschen sowohl Förderung und Aktivierung von Humankapital wie auch Förderung und Aktivierung von Sozialkapital (lebensweltliche und Netzwerkressourcen) zulasten umverteilender Unterstützungsleistungen bedeuten, sind diese neuen Strategien mit einer veränderten Sozialpädagogik der Lebensführung verbunden. Lutz weist darauf hin, dass auf diese Weise die lebensweltliche Verankerung der sozialen Arbeit – Franz Hamburger hatte 2003 die vermittelnde Rolle der Sozialen Arbeit zwischen Lebenswelt und System als sowohl essenziell wie funktional gekennzeichnet – hinfällig wird und durch ein Primat der Auftraggeber und des Ziels der Hilfe ersetzt wird (Lutz 2008: 5). Das doppelte Mandat werde überwunden. Freilich kann auch dies keine Lösung sein, weil die politischen und gesellschaftlichen Anforderungen selber paradox sind: Einerseits sollen die Menschen Gelegenheitsorientierung entwickeln und jede Möglichkeit ergreifen.

Andererseits soll sich ihnen durch eine mittel- und langfristige Investition in Bildung und Ausbildung die Perspektive eines sozialen Aufstiegs öffnen. Das neue Leitbild der Eigenverantwortung enthält auf diese Weise einen grundlegenden Widerspruch, denn die Logik der Gelegenheitsorientierung und die Logik des geplanten Lebens schließen sich gegenseitig aus. Wie die Soziale Arbeit sich hier positioniert, ist nicht nur eine fachliche, sondern auch eine politische Frage. „Die politische Auseinandersetzung um Programme einer kollektiven Sicherung alltäglicher Lebensführung und einer damit verbundenen Teilhabesicherung in veränderten wohlfahrtsstaatlichen Arrangements für potenziell alle Gesellschaftsmitglieder hat aber eben erst begonnen" (Kessl/Otto 2009: 19).

Wichtigste Literatur

- Kessl, Fabian u. a. 2007: Erziehung zur Armut? Soziale Arbeit und die ‚neue Unterschicht'. Wiesbaden.
- Schwerpunktheft Unterschicht: „Klassengesellschaft reloaded. Zur Politik der „neuen Unterschicht"". Widersprüche 25. Jg. Heft 98, Dez. 2005, Bielefeld.
- Friedrich-Ebert-Stiftung 2006: Gesellschaft im Reformprozess. www.fes.doku
- Neugebauer, Gernot 2007: Politische Milieus in Deutschland. Bonn.
- Lessenich, Stephan/Nullmeier, Frank (Hrsg.) 2006: Deutschland – eine gespaltene Gesellschaft? Frankfurt und Bonn.
- Nolte, Paul 2004: Generation Reform. Jenseits der blockierten Republik. München und Bonn.
- Nolte, Paul 2006: Riskante Moderne. Die Deutschen und der neue Kapitalismus. München und Bonn.
- Bauman, Zygmunt 2006: Verworfenes Leben. Die Ausgegrenzten der Moderne. Hamburg und Bonn
- Bude, Heinz 2008: Die Ausgeschlossenen. Bonn.
- Kronauer, Martin 2002: Exklusion. Frankfurt.
- Hirsch, Joachim 2003: Herrschaft, Hegemonie und politische Alternativen. Hamburg.
- Hirsch, Joachim 2005: Materialistische Staatstheorie. Hamburg.

Die vorstehende Auswahl von Literatur soll für den eiligen Leser einen ersten Überblick über die Thematik dieses Buches ermöglichen. Die Auswahl ist in der Rangfolge der Bedeutsamkeit sortiert. Da etwa die Hälfte der Bücher für einen oder zwei Euro bei der Bundeszentrale für politische Bildung erhältlich sind, lässt sich der finanzielle Aufwand begrenzen.

Für Lehrveranstaltungen mit diesem Thema kann die genannte Literatur einen ersten Überblick geben.

Literatur

Andreß, Hans-Jürgen/Kronauer, Martin 2006: Arm-Reich. In: Lessenich/Nullmeier: 28-52.
Anhorn, Roland/Bettinger, Frank (Hrsg.) 2005: Sozialer Ausschluss und Soziale Arbeit. Positionsbestimmungen einer kritischen Theorie und Praxis Sozialer Arbeit. Wiesbaden.
Bahlsen, Werner 1984: Neue Armut. Reinbek.
Bauman, Zygmund 2006: Verworfenes Leben. Die Überflüssigen der Moderne. Bonn (Bundeszentrale f. politische Bildung) und Hamburg
Beck, Ulrich 1986: Risikogesellschaft. Auf dem Weg in eine andere Moderne. Frankfurt.
Becker, Ulrich/Nowak, Horst 1982: Lebensweltanalyse als neue Perspektive der Meinungs- und Marketingforschung. In: E.S.O.M.A.R.-Kongreß 1982, Bd. 2, S, 247-267.
Beerhorst, Joachim/Demirovic, Alex/Guggemos, Michael (Hrsg.) 2004: Kritische Theorie im gesellschaftlichen Strukturwandel. Frankfurt.
Berger, Gerhard 1989: „Klasse". In: Endruweit, Günter; Trommsdorff, Gisela (Hrsg.): Wörterbuch der Soziologie, Stuttgart. S. 332-337.
Bettinger, Frank 2005: Sozialer Ausschluss und kritisch-reflexive Sozialpädagogik – Konturen einer subjekt- und lebensweltorientierten Kinder- und Jugendarbeit. In: Anhorn/Bettinger (Hrsg.): 367-395.
Bieling, Hans-Jürgen 2000: Dynamiken sozialer Spaltung und Ausgrenzung. Gesellschaftstheorien und Zeitdiagnosen. Münster.
Bittlingmayer, Uwe H./Bauer, Ullrich/Ziegler, Holger 2005: Grundlinien einer politischen Soziologie der Ungleichheit und Herrschaft. In: Widersprüche 25. Jg. H. 98: 13-28.
BMAS (2001): Lebenslagen in Deutschland. Der erste Armuts- und Reichtumsbericht der Bundesregierung. Bonn.
BMAS (2005): Lebenslagen in Deutschland. Zweiter Armuts- und Reichtumsbericht der Bundesregierung. Bonn.
BMAS (2008): Lebenslagen in Deutschland. Dritter Armuts- und Reichtumsbericht der Bundesregierung. Bonn.
BMFSFJ (2002): 11. Kinder- und Jugendbericht. Bericht über die Lebenssituation junger Menschen und die Leistungen der Kinder- und Jugendhilfe in Deutschland. Bonn.
BMFSFJ (1998): 10. Kinder- und Jugendbericht. Bericht über die Lebenssituation von Kindern und die Leistungen der Kinderhilfen in Deutschland. Bonn.
Bolay, Eberhard/Flad, Carola/Gutbrod, Heiner 2003: Sozialraumverankerte Schulsozialarbeit. Eine empirische Studie zur Kooperation von Jugendhilfe und Schule. Stuttgart (erhältlich beim LWV Württemberg-Hohenzollern, Lindenspürstr. 39, 70176 Stuttgart).
Bonß, Wolfgang 2006: Beschäftigt – Arbeitslos. In: Lessenich/Nullmeier: 53-72.
Bourdieu, Pierre 1984: Die feinen Unterschiede. Neuwied.

Bourdieu, Pierre 1992: Sozialer Raum und symbolische Macht. In: ders.: Rede und Antwort. Frankfurt a.m.: 135-154.
Bourdieu, Pierre 1997: Das Elend der Welt. Konstanz.
Böhnisch, Lothar 2006: Politische Soziologie. Eine problemorientierte Einführung. Opladen.
Böhnisch, Lothar/Arnold, Helmut/Schröer, Wolfgang 1999: Sozialpolitik. Eine sozialwissenschaftliche Einführung. Weinheim.
Böhnisch, Lothar/Schröer, Wolfgang/Thiersch, Hans 2005: Sozialpädagogisches Denken. Wege zu einer Neubestimmung. Weinheim.
Böhnke, Petra 2006: Am Rande der Gesellschaft. Risiken sozialer Ausgrenzung. Opladen.
Bremer, Helmut/Lange-Vester, Andrea (Hrsg.) 2006: Soziale Milieus und Wandel der Sozialstruktur. Wiesbaden.
Bröckling, Ulrich/Krasmann, Susanne/Lemke, Thomas (Hrsg.) 2000: Gouvernementalität der Gegenwart. Studien zur Ökonomisierung des Sozialen. Frankfurt a.M.
Brumlik, Micha (2007): Charakter, Habitus und Emotion oder die Möglichkeit von Erziehung? Zu einer Leerstelle im Werk Pierre Bourdieus. In: Friebertshäuser, Barbara/ Rieger-Ladich, Markus/Wigger, Lothar (Hrsg.): Reflexive Erziehungswissenschaft. Wiesbaden: 143-156.
Brumlik, Micha (2007): Soll ich je zum Augenblicke sagen... Das Glück: Beseeligender Augenblick oder erfülltes Leben. In: Kessl/Reutlinger/Ziegler (Hrsg.) 2007: 81-96.
Bude, Heinz 2004: Das Phänomen der Exklusion. Der Widerstreit zwischen gesellschaftlicher Erfahrung und soziologischer Rekonstruktion. In: Mittelweg 36, H. 4: 3-15.
Bude, Heinz 2008: Die Ausgeschlossenen. Das Ende vom Traum einer gerechten Gesellschaft. München und Bonn. (bpb)
Bude, Heinz/Willisch, Andreas (Hrsg.) 2006: Das Problem der Exklusion. Ausgegrenzte, Entbehrliche, Überflüssige. Hamburg.
Bude, Heinz/Willisch, Andreas (Hrsg.) 2008: Exklusion: Die Debatte über die „Überflüssigen". Frankfurt a. M.
Bütow, Birgit/Chassé, Karl August/Maurer, Susanne 2006: Normalisierungspolitiken? – Querlese, Kommentar und versuchte Zwischenbilanz. In: dies. (Hrsg.): 219-244.
Bütow, Birgit/Chassé, Karl August/Maurer, Susanne 2006 : Soziale Arbeit zwischen Aufbau und Abbau. Transformationsprozesse im Osten Deutschlands und die Kinder- und Jugendhilfe. Wiesbaden.
Bütow, Birgit/Chassé, Karl August/Hirt, Rainer (Hrsg.) 2008: Soziale Arbeit nach dem sozialpädagogischen Jahrhundert. Positionsbestimmungen sozialer Arbeit im Post-Wohlfahrtsstaat. Opladen.
Bütow, Birgit/Chassé, Karl August/Hirt, Rainer 2008: Quo Vadis Soziale Arbeit? In: dies. Hrsg.) 2008: 223-238.
Butterwegge, Christoph/Holm, Karin/Zander, Margherita (2003): Armut und Kindheit. Ein regionaler, nationaler und internationaler Vergleich. Opladen. 2. Aufl. Wiesbaden 2004

Candeias, Mario/Deppe, Frank 2001: Vorwort: Welcher Kapitalismus? In: dies. (Hrsg.): Ein neuer Kapitalismus? Akkumulationsregime, Shareholder Society – Neoliberalismus und Neue Sozialdemokratie. Hamburg: 7-15.

Castel, Robert 2000 : Die Metamorphosen der sozialen Frage. Eine Chronik der Lohnarbeit. Konstanz.

Castel, Robert 2001: Der Zerfall der Lohnarbeitsgesellschaft. In: Bourdieu, Pierre (Hrsg.): Der Lohn der Angst. Flexibilisierung und Kriminalisierung in der neuen Arbeitsgesellschaft. Konstanz: 14-20.

Castel, Robert 2005: Die Stärkung des Sozialen. Leben im neuen Wohlfahrtsstaat. Hamburg.

Castel, Robert/Dörre, Klaus (Hrsg.) 2009: Prekarität, Abstieg, Ausgrenzung. Die soziale Frage am Beginn des 21. Jahrhunderts. Frankfurt/N.Y.

Chassé, Karl August/Zander, Margherita/Rasch, Konstanze 2007: Meine Familie ist arm. Wie Grundschulkinder Armut erleben und bewältigen. Wiesbaden (3. Aufl.).

Chassé, Karl August 1988: Armut nach dem Wirtschaftswunder. Lebensweise und Sozialpolitik. Frankfurt a.M./N. Y.

Chassé, Karl August 2007 : Unterschicht, Prekariat, Deklassierung. Ein Versuch zur Dechiffrierung der Unterschichtendebatte. In: Kessl, Fabian u.a. (Hrsg.) 2007: Erziehung zur Armut? Soziale Arbeit und die neue Unterschicht. Wiesbaden: 17-34.

Chassé, Karl August 2008 : Überflüssig. Armut, Prekarität, Exklusion. Überlegungen zur Zeitdiagnose. In Bütow/Chassé/Hirt (Hrsg.): 59-76.

Chassé, Karl August/Wensierski, Hans-Jürgen (Hrsg.) 2008: Praxisfelder der Sozialen Arbeit – eine Einleitung. In: dies.(Hrsg.): Praxisfelder der Sozialen Arbeit. 4. Aufl., Weinheim. S. 7-16.

Cremer-Schäfer, Helga 2005: Situationen sozialer Ausschliessung. In: Anhorn/Bettinger (Hrsg.): 147-164.

Cremer-Schäfer, Helga 2006: Lehren aus der (Nicht-)Nutzung wohlfahrtsstaatlicher Dienste. In: Oelerich, Gertrud/Schaarschuch, Andreas (Hrsg.): Soziale Dienstleistungen aus Nutzersicht. Zum Gebrauchswert soziale Arbeit, München, Basel: 163-177.

Cremer-Schäfer, Helga 2006a: „Not macht erfinderisch": Zu der Schwierigkeit, aus der Moral alltäglicher Kämpfe um Teilhabe etwas über die Umrisse einer Politik des Sozialen zu lernen. In: Widersprüche H. 99: 51-65.

Dangschat, Jens 1998: Klassenstrukturen im Nach-Fordismus. In: Berger, Peter A./Vester, Michael (Hrsg.): Alte Ungleichheiten. Neue Spaltungen. Opladen: 49-87.

Dangschat, Jens 2008: Exclusion – The New American Way of Life? In: Bude/Willisch (Hrsg.): 138-145.

Datenreport 2006, (Hsrg.): Statistisches Bundesamt. Bonn.

Datenreport 2008, (Hrsg.): Statistisches Bundesamt, Bundeszentrale für politische Bildung: Datenreport 2008. Sozialbericht zur Bundesrepublik Deutschland. Bonn.

Demirovic, Alex 1992: Regulation und Hegemonie. In: Demirovic, Alex/Krebs, Hans-Peter/Sablowski, Thomas (Hrsg.): Hegemonie und Staat. Münster: 128-157.

Demirovic, Alex 2004: Der Zeitkern der Wahrheit. In: Beerhorst u.a.: 475-499.

Demirovic, Alex 2007: Politische Gesellschaft – zivile Gesellschaft. Zur Theorie des integralen Staates bei Gramsci. In: Buckel, Sonja/Fischer-Lescano, Andreas (Hrsg.):

Literatur

Hegemonie gepanzert mit Zwang. Zivilgesellschaft und Politik im Staatsverständnis Antonio Gramcis. Baden-Baden: 21-41.

Deutsche Bank Research 2004: Perspektiven Ostdeutschlands - 15 Jahre danach. Mitteilung Nr. 306, 14. November 2004. Frankfurt a.M.

Ehrenreich, Barbara 2000: Arbeit poor. Reinbek.

Ehrenreich, Barbara 2005: Qualifiziert und arbeitslos. München.

Engelsing, Rolf 1978: Zur Sozialgeschichte deutscher Mittel- und Unterschichten. 2., erw. Aufl., Göttingen.

Förster, Nicole 2002: Kinder in Armut. Sozialpädagogischer Diskurs ohne theoretisches Konzept? Frankfurt a.M.

Friebertshäuser, Barbara/Rieger-Ladich, Markus/Wigger, Lothar (Hrsg.) 2005: Reflexive Erziehungswissenschaft. Forschungsperspektiven im Anschluss an Pierre Bourdieu. Wiesbaden.

Friedeburg, Robert von 2002: Lebenswelt und Kultur der unterständischen Schichten in der Frühen Neuzeit. München.

Friedrich-Ebert-Stiftung 2006: Gesellschaft im Reformprozess. www.friedrich-ebertstiftung.de/inhalt/061710/Gesellschaft_im_Reformprozess_komplett (23.3.2007)

Jessop, Bob 1992: Regulation und Politik. Integrale Ökonomie und integraler Staat. In: Demirovic, Alex; Krebs, Hans-Peter; Sablowski, Thomas (Hrsg.): Hegemonie und Staat. Kapitalistische Regulation als Projekt und Prozess. Münster: 232-262.

Galuske, Michael 2002: Flexible Sozialpädagogik. Elemente einer Theorie Sozialer Arbeit in der modernen Arbeitsgesellschaft. Weinheim.

Galuske, Michael 2008: Fürsorgliche Aktivierung – Anmerkungen zu Gegenwart und Zukunft Sozialer Arbeit im aktivierenden Sozialstaat. In: Bütow/Chassé/Hirt (Hrsg.): 9-28.

Gans, Herbert J. 1995: The War against the Poor. The underclass and the Antipoverty Policy. New York.

Gardemin, Daniel. 2006: Mittlere Arbeitnehmermilieus und Strategien der Respektabilität. In: Bremer/Lange-Vester (Hrsg.): 308-331.

Geißler, Reiner 2006: Die Sozialstruktur Deutschlands. Zur gesellschaftlichen Entwicklung mit einer Bilanz zur Vereinigung. 4. überarb. Aufl., Wiesbaden.

Giddens, Anthony 1979: Die Klassenstruktur fortgeschrittener Gesellschaften. Frankfurt a.M.

Giddens, Anthony 1988/1992: Die Konstitution der Gesellschaft. Frankfurt a.M.

Giddens, Anthony 1997: Jenseits von Links und Rechts. Frankfurt a.M.

Giddens, Anthony 1998: Der dritte Weg. Die Erneuerung der sozialen Demokratie. Frankfurt a.M.

Goebel, Jan/Habich, Roland/Krause, Peter 2006: Einkommensverteilung, Angleichung, Armut und Dynamik. In: Datenreport 2006: 607-624.

Goebel, Jan; Habich, Roland; Krause, Peter 2008: Einkommen – Verteilung, Armut und Dynamik. In: Datenreport 2008, 163-172.

Gramsci, Antonio 1992: Gefängnishefte. Bd. 3. Hamburg.

Groh-Samberg, Olaf 2006: Arbeitermilieus in der Ära der Deindustrialisierung. In: Bremer/Lange-Vester (Hrsg.): 237-261.

Groh-Samberg, Olaf 2007: Armut in Deutschland verfestigt sich. In: DIW-Wochenbericht, 74. Jg., Nr. 12/2007: 177-188.

Hamburger, Franz 2003: Einführung in die Sozialpädagogik. Stuttgart.

Hartmann, Michael 2006: Elite-Masse. In: Lessenich/Nullmeier: 191-208.

Hauser, Richard 1997: Vergleichende Analyse der Einkommensverteilung und Einkommensarmut in den alten und den neuen Bundesländern 1990 bis 1995. In: Becker, I./Hauser, R. (Hrsg.) Einkommensverteilung und Armut. Deutschland auf dem Weg zur Vierfünftel-Gesellschaft? Frankfurt a.M.

Hauser, Richard/Becker, Irene 2007: Integrierte Analyse der Einkommens- und Vermögensverteilung. Abschlussbericht der Studie im Auftrag des BMAS. Frankfurt. Bonn. Im Internet: http://www.bmas.de/coremedia/generator/27418/property=pdf/a369__forschungsprojekt.pdf.

Häußermann, Hartmut 2006: Die Krise der ‚Sozialen Stadt'. Warum der sozialräumliche Wandel der Städte eine eigenständige Ursache für Ausgrenzung ist. In: Bude/Willisch (Hrsg.) 2006: 294-313.

Häusermann, Hartmut/Kronauer, Martin/Siebel, Walter 2004: An den Rändern der Städte. Armut und Ausgrenzung. Frankfurt a.M.

Herkommer, Sebastian 2004: Ausgrenzung und Ungleichheit. Thesen zum neuen Charakter unserer Klassengesellschaft. In: Anhorn/Bettinger (Hrsg.) 2004; S. 57-76.

Hippel, Wolfgang von 1995: Armut, Unterschichten, Randgruppen in der frühen Neuzeit. München.

Hirsch, Joachim 1992: Regulation, Staat und Hegemonie. In: Demirovic, Alex/Krebs, Hans-Peter/Sablowski, Thomas (Hrsg.): Hegemonie und Staat. Kapitalistische Regulation als Projekt und Prozess. Münster. S. 203-231.

Hirsch, Joachim 1994: Politische Form, politische Institutionen und Staat. In: Esser, Josef/Görg, Christoph/Hirsch, Joachim (Hrsg.): Politik, Institutionen und Staat. Zur Kritik der Regulationstheorie. Hamburg: 157-212.

Hirsch, Joachim 2001: Postfordismus: Dimensionen einer neuen kapitalistischen Formation. In: Hirsch, Joachim/Jessop, Bob/Poulantzas, Nicos (Hrsg.): Die Zukunft des Staates. Hamburg: 171-210.

Hirsch, Joachim 2002: Herrschaft, Hegemonie und politische Alternativen. Hamburg.

Hirsch, Joachim 2005: Materialistische Staatstheorie. Hamburg.

Hobsbawm, Eric 1997: Das Zeitalter der Extreme. München.

Hock, Beate/Holz, Gerda/Simmedinger, Renate/Wüstendörfer, Werner 2000: Gute Kindheit – Schlechte Kindheit? Armut und Zukunftschancen von Kindern und Jugendlichen in Deutschland. Abschlussbericht zur Studie im Auftrag des Bundesverbandes der Arbeiterwohlfahrt. Frankfurt a.M.

Hofmann, Michael/Rink, Dieter 2006: Vom Arbeiterstaat zur de-klassierten Gesellschaft. Ostdeutsche Arbeitermilieus zwischen Auflösung und Aufmüpfigkeit. In: Bremer/Lange-Vester (Hrsg.); S. 262-284.

Holz, Gerda/Skoluda, Susanne 2003: „Armut im frühen Grundschulalter" – Abschlussbericht der vertiefenden Untersuchung zu Lebenssituation, Ressourcen und Bewältigungshandeln von Kindern im Auftrag des Bundesverbandes der Arbeiterwohlfahrt. Frankfurt a.M.

Holz, Gerda/Puhlmann, Andreas 2005: Alles schon entschieden? Wege und Lebenssituationen armer und nicht-armer Kinder zwischen Kindergarten und weiterführender Schule. Zwischenbericht zur AWO-ISS-Längsschnittstudie. Frankfurt a.M.

Holz, Gerda 2006: Lebenslagen und Chancen von Kindern in Deutschland. In: Aus Politik und Zeitgeschichte. Beilage zur Wochenzeitung „Das Parlament" 26/2006; S. 1-11.

Hradil, Stefan 1987: Sozialstrukturanalyse in fortgeschrittenen Gesellschaften. Von Klassen und Schichten zu Lagen und Milieus. Opladen.

Hradil, Stefan 2003: Soziale Milieus im gesellschaftlichen Strukturwandel. (Rezension) In: Sozialwissenschaftliche Literatur Rundschau Heft 47 (Jg. 26, H. 2): 43-48.

Hradil, Stefan 2005: Soziale Ungleichheit in Deutschland. 8. Aufl. Wiesbaden.

Hübinger, Werner 1996: Prekärer Wohlstand. Freiburg.

Hufnagel, Rainer/Simon, Titus (Hrsg.) 2004: Problemfall Deutsche Einheit. Interdisziplinäre Betrachtungen zu gesamtdeutschen Fragestellungen. Wiesbaden.

Jessop, Bob 2007: Kapitalismus, Regulation und Staat. Ausgewählte Schriften. Hamburg.

Joos, Magdalena 2001: Die soziale Lage der Kinder. Sozialberichterstattung über die Lebensverhältnisse von Kindern in Deutschland. Weinheim.

Kaschuba, Wolfgang 1990: Lebenswelt und Kultur der unterbürgerlichen Schichten im 19. und 20. Jahrhundert. München.

Katz, Michael 1989: The undeserving Poor. From the war on poverty to the war on Welfare. New York.

Kessl, Fabian 2005: Das wahre Elend. Zur Rede von der neuen Unterschicht. In: Widersprüche 25. Jg. H. 98: 29-44.

Kessl, Fabian/Reutlinger, Christian/Maurer, Susanne/Frey, Oliver (Hrsg.) 2005: Handbuch Sozialraum. Wiesbaden.

Kessl, Fabian/Ziegler, Holger 2008: Gesellschaft - das Soziale. In: Hanses, Andreas/ Homfeldt, Hans Günther (Hrsg.): Lebensalter und Soziale Arbeit. Eine Einführung. Baltmannsweiler: 93-113.

Kessl, Fabian/Otto, Hans-Uwe (Hrsg.) 2009: Soziale Arbeit ohne Wohlfahrtsstaat? Zeitdiagnosen, Problematisierungen und Perspektiven. Weinheim.

Keller, Carsten 2005: Leben im Plattenbau. Zur Dynamik sozialer Ausgrenzung. Frankfurt.

Klein, Alexandra/Landhäußer, Sandra/Ziegler, Holger 2005: The Salient injuries of Class: Zur Kritik der Kulturalisierung struktureller Ungleichheit. In: Widersprüche 25. Jg. H. 98: 45-74.

Klocke, Andreas/Hurrelmann, Klaus 1995: Armut macht Kinder und Jugendliche krank – Ergebnisse einer repräsentativen Befragung. In: Theorie und Praxis der Sozialpädagogik. 103. Heft 1. 42-43

Klocke, Andreas/Hurrelmann, Klaus 1998: Kinder und Jugendliche in Armut: Umfang, Auswirkungen und Konsequenzen. Opladen, Wiesbaden

Kocka, Jürgen 1990: Arbeitsverhältnisse und Arbeiterexistenzen: Grundlagen der Klassenbildung im 19. Jahrhundert. Bonn.

Kohler, Ulrich 2006: Einstellungen zu Sozialer Ungleichheit. In: Datenreport 2006. S. 625-633.
Kohlmorgen, Lars 2004: Klasse, Regulation, Geschlecht. Die Konstituierung der Sozialstruktur im Fordismus und Postfordismus. Münster.
Kreckel, Reinhard 1982: Class, Status and Power? Begriffliche Grundlagen für eine politische Soziologie der sozialen Ungleichheit. In: KZfSS 34.Jg.: 617-648.
Kronauer, Martin 1997: „Soziale Ausgrenzung" und „Underclass": über neue Formen der gesellschaftlichen Spaltung. In: Leviathan 25. Jg. H.1: 28-49.
Kronauer, Martin 1998: Exklusion der Systemtheorie und in der Armutsforschung. Anmerkungen zu einer problematischen Beziehung. In: Zeitschrift für Sozialreform 44. Jg., H. 11-12: 755-768.
Kronauer, Martin 2002: Exklusion. Die Gefährdung des Sozialen im hoch entwickelten Kapitalismus. Frankfurt/N.Y.
Kronauer, Martin 2006: „Exklusion" als Kategorie einer kritischen Gesellschaftsanalyse. Vorschläge für eine anstehende Debatte. In: Bude/Willisch (Hrsg.) 2006: 27-45.
Kronauer, Martin/Vogel, Berthold/Gerlach, Frank 1993: Im Schatten der Arbeitsgesellschaft. Arbeitslose und die Dynamik sozialer Ausgrenzung. Frankfurt a.M./N.Y.
Kühn, Hagen 1998: Gesundheit/Gesundheitssystem. In: Schäfers, Bernhard/Zapf, Wolfgang (Hrsg.): Handwörterbuch zur Gesellschaft Deutschlands. Opladen: 263-275.
Land, Rainer/Willisch, Andreas 2006: Die Probleme mit der Integration. Das Konzept des „sekundären Integrationsmodus". In: Bude/Willisch (Hrsg.) 2006: 70-96.
Lauterbach, Werner/Lange, Andreas/Becker, Rolf (2002): Armut und Bildungschancen: Auswirkungen von Niedrigeinkommen auf den Schulerfolg am Beispiel des Übergangs von der Grundschule auf weiterführende Schulstufen. In: Butterwegge/Klundt (2002): 153-170
Lemke, Thomas 2001: Gouvernementalität. In: Kleiner, Marcus S. (Hrsg.) Michel Foucault. Eine Einführung in sein Denken. Frankfurt/N.Y.; S. 108-122.
Lemke, Thomas 2002: Eine Kritik der politischen Vernunft. Foucaults Analyse der politischen Gouvernementalität. Berlin.
Lemke, Thomas/Krasmann, Susanne/Bröckling, Ulrich 2000: Gouvernementalität, Neoliberalismus und Selbsttechnologien. Eine Einleitung. In: Bröckling/Krasmann/Lemke (Hrsg.): 7-40.
Lenhard, Gero/Offe, Claus 1977: Staatstheorie und Sozialpolitik. In: Ferber, Christian v./Kaufmann, Franz-Xaver (Hrsg.): Soziologie und Sozialpolitik. KZfSS Sonderheft 19, 98-127.
Lepsius, M.Rainer 1974: Sozialstruktur und soziale Schichtung in der Bundesrepublik Deutschland. In: Löwenthal, Richard/Schwarz, Hans Peter (Hrsg.): Die zweite Republik. 25 Jahre BRD – eine Bilanz, Stuttgart: 263-288.
Lessenich, Stephan 2003: Soziale Subjektivität. Die neue Regierung der Gesellschaft. In: Mittelweg 36, 12. Jg., H. 4: 80-93.
Lessenich, Stephan/Nullmeier, Frank 2006: Einleitung: Deutschland zwischen Einheit und Spaltung. In: dies. (Hrsg.): 7-27.
Lessenich, Stephan/Nullmeier, Frank (Hrsg.) 2006: Deutschland – eine gespaltene Gesellschaft? Frankfurt/N.Y. und Bonn (Bundeszentrale für politische Bildung).

Levitas, Ruth 1998: The Inclusive Society? Social Exclusion and New Labour. New York.

Liepitz, Alain 1985: Akkumulation, Krise und Auswege aus der Krise. Einige methodische Anmerkungen zum Begriff der Regulation. In: ProKla Nr. 58 (Jg. 21.): 109-137.

Liepitz, Alain 1991: Demokratie nach dem Fordismus. In: Das Argument 33. Jg. H. 6: 677-694.

Liepitz, Alain 1995: Das Nationale und das Regionale. Wie viel Autonomie bleibt angesichts der weltweiten Krise des Kapitalismus? In: ders.: Nach dem Ende des goldenen Zeitalters. Ausgewählte Schriften (Hrsg. Hans-Peter Krebs), Berlin, Hamburg: 155-184.

Lutz, Burkhard 1984: Der kurze Traum der immerwährenden Prosperität. Frankfurt/N.Y.

Lutz, Ronald 2004: Kinder, Kinder ..! Bewältigung familiärer Armut. In: Neue Praxis, 34. Jg. Heft 1. 40-61.

Lutz, Ronald 2008: Perspektiven der Sozialen Arbeit. In: APuZ 12/13 2008: 3-10.

Mahnkopf, Birgit 1988: Soziale Grenzen „fordistischer Regulation". In: dies. (Hrsg.): Der gewendete Kapitalismus. Münster: 99-143.

Mahnkopf, Birgit/Altvater, Elmar 2004: Formwandel der Vergesellschaftung - durch Arbeit und Geld in die Informalität. In: Beerhorst, Demirovic, Guggemos : 65-93.

Mansel, Jürgen 1993: Zur Reproduktion sozialer Ungleichheit. Soziale Lage, Arbeitsbedingungen und Erziehungsverhaltensweisen der Eltern im Zusammenhang mit dem Schulerfolg des Kindes. In: Zeitschrift für Sozialisationsforschung und Erziehungssoziologie. Jg. 13. Heft 1. 36-60.

Mansel, Jürgen/Neubauer, Georg 1998 (Hrsg.): Armut und soziale Ungleichheit bei Kindern. Opladen.

Marshall, Thomas H. 1992: Bürgerrechte und soziale Klassen. Zur Soziologie des Wohlfahrtsstaats. Frankfurt/N. Y.

Marx, Karl 1968: Das Kapital Bd. 1. MEW 23. Berlin.

Mielck, Andreas 2000: Soziale Ungleichheit und Gesundheit: empirische Ergebnisse, Erklärungsansätze, Interventionsmöglichkeiten. Bern.

Mielck, Andreas 2005: Soziale Ungleichheit und Gesundheit : Einführung in die aktuelle Diskussion. Bern.

Mooser, Josef 1978: Ländliche Klassengesellschaft 1770-1848: Bauern und Unterschichten, Landwirtschaft und Gewerbe im östlichen Westfalen. Göttingen.

Mooser, Josef 1984: Bäuerliche Gesellscahft im Zeitalter der Revolution 1789-1848. Zur Sozialgeschichte des politischen Verhaltens ländlicher Unterschichten im östlichen Westfalen. Kritische Studien zur Geschichtswissenschaft. Göttingen.

Mooser, Josef 1984: Arbeiterleben in Deutschland 1900-1970. Klassenlagen, Kultur und Politik. Frankfurt a.M.

Müller, Heinz 2006: Wie kommen Innovationen in die Jugendhilfe? Praxisorientierte Jugendhilfeforschung und Praxisentwicklung als Bildungsprozess. In: Badawia, Tarek/ Luckas, Helga/Müller, Heinz (Hrsg.): Das Soziale gestalten. Über Mögliches und Unmögliches der Sozialpädagogik. Wiesbaden. 225-245.

Murray, Charles 1984: Losing Ground: American Social Policy, 1950-1980. New York.
Münch, Richard: Soziologische Theorie. Band 3: Gesellschaftstheorie. Frankfurt. (darin: J. Habermas S. 261-308. Pierre Bourdieu S. 417-454. Michel Foucault S. 393-416.)
Neckel, Sighard/Sutterlüty, Ferdinand 2005: Negative Klassifikationen. Konflikte um die symbolische Ordnung sozialer Ungleichheit. In: Heitmeyer, Wilhelm/Imbusch, Peter (Hrsg.): Integrationspotentiale einer modernen Gesellschaft. Analysen zur gesellschaftlichen Integration und Desintegration. Wiesbaden. S. 409-428.
Nolte, Paul 2004: Generation Reform. Jenseits der blockierten Republik. München (zugleich Lizenzausgabe bei der Bundeszentrale für politische Bildung, Bonn).
Nolte, Paul 2005: Soziale Gerechtigkeit in neuen Spannungslinien. In: APuZ 28-29/2005: 16-23.
Nolte, Paul 2006: Riskante Moderne. Die Deutschen und der neue Kapitalismus. München. (zugleich Lizenzausgabe der Bundeszentrale für politische Bildung: Bonn).
Offe, Claus 1996: Moderne Barbarei: der Naturzustand im Kleinformat. In: Miller, Max/ Soeffner, Hans-Georg (Hrsg.): Modernität und Barbarei. Soziologische Zeitdiagnose am Ende des 20. Jahrhunderts. Frankfurt. 258-289.
Olk, Thomas 2009: Transformationen im deutschen Sozialstaatsmodell. In: Kessl, Fabian/Otto, Hans-Uwe (Hrsg.): Soziale Arbeit ohne Wohlfahrtsstaat. Zeitdiagnosen, Problematisierungen und Perspektiven. Weinheim. 23-34.
Pellizari 2004: Prekarisierte Lebenswelten. Arbeitsmarktliche Polarisierung und veränderte Sozialstaatlichkeit. In: Beerhorst/Demirovic/Guggemos. 266-288.
Peuckert, Rüdiger 2005: Familienformen im sozialen Wandel. 6. Aufl., Wiesbaden.
Poulantzas, Nicos 2002/1978: Staatstheorie. Hamburg.
Prüß, Franz 2003: Schule und Jugendhilfe – Institutionen gehen aufeinander zu. In: Andresen, Sabine u.a. (Hrsg.): Vereintes Deutschland – geteilte Jugend. Ein politisches Handbuch. Opladen. 449-463.
Röttger, Bernd 2004: Staatlichkeit in der fortgeschrittenen Globalisierung. In: Beerhorst/ Demirovic/Guggemos. 153-177.
Röttger, Bernd/Wissen, Markus 2005: (Re)Regulationen des Lokalen. In: Kessl u.a. (Hrsg.): Handbuch Sozialraum, Wiesbaden: 207-225.
Rose, Nicolas 2000: Tod des Sozialen? Eine Neubestimmung der Grenzen des Regierens. In: Bröckling/Krasmann/Lemke (Hrsg.): 72-109.
Sachße, Christoph/Tennstedt, Florian 1980: Geschichte der Armenfürsorge in Deutschland. Vom Spätmittelalter bis zum ersten Weltkrieg. Stuttgart.
Sennett, Richard 1998: Der flexible Mensch. Die Kultur des neuen Kapitalismus. Berlin.
Sennett, Richard 2003: Die Kultur des neuen Kapitalismus. Berlin.
Schaarschuch, Andreas 1990: Zwischen Regulation und Reproduktion. Gesellschaftliche Modernisierung und die Perspektiven sozialer Arbeit. Bielefeld.
Schaarschuch, Andreas 2003: Am langen Arm. Formwandel des Staates, Staatstheorie und Soziale Arbeit im entwickelten Kapitalismus. In: Homfeldt, Hans Günther/ Schulze-Krüdener, Jörgen (Hrsg.): Handlungsfelder der Sozialen Arbeit, Baltmannsweiler: 36-65.
Schelsky, Helmut 1979: Auf der Suche nach Wirklichkeit. München.

Schultheis, Franz/Schulz, Kristina (Hrsg.) 2005: Gesellschaft mit begrenzter Haftung. Konstanz.

Simon, Titus 2005: Von Divergenzen und Dissonanzen: In: Hufnagel, Rainer/Simon, Titus (Hrsg.) 2004: Problemfall Deutsche Einheit. Interdisziplinäre Betrachtungen zu gesamtdeutschen Fragestellungen. Wiesbaden: 25-44.

Solga, Heike 2006: Ausbildungslose und die Radikalisierung ihrer sozialen Ausgrenzung. In: Bude/Willisch; S. 121-146.

Solga, Heike/Powell, Justin 2006: Gebildet – Ungebildet. In: Lessenich/Nullmeier: 175-190.

Statistisches Bundesamt (2006): Statistik der Sozialhilfe. Fachserie 13/Reihe 2.1. Wiesbaden.

Statistisches Bundesamt/Bundeszentrale für politische Bildung (Hrsg.) (2004): Datenreport 2004. Zahlen und Fakten über die BRD. Bonn.

Stickelmann, Bernd/Frühauf, Hans-Peter 2003: Professionelles Wissen über Kinderarmut in Einrichtungen der Kinderarbeit. In: dies. (Hrsg.): Kindheit und sozialpädagogisches Handeln. Weinheim, München; 151-182.

Stern, Mark 2007: Becoming Mainstream: From the underclass to the Entrepeneurial Poor. In: Kessl/Reutlinger/Ziegler (Hrsg.) 2007: 39-54.

Steinert, Heinz 2008: Die Diagnostik der Überflüssigen. In: Bude/Willisch (Hrsg.): 110-120.

Steinert, Heinz/Pilgram, Arno 2002: Welfare Policy from Below. Struggles against Social Exclusion in Europe. Aldershot.

Thompson, Edward P. 1979: Wahrnehmungsformen und Protestverhalten : Studien zur Lage der Unterschichten im 18. und 19. Jahrhundert. Frankfurt a.M.

Thompson, Edward P. 1987: Die Entstehung der englischen Arbeiterklasse. 2 Bde. Frankfurt a.M.

Urry, John 1995: Rethinking Class. In: Maheau, Louis (Hrsg.): Social Movements and social Classes. London: 169-181.

Vester, Michael u.a. 2001: Soziale Milieus im gesellschaftlichen Strukturwandel. Zwischen Integration und Ausgrenzung. Frankfurt a.M.

Vester u.a. 1993: Soziale Milieus im gesellschaftlichen Strukturwandel. Köln.

Vester, Michael 2001: Milieus und soziale Gerechtigkeit. In: Korte, K. R./Weidenfeld, W. (Hrsg.) 2001: Deutschland Trend-Buch. Opladen S. 136-183.

Vester, Michael 2006: Der Kampf um soziale Gerechtigkeit. Zumutungen und Bewältigungsstrategien in der Krise des deutschen Sozialmodells. In: Bude, H./Willisch, A. (Hrsg.) 2006: Das Problem der Exklusion. Ausgegrenzte, Entbehrliche, Überflüssige. Hamburg. S. 243-293.

Vester, Michael 2004: Die Illusion der Bildungsexpansion. Bildungsöffnungen und soziale Segregation in der BRD. In: Engler, Stefani; Krais, Beate: Das kulturelle Kapital und die Macht der Klassenstrukturen. Weinheim/München; S. 13-52.

Vester, M. (2006): Der Kampf um soziale Gerechtigkeit. Zumutungen und Bewältigungsstrategien in der Krise des deutschen Sozialmodells. In: Bude/Willisch: 243-293.

Vester, Michael (2008): Partizipatorische und gelenkte Demokratie. Alternativen der gesellschaftlichen Organisation in der Krise des Kapitalismus. In: Sozialwissenschaftliche Literatur Rundschau 31. Jg. Heft 57 (2/2008): 81-92.

Vester, Michael 1970: Die Entstehung der englischen Arbeiterklasse als Lernprozess. Frankfurt.

Vogel, Berthold 1999: Ohne Arbeit in den Kapitalismus. Der Verlust der Erwerbsarbeit im Umbruch der ostdeutschen Gesellschaft. Hamburg.

Vogel, Berthold 2006: Soziale Verwundbarkeit und prekärer Wohlstand. Für ein verändertes Vokabular sozialer Ungleichheit. In: Bude/Willisch; S. 342-355.

Voß, Günter G.; Pongratz, Hans J. 1998: Der Arbeitskraftunternehmer. Eine neue Grundform der Ware Arbeitskraft. In: KZfSS 1998, H. 1: 131-158.

Walper, Sabine 1999: Auswirkungen von Armut auf die Entwicklung von Kindern. In: Lepenies, Annette u.a. (Hrsg.): Kindliche Entwicklungspotentiale. Materialien zum 10. Kinder- und Jugendbericht. München, Opladen, S. 291-360

Weber, Max 1980: Wirtschaft und Gesellschaft. Grundriss der verstehenden Soziologie. 5. rev. Aufl. Tübingen (zuerst 1922).

Young, Jock 2005: Soziale Exklusion. In: Widersprüche 25. Jg., H. 98: 7-11.

Zenz, Winfried M./Bächer, Korinna/Blum-Maurice, Renate (Hrsg.) 2002: Die vergessenen Kinder. Vernachlässigung, Armut und Unterversorgung in Deutschland. Köln.

Ziegler, Holger 2008: Sozialpädagogik nach dem Neoliberalismus: Skizzen einer postsozialstaatlichen Formierung sozialer Arbeit. In: Bütow/Chassé/Hirt (Hrsg.): 159-176.

Programm Soziale Arbeit

Fabian Kessl / Christian Reutlinger / Holger Ziegler (Hrsg.)
Erziehung zur Armut?
Soziale Arbeit und die ‚neue Unterschicht'
2007. 146 S. Br. EUR 16,90
ISBN 978-3-531-15389-6

Die ‚neue Unterschicht' ist entdeckt und die Erziehung dieser prekarisierten Gesellschaftsmitglieder wird gefordert. FachexpertInnen aus Erziehungswissenschaft und Sozialpädagogik gehen in diesem Band der Frage nach, wie angemessen eine solche Diagnose der ‚neuen Unterschicht' und der damit verbundene Therapievorschlag einer Erziehung zur Armut ist: Wie wird hier soziale Ungleichheit in einer veränderten Form zum Gegenstand? Welche Herausforderungen sind damit für die Soziale Arbeit verbunden?

Bernd Dollinger / Wolfgang Schröer / Carsten Müller (Hrsg.),
Die sozialpädagogische Erziehung des Bürgers
Entwürfe zur Konstitution der modernen Gesellschaft
2007. 258 S. Br. EUR 29,90
ISBN 978-3-531-15253-0

Seit einigen Jahren wird ausgiebig über die ‚Bürgergesellschaft' und deren Stärkung als Kernproblem der (Sozial-)Pädagogik diskutiert. Sehr unterschiedliche Konzepte prallen hierbei aufeinander. In dem Sammelband werden die derzeit diskutierten Modelle historisch rekonstruiert und eine Grundlage für die derzeitigen Diskussionen zur Verfügung gestellt. Um den Entstehungszusammenhang der modernen Bürgergesellschaft zu erschließen, werden historisch gewordene Konzepte aus dem 19. und 20. Jahrhundert vorgestellt.

Heiko Kleve
Postmoderne Sozialarbeit
Ein systemtheoretisch-konstruktivistischer Beitrag zur Sozialarbeitswissenschaft
2007. 286 S. Br. EUR 24,90
ISBN 978-3-531-15465-1

Die Sozialarbeit befindet sich als Profession und Disziplin in einer Umbruchphase. Die Fragen, was Sozialarbeit ist und welche gesellschaftlichen Funktionen sie wahrzunehmen hat, sind keineswegs mehr eindeutig beantwortbar. Hierauf muss sich auch eine Sozialarbeitswissenschaft einstellen. Darum sind Konzepte gefragt, die die ausgeblendeten Widersprüche, Ambivalenzen und Paradoxien des Sozialarbeiterischen herausarbeiten und tolerieren. In diesem Buch wird wissenschafts-, sozial- und praxistheoretisch aufgezeigt, dass Sozialarbeit auf allen Ebenen ihrer gesellschaftlichen Ausdifferenzierung ambivalent und damit immanent postmodern ist.

Erhältlich im Buchhandel oder beim Verlag.
Änderungen vorbehalten. Stand: Juli 2009.

www.vs-verlag.de

Abraham-Lincoln-Straße 46
65189 Wiesbaden
Tel. 0611.7878-722
Fax 0611.7878-400

VS VERLAG FÜR SOZIALWISSENSCHAFTEN

Soziale Passagen –
Journal für Empirie und Theorie Sozialer Arbeit

Soziale Passagen

_ sind ein interaktives Projekt, das sich den durch gesellschaftliche Veränderungen provozierten Herausforderungen stellt und sich dezidiert als wissenschaftliche Publikationsplattform zu Fragen der Sozialen Arbeit verstehen.

_ stehen für eine deutlich konturierte empirische Fundierung und die ‚Entdeckung' der Hochschulen, Forschungsprojekte und Forschungsinstitute als Praxisorte. Sie bieten einen diskursiven Raum für interdisziplinäre Debatten und sind ein Forum für empirisch fundierte und theoretisch elaborierte Reflexionen.

_ enthalten in jeder Ausgabe einen Themenmteil und ein Forum für einzelne Beiträge. Einen weiteren Schwerpunkt bilden Kurzberichte aus laufenden Forschungsprojekten. Die inhaltliche Qualität ist über ein peer-review-Verfahren gesichert.

_ richten sich an Mitarbeiterinnen, Mitarbeiter und Studierende an Universitäten, Fachhochschulen und Instituten sowie an wissenschaftlich orientierte Leitungs- und Fachkräfte in der sozialpädagogischen Praxis.

1. Jahrgang 2009 – 2 Hefte jährlich
www.sozialepassagen.de

Abonnieren Sie gleich!
vs@abo-service.info
Tel: 0611. 7878151 · Fax: 0611. 7878423

Erhältlich im Buchhandel oder beim Verlag.
Änderungen vorbehalten. Stand: Juli 2009.

VS-JOURNALS.DE

Abraham-Lincoln-Straße 46
65189 Wiesbaden
Tel. 0611.7878-722
Fax 0611.7878-400

MIX
Papier aus verantwortungsvollen Quellen
Paper from responsible sources
FSC® C105338

If you have any concerns about our products,
you can contact us on
ProductSafety@springernature.com

In case Publisher is established outside the EU,
the EU authorized representative is:
**Springer Nature Customer Service Center GmbH
Europaplatz 3, 69115 Heidelberg, Germany**

Printed by Libri Plureos GmbH
in Hamburg, Germany